Gebrauchsanweisung für Bier

Die Gebrauchsanweisung in Bildern:
www.piper.de/bierzeit-mit-jaroslav-rudis

Jaroslav Rudiš

Gebrauchsanweisung für Bier

PIPER

Mehr über unsere Autorinnen, Autoren und Bücher: *www.piper.de*

Wenn Ihnen dieses Buch gefallen hat, schreiben Sie uns unter Nennung des Titels »Gebrauchsanweisung für Bier« an *empfehlungen@piper.de*, und wir empfehlen Ihnen gerne vergleichbare Bücher.

Von Jaroslav Rudiš liegen im Piper Verlag und im Malik Verlag vor:
Gebrauchsanweisung für Bier
Gebrauchsanweisung fürs Zugreisen
Zug um Zug durch Europa

Nachfolgend geht es um den verantwortungsvollen und bewussten Genuss von Bier. Unverhältnismäßiger Alkoholkonsum und Alkoholmissbrauch können gesundheitliche Risiken mit sich bringen.

MIX
Papier | Fördert gute Waldnutzung
FSC® C083411
PRODUZIERT MIT VERANTWORTUNG

ISBN 978-3-492-27772-3

www.piper.de
Für einen direkten Kontakt und Fragen zum Produkt
wenden Sie sich bitte an: *info@piper.de*
Redaktion: Matthias Teiting
Abbildung Vor- und Nachsatz: olegphotor/AdobeStock
Satz: Fotosatz Amann GmbH & Co. KG, Memmingen
Litho: Lorenz & Zeller, Inning am Ammersee
Druck und Bindung: CPI Books, Leck
Printed in the EU

Inhalt

Das erste Bier

Das erste Bier meines Lebens habe ich mit fünfzig getrunken. Ja, ich war schon ziemlich alt. Freunde von mir haben die Sache früher erledigt, mit vierzig oder dreißig, manche schon mit achtzehn …

Nicht mit achtzehn Jahren, sondern mit achtzehn Minuten. Ich also erst mit fünfzig Minuten, vielleicht sogar mit sechzig oder siebzig. Meine Mutter kann sich nicht mehr genau erinnern. Auf jeden Fall war es am 8. Juni 1972 in Turnov, im Herzen des Böhmischen Paradieses. So heißt die Gegend, in der ich aufgewachsen bin und wo ich immer noch eine kleine Wohnung habe und gern schreibe.

In der Geburtsklinik am Rande der Stadt lag ich auf dem Herzen meiner Mutter, öffnete die Augen und war ein wenig verloren. Ich wusste nicht, was mit mir los war, wo ich gerade war und warum. Vielleicht schrie ich deshalb so sehr. Dann hat mich meine Mutter gestillt. Das beruhigte mich ungemein. Es ging mir gleich viel besser. Ich schlief sanft ein und träumte den ersten Traum meines Lebens. Komisch, oft träume ich tatsächlich von Bier. Von einem leeren Wirtshaus, in dem die Wände, Tische und Biergläser Geschichten erzählen. Von einem frisch gezapften Bier auf einem Tisch. Von meinen Freunden, die ich im Wirtshaus treffe, nicht nur, um gemeinsam Bier zu trinken, sondern auch, um zu reden. Und manchmal zu singen.

Vielleicht hängt es mit dem ersten Bier zusammen, das ich mit der Muttermilch zu mir nahm. Etwa eine Stunde zuvor, gleich nach meiner Geburt, die ziemlich lange dauerte, wurde meiner Mutter ein Glas Bier gereicht. Als Heiligtum, ja als Sakrament vom Chefarzt persönlich. Ein Bier zur Stärkung. Ein Bier als erste medizinische Hilfe böhmischer Art, um die Milchbildung anzuregen, wie der Arzt erklärte. Ein Bier als Anerkennung, dass es meine Mutter geschafft hatte. Es war ein schwarzes, schweres, malziges Bier, vermutlich aus der im Jahr 1850 gegründeten Brauerei in Rohozec, einem Vorort von Turnov. Oder aus Svijany, einem Dorf in der Nähe, aus einer noch viel älteren Burgbrauerei, die auf einem Hügel über der Iser thront. Das erste Bier wurde hier schon 1564 gebraut, und mittlerweile ist es nicht nur in ganz Tschechien bekannt. Es wird viel in der Slowakei oder in Polen getrunken. Oder in Sachsen.

Doch vermutlich war es das Bier aus Rohozec, das auch mein Vater sehr gern trinkt, wenn er nach der Arbeit im Garten in der Laube sitzt, bevor er dann in sein Stammlokal geht. Dieses Bier hat mich durch die unruhigen Gewässer der Pubertät und der Zeit auf dem Gymnasium in Turnov geführt. Ja, manchmal, wenn ich mich im Spiegel anschaue, sage ich zu mir: Mensch, Jaroslav, du bist dieses Bier! Ein voller Bierkrug auf zwei Beinen. »Hoffentlich bleibt das Glas lange voll«, sagt mein Vater dazu.

Die Brauerei in Rohozec liegt nicht weit von einem Schloss entfernt und erinnert selbst an ein Schlösschen. Damals allerdings an ein bestenfalls marodes Schlösschen. In der sozialistischen Zeit hat man nicht viel in die Industrie investiert. Das war nicht nur bei uns so, sondern auch in der Deutschen Demokratischen Republik. Nach Zittau, in die nächste deutsche Stadt direkt an der Grenze, sind es aus dem Böhmischen Paradies kaum siebzig Kilometer. Als Jugendliche waren wir oft in der Lausitz. So viele Reisemöglichkeiten hatten wir nicht – und die Ostdeutschen auch nicht. Im Sommer hat man sie oft an einem Teich im Böhmischen Paradies getroffen. Es war das Bier, das uns einander nähergebracht hat. So lernte man schnell auch die deutsche und tschechische Sprache. Es sind Freundschaften und Liebschaften entstanden.

Als Jugendliche sind wir oft mit dem Zug über Liberec nach Zittau gefahren und haben uns dort auf die Suche nach dem deutschen Bier gemacht. Ganz ehrlich: Besonders gut hat es uns nicht geschmeckt. Es war oft trüb, ohne Geschmack, fast ohne Leben, manchmal sogar ein wenig sauer. Was wir aber toll fanden: dass man dort schon mit sechzehn Jahren Bier trinken durfte. In der Tschechoslowakei war es erst mit achtzehn erlaubt, in Tschechien ist es bis heute so. Trotzdem haben wir als Jugendliche natürlich überall Bier bekommen.

Als ich geboren wurde, wusste ich nichts über Bier, über dieses heilige Getränk. Ich wusste nichts von den wunderbaren Prager, Münchner, Amsterdamer, Bamberger oder Düsseldorfer Kneipen, in denen die Zeit stehen geblieben ist und deren Schankräume ganze Romane erzählen könnten. Nichts von Literaten wie Bohumil Hrabal, Jaroslav Hašek oder Jean Paul, die das Bier so liebten und zelebrierten. Nichts von dem Musikkomponisten Bedřich Smetana, der in Litomyšl in der Schlossbrauerei geboren wurde, wo sein Vater als Braumeister tätig war. So gesehen kann man sein weltberühmtes symphonisches Gedicht *Mein Vaterland* nicht vom Bier trennen. Am Ufer der Moldau, der Smetana ein musikalisches Denkmal gesetzt hat, stehen bis heute mehrere Brauereien.

Ich wusste auch nichts von Kölsch und Alt oder den schweren Trappistenbieren aus Belgien, nichts von Guinness und Dublin, wo vielleicht die schönsten Pubs in ganz Europa zu finden sind. Nichts von jener Brauerei in Island, die in einem Fjord ein tolles böhmisches Bier braut. Nichts von den Brauereien in München und auf dem Oktoberfest, das jeder, der Bier liebt, einmal im Leben besuchen muss. Mindestens. Auch wenn er das am nächsten Tag vielleicht bereuen und verkatert im Zug nach Berlin oder Prag sitzen wird. Ich wusste nichts davon, wie stark uns das Bier und die Bierkultur in Mitteleuropa verbinden.

Vier Jahre vor meiner Geburt, am 21. August 1968, haben die Sowjets die Tschechoslowakei überfallen. Und auch die eine oder andere Brauerei oder das eine oder andere Gasthaus geplündert. »Kein Bier für die Okkupanten« stand an vielen Tafeln geschrieben. Auch bei uns im Böhmischen Paradies. Die sowjetischen Soldaten wurden im Wirtshaus einfach nicht bedient. Man hoffte, dass alles nur ein böser Traum wäre. Man trank schwarzes Bier, wie immer, wenn man traurig oder wütend war. So hält man es noch heute.

Die Okkupanten sind in der Tschechoslowakei zwanzig Jahre lang geblieben. Die Kneipen wurden zu den Orten, wo man beim Bier die traurige Realität vergessen konnte. Wie schon im Zweiten Weltkrieg, als das Böhmische Paradies und das ganze Land von der Wehrmacht und den Nationalsozialisten besetzt wurden. Unter der deutschen Okkupation haben nicht nur die Menschen, sondern auch das Bier stark gelitten, wie mir mein Großvater erzählte. Man sparte an Hopfen und Malz. Das Bier wurde von Kriegsjahr zu Kriegsjahr immer dünner.

Auch wir flüchteten uns in den Achtzigerjahren als junge Gymnasiasten in eine Kneipe. Unser Stammlokal hieß U Lukû, aber alle sagten Alcron dazu, obwohl die Kneipe weit entfernt war vom Niveau des berühmten Hotels in der Prager Innenstadt.

Dieses Lokal war die Universität unseres Lebens. Der Wirt, Luboš hieß er, stand hinter der einfachen Theke im weißen Kittel wie ein Arzt oder Apotheker. Wie ein Priester oder ein Engel. Wir saßen an einfachen Holztischen zwischen den Arbeitern und verliebten uns in den Schriftsteller Bohumil Hrabal, der in seinen Erzählungen genau solche Helden beschrieben hat, mit denen wir nun ins Gespräch kamen. Die Arbeiter aus einer Fabrik für Schrauben, die Metzger, die Eisenbahner. Im Alcron gründeten wir ein Theater, Jindra, Vladimír, Radek, Aleš und ich. Fünf beste Freunde aus dem Gymnasium. Der zukünftige Ingenieur, der zukünftige IT-Spezialist, der zukünftige Bauunternehmer, der zukünftige Lehrer und der zukünftige Buchautor, der immer wieder über die Eisenbahn, die Weltgeschichte und über Bier schreiben würde, was damals niemand von uns ahnen konnte. Im Alcron haben wir gemeinsam das erste Theaterstück geschrieben, stark inspiriert von Václav Havel, der als Dissident im feuchten und kalten Keller der Brauerei in Trutnov im Riesengebirge arbeiten und die schweren Bierfässer rollen musste und über diese Zeit sein vielleicht bestes und bekanntestes Theaterstück geschrieben hat: *Audienz*.

Im Alcron gab es schwarzes und helles Bier von Rohozec, billigen Schnaps und zum Essen nur Presssack mit Essig, Zwiebel und Brot. Wir liebten diesen Ort. Inspiriert von Hrabal und seiner Novelle *Sanfte Barbaren* fingen wir, als uns das erste Bier serviert wurde, damit an, die Finger in den Bierschaum zu stecken und ein wenig von diesem bittersüßen dicken Bierschaum in unseren Haaren zu verreiben. Wir nannten es Biertaufe. So saßen wir da, mit dem Bier auf den Tischen, mit dem Bier in den Haaren, mit dem Bier in unseren Seelen und Herzen, und lasen uns aus den Büchern von Hrabal vor, bis der Wirt, der Engel im weißen Kittel, die Zigarette im Mundwinkel, irgendwann zu uns sagte: »Jungs, packt das Zeug weg, das hier ist eine Kneipe, keine Bibliothek. Sonst gibt es kein Bier mehr.«

Vielleicht war es nicht nur Bohumil Hrabal, sondern auch dieser Bierengel, der mir beigebracht hat, in der Kneipe zu schweigen und nur zuzuhören. Zuzuhören und das Gehörte dann aufzuschreiben. Im Alcron habe ich gelernt, dass man die besten Geschichten im Wirtshaus findet. So wurde mir einmal erzählt, dass man in einem Dorf im Böhmischen Paradies die Kinder in der Kirche mit Bier taufe. Und die Toten mit dem Bier wasche, sozusagen als Letzte Ölung. Und dass man den Toten im Sarg auf die letzte Reise zwei, drei Flaschen Bier mitgebe. Als Reiseproviant. Als Gruß ins Jenseits.

Nicht nur meine Mutter, sondern auch mein Vater hat am 8. Juni 1972 ein Bier getrunken. Sogar mehrere Biere. Schwarze Biere der Trauer, weil am Vormittag seine Mutter Růžena begraben wurde, meine Großmutter. Helle Biere der Freude, weil ich da war, sein Sohn. So war und ist das Leben im Böhmischen Paradies. Bis heute spielt das Bier eine zentrale Rolle. Und nicht nur im Böhmischen Paradies, sondern überall in Mitteleuropa. In Prag, München, Bamberg, Köln, Düsseldorf, Linz oder in Wrocław. Wir Mitteleuropäer sind das Bier. Wir sind die Geschichten, die das Bier erzählt und die auch ich in diesem Buch erzählen möchte.

Bier in Tschechien

Ein Bier in Pilsen

Die Geschichte beginnt mit einer Tragödie. Eines Tages war die Qualität des Bieres in Pilsen so miserabel geworden, dass man an einem kalten Tag im Februar 1838 auf dem Marktplatz der Stadt sechsunddreißig Fässer Bier einschlug und das ganze Bier über den Platz vergoss. Wie verzweifelt müssen die Bürger und Wirte von Pilsen gewesen sein? Alle, die Bier mochten, werden an diesem Tag schmerzlich gelitten haben.

Wenn man heute durch Pilsen läuft, kann man diese Geschichte kaum glauben. Pilsen und schlechtes Bier? Das passt nicht zusammen! Was das Bier angeht, ist Pilsen die wahre Metropole Tschechiens – und nicht Prag. Überhaupt ist Pilsen eine der bedeutenden Biermetropolen der Welt. Das erkennt man schon am Bahnhof, der zu den schönsten in Mitteleuropa zählt. Die Empfangshalle des im Jugendstil gehaltenen Bahnhofsbaus schmücken Wandmalereien mit berühmten Stadtmotiven. Auf einem der folkloristisch geprägten Bilder wird mit einem Bier auf das Jahr 1842 angestoßen. Welche andere Stadt hat es so weit gebracht, dass zwei Drittel aller Biere weltweit ihren Namen tragen? Daran denkt man nicht unbedingt, wenn man in einem Lokal in Hamburg, Berlin oder Zürich ein Pils bestellt.

Auch Václav Berka, den ich im Hof der Pilsner-Urquell-Brauerei treffe, erzählt die Geschichte von der Tragödie mit den Fässern auf dem Marktplatz. Denn das schlechte Bier, das an verschiedenen kleinen Orten in der Stadt gebraut wurde, stand am Anfang einer wahren Bierrevolution. Diese kleine Katastrophe führte nicht nur zur Erfindung von Pilsner Urquell, einer der bekanntesten Biermarken überhaupt, sondern markiert auch den Anbeginn eines vollkommen neuen Bierstiles, der sich von Pilsen rasant über die ganze Welt ausbreitete.

Herr Berka, Jahrgang 1956, weiß viel darüber. Er ist der Senior-Braumeister von Pilsner Urquell. Sein erstes Pilsner Urquell hat er gebraut, als er fünfzehn Jahre alt war, während einer *brigáda*, wie man damals zu einem Ferienjob sagte.

»Natürlich war es toll. Ich war sehr stolz, dass ich ein Bier brauen durfte«, erzählt Herr Berka im Wirtshaus auf dem Brauereigelände. Schon früh wusste er, dass er eine Ausbildung zum Brauer und Mälzer machen wollte. Später studierte er Brauwesen an einer Universität in Prag.

Vor der Tür des Lokals steht sein Dienstwagen, wie er scherzhaft sagt. Es ist ein alter Lieferwagen der Marke Citroën, der in eine Schenke auf Rädern umgebaut wurde. Manchmal nimmt Herr Berka den Wagen, fährt über das Gelände der Brauerei oder aufs Land und schenkt dort Bier aus. So macht es ihm Spaß.

Wir trinken einen Schnitt zusammen. *Šnyt*, wie man auf Tschechisch sagt. Das große Glas wird zur einen Hälfte mit Bier und zur anderen mit feinem, cremigem, ja fast sahnigem Bierschaum gefüllt, der typisch für die böhmischen Biere ist und ganz besonders für das Pilsner Urquell.

Diesen bittersüßen Schaum mag ich so sehr, dass ich manchmal ein volles Schaumglas bestelle. Und ich bin nicht der Einzige, der das tut. Diese Variation heißt dann Milch, *mlíko*. Ich habe eine Freundin in Berlin, die Hana heißt und in Tschechien nur *mlíko* trinkt und davon träumt, in diesem Schaum zu baden. Hana glaubt, dass der Schaum ihrer Haut und Seele guttut.

Selbstverständlich kann man auch ein klassisches großes Bier bestellen, zu dem man *hladinka* sagt, was man mit Oberflächlein oder Spiegelchen oder vielleicht poetischer mit Meeresspiegelchen übersetzen könnte. Die Schaumkrone des Bieres ist dann etwa drei Finger dick und endet dort, wo auch das Glas oder der Krug endet. Ja, sie bildet im Glas tatsächlich ein kleines, feines, ruhiges böhmisches Meer aus Bierschaum. Der Schaum hat jedoch auch eine Funktion. Er ist wie ein Deckel, der den flüssigen Schatz im Glas vor der Luft beschützt und länger frisch hält. Wenn man das Glas hochhebt und sich das Bier im Licht anschaut, sieht man, dass man eigentlich kein Bier trinkt, sondern flüssiges Gold.

Nach der Biertragödie auf dem Marktplatz kamen die Bürger von Pilsen miteinander ins Gespräch. Es war klar, dass Pilsen so schnell wie möglich eine neue, moderne Brauerei brauchte. Der Pilsner Braumeister Martin Stelzer machte sich auf eine kleine Weltreise und sah sich viele Brauereien an. In München, im restlichen Bayern, in Wien und sogar in England, wo man in den großen Mälzereien das Malz schon indirekt mit heißer Luft und ohne Rauch trocknete. Dieses

Malz war heller – und damit auch das gebraute Bier. Und irgendwann traf Martin Stelzer in Niederbayern auf den Braumeister Joseph Groll, der schon Erfahrungen mit untergärigem Bier gesammelt hatte. In Böhmen hatte man bis dahin nur obergäriges Bier getrunken: *bílé pivo*, ein Weißbier, und *červené pivo*, ein Rotbier. Das Weißbier wurde mit Weizen gebraut, das Rotbier mit Gerste. Beide Biere waren schön trüb und dunkel. Man trank sie aus Steinkrügen. In Bayern verbreitete sich jedoch auch das untergärige Bier recht schnell.

Der Brauer Groll wurde in die Stadt Pilsen eingeladen. Und er kam nicht allein – er brachte seine Hefe mit. Man kann davon ausgehen, dass ein kleines bisschen von ebendieser Hefe bis heute in jedem Pilsner Urquell treibt, von diesem auffällig unauffälligen einzelligen Pilz, den Groll in einem Eimer über die Berge aus Vilshofen an der Donau nach Pilsen brachte.

Bei den obergärigen Bieren wie dem englischen Ale, dem Weißbier oder dem Alt und Kölsch wird für die Gärung, bei der sich der Malzzucker in Alkohol verwandelt, mit der sogenannten obergärigen Hefe gearbeitet, die während der Gärung an die Oberfläche des Gärbottichs steigt und dort abgeschöpft werden muss. Da diese Gärung noch bei höheren Temperaturen um die 20 Grad funktioniert, konnte man auch im Sommer brauen. Das ist hingegen bei untergärigem Bier nicht so einfach. Die untergärige Hefe, die Groll nach Pilsen brachte und die sich nach der Gärung am Boden des Bottichs sammelt, ist sehr temperaturempfindlich und fühlt sich bei deutlich niedrigeren Temperaturen um die 10 Grad wohl. Noch viel kühler müssen die Lagerräume sein, in denen das Bier in den Fässern oder Tanks reift. Vom Wort Lagern kommt auch der Name der Biersorte Lager. Pils ist ein Lagerbier, und das Helle, das man in Bayern trinkt, ist es auch.

Da es einfacher war, braute man deshalb früher auch in Böhmen obergärige Biere. Doch die untergärigen Biere waren neu, schmeckten anders und oft sogar besser. Um das Bier während der Gärung und Lagerung kühlen zu können, baute man in Pilsen unter der Brauerei ein einzigartiges Stollensystem aus, in dem Temperaturen zwischen 0 und 5 Grad herrschen. Fast zehn Kilometer lange Gänge und Stollen musste man in den Felsen schlagen. Dazu gehörten auch Eiskeller, die man im Winter mit Eis füllte, das für die zusätzliche Kühlung sorgte und zusammen mit dem Bier an die Wirte ausgeliefert wurde. In Pilsen hat man es so bis hinein in die Achtzigerjahre des vergangenen Jahrhunderts gemacht, daran kann sich Herr Berka noch gut erinnern.

Als Groll nach Pilsen kam, fand er eine kleine moderne Brauerei vor: das Bürgerliche Brauhaus. Mit einem neuen Sudhaus, einer modernen Mälzerei, einem Gärkeller und einem Lagerkeller. Und, ganz wichtig: Aus dem Brunnen dort floss sehr weiches Wasser, das ideal zum Brauen war.

Groll braute am 5. Oktober 1842 seinen ersten Sud. Als dann am 11. November 1842 schließlich das erste Fass angestochen wurde, waren die Pilsner Biermenschen begeistert. Das Bier schmeckte nicht nur gut, es sah auch sehr schön aus. Als hätte sich in jedem Glas eine kleine strahlende Sonne versteckt.

In der Stadt Jičín im Böhmischen Paradies trinke ich dieses Bier gern mit meinen Freunden nach der Sauna im Grandhotel Praha. Mit Milan, der in seinem Leben nur einmal ein anderes Bier getrunken hat und danach drei Wochen krank war, wie er oft erzählt. Mit Rudolf, unserem Hausarzt, der lange auch als Frauenarzt gearbeitet hat und so alles über

Männer, Frauen und Liebe im Böhmischen Paradies weiß. Immer, wenn ihn in der Sauna jemand nervt und sich beschwert, dass ihm irgendwo wieder etwas wehtut, im Bauch, im Kopf oder im Knie, sagt Rudolf: »Weißt du was? Trink drei Pilsner Urquell, und es wird dir gleich besser gehen, glaube mir. Ich mache es genauso.« Er weiß natürlich, dass einige mehr als drei Gläser trinken werden. Aber was kann man machen? Man kann sich schlecht wehren. Dieses Bier trinkt sich einfach so gut. »Und so soll es bei einem guten Bier auch sein«, sagt Herr Berka dazu.

Mehrmals habe ich Milan gefragt, ob wir nicht zusammen mal ein anderes Bier ausprobieren könnten, zum Beispiel im Hotel Restart gleich neben unserer Sauna, in dem auch Craftbiere aus dem Böhmischen Paradies ausgeschenkt werden. Doch Milan bleibt dabei: »Ich kann nur Pilsner Urquell trinken. Das tut meinem Körper gut. Und meiner Seele auch.«

Damals kam das neue Bier aus Pilsen so gut an, dass es bereits ein Jahr später, 1843, im legendären Prager Wirtshaus U Pinkasů ausgeschenkt wurde. Heute noch kann man das Pilsner Urquell an diesem Ort genießen.

Ab 1856 wurde das Pilsner nach Wien geliefert, in die Hauptstadt der alten Habsburger Monarchie. 1859 ließ sich das Bürgerliche Brauhaus die Marke Pilsner Bier registrieren, wovon auch andere Brauereien in Pilsen profitierten. Doch nicht nur in Böhmen wurde die grollsche Biererfindung nachgeahmt, sondern auch in Deutschland. So braut man seit 1872 Pilsner Bier in Radeberg bei Dresden. Bald wurde Pilsner Bier mit Schiffen nach Nordamerika geliefert und reifte in den Fässern, die während der langen Reise unter der Wasserlinie gelagert wurden, da es dort ausreichend kühl war. Für den Export mit der Eisenbahn wurde eigens ein Bahnanschluss in der Pilsner Brauerei angelegt und eine ganze Flotte an Kühlwagen angeschafft. 1914 waren es immerhin 388 Stück. Einer von ihnen steht noch heute auf dem Hof der Brauerei.

Die Konkurrenz in der Stadt Pilsen wuchs. Irgendwann gab es gleich vier große Brauereien. Wegen der Markenrechte ist das Bürgerliche Brauhaus mehrmals vor Gericht gezogen. Seit 1898 ist die Marke Pilsner Urquell nun geschützt. Doch ein Pils oder Pilsner als Bierstil darf man auf der ganzen Erde brauen. Und den Pilsner Lebensstil kann man überall zelebrieren, nicht nur im Böhmischen Paradies.

Wie berühmt die Brauerei früher schon war, bestätigt die Erwähnung im Reiseführer Baedeker für Österreich-Ungarn von 1913, mit dem ich gern durch Mitteleuropa reise. Ein Besuch der Brauerei wird hier genauso empfohlen wie schöne Schlösser, alte Burgen oder sehenswerte Museen: »Nördlich vom Bahnhof das 1842 gegründete Bürgerliche Bräuhaus (Zutritt werktags 9–11 und 2–4 Uhr), mit Felsenkellern; unweit östlich die Erste Pilsner Aktien Brauerei.« Eine Sehenswürdigkeit, die sogar der Kaiser Franz Joseph I. besuchte.

Als 1892 das Bürgerliche Brauhaus seinen fünfzigsten Geburtstag feierte, wurde das monumentale Eingangstor erbaut, das an den Arc de Triomphe erinnert, den Triumphbogen in Paris. In dieser Zeit war die Brauerei bereits die größte in der Donaumonarchie. Und Pilsen eines der wichtigsten Industriezentren des Landes. So ist es auch nach 1918 geblieben, als die Monarchie zerfiel und die Tschechoslowakei entstand. In den Škoda-Werken in Pilsen wurden nicht nur Lokomotiven produziert, sondern auch Waffen.

Im Zweiten Weltkrieg, als das Land von den deutschen Nationalsozialisten als Protektorat Böhmen und Mähren besetzt wurde, wurden in Pilsen bald Panzer für die Wehrmacht geschweißt. Deshalb wurde Pilsen auch als eine der wenigen tschechischen Städte von den Alliierten bombardiert. Ein paar Treffer haben damals auch die Brauerei beschädigt.

Anfang Mai 1945 wurde Pilsen von den amerikanischen Truppen befreit. Da hörte man oft in den Lokalen die amerikanischen Soldaten die *Beer Barrel Polka* singen, das vielleicht bekannteste Trinklied über Bier überhaupt. Weniger bekannt ist, dass es 1927 von dem Tschechen Jaromír Vejvoda komponiert wurde als *Škoda lásky*, ein trauriges Lied über vergebene Liebesmüh.

In der kommunistischen Zeit geriet der Name Joseph Groll ein wenig in Vergessenheit. In die sehr nationalistisch geprägte Geschichtserzählung der ČSSR wollte das Bild von einem Deutschen, der in Pilsen das weltbekannte tschechische Bier kreierte, nicht hineinpassen. Alles, was mit deutschsprachiger Geschichte zu tun hatte, wurde verdrängt und verschwiegen.

Heute ist es anders. Man ist in Pilsen stolz auf Groll, der selbst nur drei Jahre in der Brauerei wirkte. Auch einige seiner Nachfolger waren Braumeister aus Bayern. Ihre Namen und Bildnisse kann man während der Führung an einer Wand aufgereiht sehen, der Wall of Fame des Pilsner Urquell. In dieser Reihe steht auch Václav Berka. So wie alle, die ich in der Brauerei getroffen habe, ist Herr Berka sehr stolz, ein Teil dieser Braufamilie zu sein.

Wir trinken noch ein *šnyt* zusammen. Diesmal ist es das unfiltrierte Bier. Leicht trüb, man schmeckt noch die Reste der Hefe. So hat wahrscheinlich auch 1842 das Bier geschmeckt, denn damals hat man das Pils noch nicht filtriert. Die Hefereste versammelten sich auf dem Fassboden. So musste man immer die Fässer ruhen lassen und sollte man das Bier möglichst wenig bewegen, damit die Hefe sich absetzen konnte. Zu viel Bewegung tut bis heute dem Bier nicht gut. Ja, sehr behutsam muss man mit dem Bier umgehen, das hat es verdient.

»Bier mag einfach keine Extreme«, erzählt Herr Berka. Es muss immer auf die richtige Temperatur geachtet werden. Im Keller, in der Wirtschaft, im Glas. Überall sollte es gleich kühl bleiben. Denn dann schmeckt es genauso fantastisch wie das Bier, das wir zusammen in der Brauereischenke trinken.

»Und du hast noch nicht das Bier im Keller probiert«, sagt Herr Berka.

Der Weg dorthin führt uns zuerst zum Herzstück der Brauerei, in das alte Sudhaus. Herr Berka schaut sich in dem riesigen Raum um und klopft auf eine der großen Kupferpfannen. »Hier ist es gewesen. Hier habe ich meinen ersten Sud Pilsner Urquell gebraut.«

Der weiß gekachelte Raum ist lang, breit und hoch. Zwölf Kessel stehen hier jeweils zu zweit gepaart, ein Bottich oben und eine Pfanne unten. Der Brauprozess, der einen guten halben Tag dauert, fängt im oberen Bottich an. Hier wird das geschrotete Malz mit kaltem Wasser vermischt. Ein Teil wird in die untere Pfanne gegeben, in der man mit dem Kochen beginnt. Die Pfanne wird mit direktem Feuer beheizt. Das ist wichtig, denn so kann das Malz gut karamellisieren. Dabei entsteht die bekannte goldgelbe Farbe des Bieres und auch der typische Geschmack mit dem angenehmen Malzaroma. Danach wird die warme Masse nach oben gepumpt, wo sie sich mit dem Rest mischt. So steigt langsam auch die Temperatur. Dann wird wieder ein Drittel nach unten geführt. Insgesamt dreimal wird das Maischen so durchgeführt. Danach wird im oberen Bottich geläutert. Auf dem Boden setzen sich die Malzreste ab und bilden den sogenannten Trebekuchen, einen natürlichen Filter. Die reine Würze fließt gefiltert wieder von oben nach unten und wird in der Pfanne mit dem Hopfen verkocht.

Die Zahl Drei scheint in Pilsen eine magische Zahl zu sein. Dreimal wird gemaischt, dreimal wird gehopft, und drei Pilsner Urquell sollte man trinken, wie unser Arzt Rudolf in der Sauna erklärt hat.

Das Sudhaus, in dem wir stehen und wo mir Herr Berka den Brauprozess erklärt, wird heute nicht mehr genutzt. Allerdings wird im neuen Sudhaus noch ganz ähnlich gearbeitet. Auch heute wird die Maischpfanne mit direktem Feuer erhitzt, wobei früher unter den Pfannen mit Holz und Kohle geheizt wurde und man heute Gas verwendet.

Viele Fragen habe ich an Herrn Berka zur Rezeptur für das legendäre Pilsner Urquell. »Die goldene Regel lautet: Nichts ändern«, sagt er. Und fügt hinzu: »Du kannst die Technologie ändern und modernisieren, mit der du das Bier braust. Aber du darfst nicht das Bier ändern, die Zutaten oder den Brauprozess.«

Herr Berka zählt an den Fingern die Zutaten für das Pilsner Urquell auf, die sich bis heute nicht verändert haben:

»1. Das weiche Pilsner Wasser aus unserem Brunnen.
2. Der Saazer Hopfen aus Westböhmen, der fein und zugleich aromatisch ist.
3. Das Pilsner Malz aus unserer eigenen Mälzerei, die wir in der Brauerei haben.
4. Unsere Hefe.
5. Kupferpfannen, die gut die Hitze leiten.
6. Feuer, das unsere Pfannen erhitzt und das Malz leicht karamellisieren lässt.
7. Zeit, denn gutes Bier braucht Zeit, insgesamt sind es bei uns fünf Wochen.«

So war es bereits im Jahr 1842 bei Joseph Groll, so ist es auch heute bei Herrn Berka. So wird es auch 2042 sein, wenn Pilsner Urquell mit einem zukünftigen Braumeister oder einer Braumeisterin und mit begeisterten Biermenschen aus der ganzen Welt sein 200-jähriges Jubiläum feiern wird.

Und dann darf ich im Keller ein unfiltriertes Pilsner Urquell aus einem riesigen, fast schwarzen Eichenfass probieren – es ist das beste Bier, das ich in meinem bisherigen Bierleben getrunken habe. Poesie im Bierglas. Und sehr gutes Handwerk, wie 1842. Und ein Höhepunkt der Brauereiführung, die alle Biermenschen machen können.

Es ist kein Zufall, dass man den Keller heute in Teilen noch nutzt. Man vergleicht das hier gelagerte Bier mit dem Bier, das an anderer Stelle der Brauerei in modernen Edelstahltanks reift und lagert. Denn das Bier dort muss genauso gut sein wie das Bier aus dem Keller. Deshalb werden in der Pilsner Brauerei auch gleich acht Fassbinder angestellt, die sich um die Fässer kümmern und neue Fässer fertigen.

Im Baedeker für Österreich-Ungarn von 1913 wird in Pilsen ein klassisches Bierlokal empfohlen, das es heute noch gibt: das Salzmann. Das Bier und das Gulasch schmecken vermutlich genauso gut wie damals. Neben dem Salzmann, auf Tschechisch U Salzmannů, gibt es in Pilsen noch weitere großartige Lokale, in denen man Pilsner Urquell in einer unglaublichen Qualität serviert bekommt. Man kann gleich in der Brauerei beginnen, in dem Lokal, in dem ich Herrn Berka getroffen habe, um mit ihm mehrere *šnyt* zu trinken. Und auf dem Marktplatz befindet sich in einer ehemaligen Apotheke eine Bierstube, die auch Apotheke heißt. Ein Ort für alle, die glauben, dass Bier tatsächlich eine heilende Wirkung hat.

Von den vier Großbrauereien, die es früher in Pilsen gab, sind heute nur zwei geblieben: Gambrinus und eben Pilsner Urquell. Seit vielen Jahren gehören sie zusammen und bilden in Pilsen ein eigenes Bierviertel. Ja, eine eigene große Bierinsel, auf der zudem noch zwei neue Brauereien entstanden sind.

In einem ehemaligen Kraftwerk zum Beispiel befindet sich eine Brauerei, die auf moderne Biere für ein junges urbanes Publikum setzt. Elektrárna heißt das Brauhaus, Kraftwerk. Und dann gibt es noch eine ganz kleine Versuchsbrauerei, ein Bierlabor, wo neue Biere gebraut und getestet werden. Man kennt sich in der Brauerei, daher darf ich mit Herrn Berka kurz diesen Ort besuchen und sogar in die Maischpfanne schauen und an dem gebrauten Bier riechen. Es duftet wunderbar nach Lebkuchen. Was genau aber in der kleinen Versuchsbrauerei gebraut wird, das wird niemandem verraten. Nicht einmal Herrn Berka, der sonst alles weiß.

Neben der Minibrauerei befindet sich ein Raum, in dem die Biere verkostet werden. Regelmäßig steht auch das Pilsner Urquell auf dem Prüfstand. Alle zwei Monate werden pensionierte Brauer und Braumeister eingeladen, um hier Bier zu trinken. Man will von den alten Profis wissen, ob sich das Pilsner Urquell verändert hat oder nicht. Ob es genauso gut schmeckt wie damals, als sie am Werk waren. Mit der Qualität sind die pensionierten Prüfer immer sehr zufrieden.

»Ich hoffe, dass nicht nur im Jubiläumsjahr 2042, sondern auch 3042 in Pilsen genauso gebraut wird, wie wir es jetzt machen. Und dass das Bier genauso gut schmecken wird«, sagt Herr Berka, als wir zusammen das letzte *šnyt* trinken.

Das werden wir dann natürlich überprüfen. So haben wir es ausgemacht. Wir treffen uns alle in Pilsen nicht nur 2042, sondern auch 3042 und stoßen in der Brauereiwirtschaft mit Pilsner Urquell auf das Pilsner Urquell und Joseph Groll an. Milan und Rudolf aus der Sauna im Böhmischen Paradies, mein Vater, Herr Berka, ich und andere Freunde von uns. Und natürlich auch Hana, die ein Bad in *mlíko* nehmen wird, weil sie dann schon mit Sicherheit weiß, dass Pilsner Bier wirklich unsterblich macht.

Ein Bier mit den Heiligen in Kounice

Brauer und Mälzer haben es gut. Denn sie sind auf dieser Welt nie allein. Gleich mehrere Schutzpatrone und Schutzpatroninnen passen auf sie auf. Der heilige Arnulf zum Beispiel, der die Kranken mit Bier geheilt hat. Der heilige Florian, der die Brauer und Mälzer vor Feuerbränden beschützt. Und die heilige Hildegard von Bingen, Mystikerin und Naturheilerin, wird verehrt, denn sie hat Bier als heiliges Getränk gepriesen und war überzeugt, dass Hopfen das Bier nicht nur länger haltbar macht, sondern zudem eine beruhigende Wirkung hat. In Bingen am Rhein wurde eine Brauerei nach ihr benannt.

Wenn man vor der barocken Mälzerei in Kounice steht, einer kleinen Ortschaft östlich von Prag, sieht man sofort einen echten Heiligen, der im Barockgiebel angebracht ist. Es ist der heilige Wenzel, der böhmische Landespatron, der seine schützende Hand über die böhmischen Brauer und Mälzer hält.

Auch Karel Klusáček, Jahrgang 1931, den ich in der Mälzerei treffe, hat etwas von einem Heiligen. Denn er hat das Werk gerettet. Eigentlich wollte Herr Klusáček schon in Rente gehen, doch dann kam die Samtene Revolution, und seine Familie erhielt 1992 diese alte Mälzerei zurück. In einem trostlosen Zustand, vieles war über die Jahre heruntergekommen. Herr Klusáček musste viel Zeit und Arbeit investieren, um die Mälzerei zu retten. Heute stehen die ältesten Gebäudekomplexe unter Denkmalschutz.

Nach wie vor ist die kleine Mälzerei in Kounice ein Familienbetrieb. Es wird noch immer handwerklich gearbeitet, ganz anders als in den großen industriellen Mälzereien. Das Bier besteht zu mehr als neunzig Prozent aus Wasser. Doch wenn man mit Herrn Klusáček redet, weiß man gleich, was die wichtigste Zutat für ein gutes Bier ist: das Malz. Wenn er vom Malz erzählt, hört es sich an, als würde er über ein Heiligtum sprechen: »Das Malz ist die Seele des Bieres«, sagt er und wiederholt diesen Satz mehrmals während der Führung durch seine Mälzerei. »Das Malz ist für den Körper des Bieres zuständig, für die Vollmundigkeit, den Charakter und das Aroma, für den Geschmack und für die Farbe.« Und auch dafür, wie dicht und fest der Schaum ist und wie lange er hält. Dabei spielt auch der Hopfen eine Rolle.

Eine Brauerei und Mälzerei gab es in Kounice schon im sechzehnten Jahrhundert. Damals gehörte zu jeder Brauerei immer auch eine Mälzerei. Geändert hat sich das erst mit der Industrialisierung, als die ersten großen Bierfabriken und Großmälzereien entstanden, die fortan die Brauereien mit dem Malz belieferten. Aus der Zeit geblieben ist, dass man heute immer zugleich den Beruf des Brauers und des Mälzers erlernt.

Für das Malz wird meistens Braugerste verwendet. Malz lässt sich jedoch auch aus anderen Getreidesorten zubereiten. Für ein Weißbier braucht man Weizenmalz. Manchmal wird auch Roggen oder Dinkel zu Malz verarbeitet. Doch am häufigsten nutzt man Gerstenmalz zum Bierbrauen.

Herr Klusáček führt uns durch sein altes Reich. Man muss viele Treppen laufen. Ganz oben zeigt er uns die sogenannte Weiche, in der die Braugerste in einem großen Bottich unter Wasser liegt und das Wasser geduldig einsaugt. In einem Kellerraum wird das eingeweichte Getreide auf einem Boden aus Marmorplatten ausgebreitet. Man spricht von einer Tenne, woher auch die Begriffe Tennenmalz und Tennenmälzerei kommen. Dem Grünmalz lässt man auf der Tenne mehrere Tage Zeit zum Keimen, dafür ist eine natürliche Belüftung wichtig.

In einer größeren Mälzerei findet der Prozess im sogenannten Keimkasten statt. Auch hier muss man das Malz wenden und belüften, damit es nicht verfault. Die Arbeit verrichten jedoch große automatische Maschinen. In Kounice wird alles per Hand mit der Malzschaufel gemacht, so wie vor fünfhundert Jahren. Das ist eine wahre Knochenarbeit. Der kleine elektrische Pflug, der wie eine Minilokomotive aussieht und Strom aus der Oberleitung in der Tenne bezieht, hilft zumindest ein wenig.

Im Gewölbekeller der Tenne duftet es angenehm nach frisch geschnittenen Salatgurken, und genauso sollte es auch sein, wie Herr Klusáček sagt. Grünmalz erwärmt sich und wirkt fast lebendig – man hat das Gefühl, dass sich der Malzhaufen bewegt und man ein Atmen hören kann. In dem Prozess werden Enzyme in der Gerste aktiviert, die später im Sudhaus die Stärke, die im Korn enthalten ist, in Zucker und zu Alkohol verwandeln. Deshalb muss der Keimvorgang immer abrupt beendet werden.

Zu jeder Mälzerei gehört ein massiver und dicker Schornstein mit einem Windschutz, der wie ein Ritterhelm aussieht und sich nach der Windrichtung dreht. Er sorgt für die richtige Belüftung im Keller und auf der sogenannten Darre, in einem Turm also, in dem Grünmalz auf zwei Etagen unter unterschiedlichen Temperaturen getrocknet wird. Danach wird es in Silos untergebracht und später in die ganze Welt ausgeliefert.

In Kounice wird vor allem Pilsner Malz produziert. Ein Basismalz. Die typische und meistverbreitete Malzsorte, aus der man helle Biere braut. Wiener Malz, auch sehr beliebt, ist in der Farbe ein wenig dunkler und passt gut für das Wiener Lager und das Märzen. Das Münchner Malz ist dann noch ein bisschen dunkler. Die restlichen Malzsorten gehören schon zu den sogenannten Spezialmalzen, die bei hohen bis extrem hohen Temperaturen gedarrt und geröstet werden. So kann das Malz für ein dunkles Bier fast nachtschwarz sein, wobei man beim Brauen das dunkle Malz immer mit einem hellen Malz vermischt. Bei so einem Malz muss ich an meine Großmutter denken, die sich aus dunkel geröstetem Malz ihren Malzkaffee zubereitet hat.

Herr Klusáček ist eine Malz- und Bierlegende. Seine Malzmanufaktur ist für viele Biermenschen der Ort, an dem das feinste und beste Malz produziert wird. Nicht nur in Tschechien wird es verwendet, sondern auch in Deutschland, Finnland, Schweden, Polen, Italien und Nordamerika. Wenn jemand Malz aus Kounice beziehen möchte, muss er sich auf eine lange Warteliste setzen lassen. »Man kann aus unserem Malz einfach wunderbar Bier brauen«, sagt Herr Klusáček.

Seine Tennenmälzerei ist ein wahres Unikat. Historisch, technisch und kulturell gesehen. In Tschechien gibt es nur noch wenige Manufakturen dieser Art, oft in Verbindung mit einer alten Brauerei. In Deutschland wird nach dieser Tradition das Malz im Augustiner-Bräu in München und in der kleinen Brauerei Lindenbräu in Gräfenberg in Franken zubereitet.

1912 wurde die Brauerei in Kounice aufgrund zunehmender Konkurrenz in der Region geschlossen. Man fokussierte sich auf das Herstellen von Malz. Seit 2012 wird in Kounice nicht mehr nur gemälzt, sondern auch wieder gebraut. Das Sudhaus befindet sich in einem gemütlichen Wirtshaus, in dem tagsüber sehr gut gekocht wird. Beliebt ist das leichte Schankbier, aber auch Spezialbiere wie das Ginger Ale schmecken sehr gut. Oder auch das Rauchbier, das man als Spezialität aus Bamberg kennt und das mit Rauchmalz zubereitet wird. Einige der Brauer aus Franken waren schon in Kounice zu Besuch.

Herr Klusáček erkennt beim ersten Schluck, ob ein Bier mit seinem Malz aus Kounice gebraut wurde. Und auch, ob »die Seele des Bieres« aus einer Großmälzerei oder aus einer Tennenmälzerei kommt und auf natürliche Weise geatmet hat. »Ein gutes Bier muss köstlich schmecken und darf nicht im Rachen kratzen. Nach einem Schluck sollte man Lust auf den nächsten haben«, sagt Herr Klusáček.

Ob der heilige Wenzel, Schutzpatron der böhmischen Bierbrauer, Biermenschen und Biertrinker, tatsächlich Bier getrunken hat, weiß man nicht. Man kann daran glauben, wenn man sich unter seiner Statue am Wenzelsplatz trifft und sich zur Zoorunde aufmacht, die durch alle Prager Lokale führt, die ein Tier im Namen tragen. Im Schwarzen Ochsen habe ich mal einen Mann getroffen, der mir erzählte, dass der heilige Wenzel gar nicht tot sei, sondern auf seinem Ross von Brauerei zu Brauerei reite, um Bier zu verkosten und auf die Qualität aufzupassen. Dann sagte der Mann noch, eigentlich sei er selbst der heilige Wenzel, und bestellte noch ein Bier. Vielleicht war er es ja wirklich?

Manchmal trifft man sich im Goldenen Tiger in Prag, ein anderes Mal im Automat Welt in Wien, im Sternla in Bamberg oder in der Bahnhofskneipe in Sheffield, in der sich Lokführer nach der Schicht auf ein Pint verabreden. Ganz sicher waren Arnulf, Hildegard, Florian und Wenzel auch schon in Kounice und haben im Wirtshaus der Mälzerei und Brauerei Klusáček das eine oder andere Bier getrunken. Und ließen ihre Heiligenscheine in leuchtende Bierdeckel verwandeln, so wie immer, wenn ihnen das Bier gemundet hat.

Ein Bier mit Kafka in Zürau

Am 12. September 1917 steigt der Schriftsteller Franz Kafka in Prag in den Zug und fährt zu seiner Schwester Ottla nach Zürau. Weil das Dorf keinen Bahnhof hat, wird er von seiner Schwester Ottla in Michelob abgeholt. Michelob, Měcholupy auf Tschechisch, war in ganz Österreich bekannt für seine Brauerei, die zum Wiener Brauimperium Dreher gehörte. Vor dem Ersten Weltkrieg wurde das Bier unter dem Handelsnamen Michelob bis in die Vereinigten Staaten exportiert, wo Kafka sein erstes Romanfragment angesiedelt hatte: *Der Verschollene*, auch als *Amerika* bekannt, spielt in den Straßen von New York.

Eigentlich wollte der an Tuberkulose erkrankte Kafka im damals deutschsprachigen Teil Westböhmens nur ein paar Tage bei seiner Schwester bleiben und sich von einem Blutsturz erholen. Doch dann blieb er bis zum Frühjahr und verbrachte so auch den Winter im Hopfendorf. Das Leben in Zürau hat Kafka zu einem weiteren Buch inspiriert, zu seinem verschneiten und atmosphärischen Romanfragment *Das Schloss*. Und auch zu *Die Zürauer Aphorismen*.

In Zürau kam Kafka kurz nach der Hopfenernte an. Die äußerst hektische Erntezeit blieb ihm erspart. Dennoch muss er vom Hopfenanbau viel mitbekommen haben. Denn Zürau, Siřem auf Tschechisch, liegt westlich von Prag in der Nähe von Saaz, also inmitten des größten und bekanntesten böhmischen Hopfenanbaugebiets, das seit 2023 zum UNESCO-Weltkulturerbe gehört. Vor allem Saazer halbfrüher Rothopfen, die wohl bekannteste Hopfensorte der Welt, wird angebaut. Dieser Saazer Hopfen prägt den einzigartigen Geschmack der böhmischen Lagerbiere. Heute werden auch andere Sorten gezüchtet, mit Namen wie Blues, Jazz, Country oder Mimosa.

Der feine und aromatische Hopfen war der Grund, warum sich die Familie Dreher aus Wien für die Gegend interessierte. Zusätzlich zu der Brauerei in Michelob errichtete das Familienunternehmen noch eine moderne Exportbrauerei in Saaz.

Mehrere Monate verbrachte Kafka in Zürau. Geht man mit seinem Buch *Das Schloss* in der Hand durch die kleine Ortschaft, findet man nicht nur das wunderschön sanierte Haus von Ottla, sondern zudem die Schule aus dem Roman. Und auch ein Familienhaus, in dem sich einst ein Wirtshaus befand, das bei Kafka Zur Brücke heißt, weil es tatsächlich an einer Brücke liegt. Ebenso kann man noch die zweite Gastwirtschaft anschauen, den Herrenhof.

Beide Lokale spielen im Roman eine wichtige Rolle. In den Gasthäusern hat Kafka sicher auch das eine oder andere Bier getrunken und dabei das Geschehen beobachtet. Man kann sich gut vorstellen, dass die Kellnerin Frieda, in die sich der Landvermesser K. im *Schloss* nach seiner Ankunft im Dorf verliebt, das Drehersche Bier aus Michelob oder Saaz serviert. Und dass es Pfützen von ebendiesem Bier sind, in denen sie sich später auf dem Holzboden hinter dem »Pult« lieben. In den Bierpfützen mit einem Geruch, der »betäubend war«, wie Kafka schreibt. Nur ein Schloss gibt es in Zürau nicht. Vielleicht wurde Kafka vom großen Speicher auf dem Hügel über der Stadt dazu inspiriert, den man von überall sehen kann.

Heute bekommt man im Wirtshaus Zur Brücke oder im Herrenhof kein Bier mehr. Stattdessen pilgern durstige Kafkamenschen auf ein Bier in einen Bauernhof am Dorfplatz von Zürau, wo David Herblich ein kleines, feines Kafka-Museum eingerichtet hat. Manchmal organisiert Herr Herblich ein internationales Kafka-Festival, und in der Galerie finden regelmäßig Ausstellungen statt. Ich war schon einige Male auf dem Bauernhof von David Herblich in Zürau zu Besuch. Und ich kann mich gut erinnern, wie mir sein Vater mal beim Bier vom Hopfen erzählt hat und diesen mit einer Weinrebe verglich. Denn Hopfen, die Würze des Bieres, war sein Leben. Er erzählte von den meterlangen Wurzeln und davon, wie wichtig die Mineralien in der Erde für den Hopfen sind. Und auch die Wetterbedingungen. Der Boden muss gut Wasser führen, aber zu viel regnen darf es auch nicht. Saaz und Zürau liegen ideal im Regenschatten des Erzgebirges und des Böhmerwalds.

Hopfen, *Humulus lupulus*, ist eine mehrjährige Pflanze, die bis zu sieben Meter hoch an einer Drahtkonstruktion sehr schnell wachsen kann. Nur die weiblichen Pflanzen bilden aromareiche Dolden mit Lupulindrüsen, die sich dann für die Brauerei nutzen lassen. Die männlichen Pflanzen werden bereits im Frühjahr im Hopfengarten aussortiert. Hopfen sorgt für das Aroma und den angenehm bitteren Geschmack im Bier und macht es zudem haltbar. Hopfen muss kühl gelagert werden, nur so behält er seine Eigenschaften.

Wenn man von Zürau nach Saaz fährt, sieht man, wie reich diese Stadt durch den Hopfen geworden ist. Sogar auf dem mittelalterlichen Marktplatz befindet sich ein kleiner Hopfengarten. An vielen alten Gebäuden sieht man Schornsteine, die auf alte Hopfendarren hinweisen.

Große Mengen von diesem »grünen Gold«, wie man auch zum Hopfen sagt, werden nach wie vor ins Ausland exportiert. Nach Österreich, Polen und Deutschland, nach Amerika und Japan. Oder nach Franken. »Die letzte Hopfengabe für das Aroma war früher oft Saazer Hopfen«, erzählte mir mal ein Bierbrauer in Bamberg.

Das größte Hopfenanbaugebiet der Welt ist allerdings die Hallertau in Bayern, die sich zwischen Freising, Ingolstadt und Regensburg befindet. Wandern kann man in der Gegend entlang der Deutschen Hopfenstraße, eine Strecke von über siebzig Kilometern, mit einem Halt in Wolnzach, um das Deutsche Hopfenmuseum zu besuchen. In den Dörfern der Hallertau sieht man ebenfalls die alten Schornsteine und Türme der Hopfendarren, die man aus Saaz und Zürau kennt. Und auch bei Tettnang am Bodensee oder in Franken bei Spalt wird Hopfen gezupft. Oder zwischen der Saale und der Elbe.

In der Craftbier-Szene, die in den letzten Jahrzehnten eine handwerkliche Alternative zu den großen Industriebrauereien zuerst in den USA und dann auch in Europa entwickelt hat, sind die aromatischen Hopfensorten aus Nordamerika, Australien oder Neuseeland sehr beliebt, die man mittlerweile auch in Europa züchtet.

Wie würde Franz Kafka wohl ein stark gehopftes West Coast American IPA schmecken? Er würde es sicher probieren. Heute gilt der Prager Schriftsteller zwar als der absolute Asket. Und vielleicht war er das auch. Doch immer wieder schreibt er auch über Bier, das er getrunken hat. »Viel Billard gespielt, grosse Spaziergänge gemacht, viel Bier getrunken«, notiert er Mitte August 1907 zum Beispiel in einem Brief an seinen Freund Max Brod.

Auch heute kann man nach Michelob noch mit dem Zug reisen. Die Brauerei wurde zwar schon vor hundert Jahren geschlossen, doch man kann die alten Bauten wie das Schloss der Familie Dreher immer noch anschauen. In Saaz, Žatec, wird Bier wieder in einer kleinen Brauerei gebraut. So auch in Louny, nicht weit von Zürau, wo in der Braumanufaktur Zichovec wunderbare Biere entstehen. Mit und auch ohne Alkohol.

Wer weiß, vielleicht gibt es irgendwann in Zürau wieder ein Lokal, in dem die durstigen Kafkamenschen auf Kafka und den Saazer Hopfen anstoßen können. Zur Brücke oder im Herrenhof. Oder auf dem Bauernhof bei Herrn Herblich, wo es noch immer eine alte Hopfendarre gibt.

Ein Bier in Nymburk. Und entlang der Elbe

Ein Jahr meines Lebens verbrachte ich in der böhmischen Stadt Nymburk an der Elbe. Ich wohnte bei meinem Freund Ladislav, zu dem alle nur Atom sagen, und pendelte jeden Tag nach Prag. Wir kennen uns aus Liberec, wo wir Wirtshausleben und andere Fächer an der Uni studierten und eine Band gründeten, die nach Punk, New Wave und abgestandenem Bier klang und auch so roch und Botanischer Garten und zurück hieß. Das war, was an den Bussen des Schienenersatzverkehrs stand, als die Straßenbahn in Liberec saniert wurde. Atom war damals Punk, aber er mochte auch The Cure, so wie ich. Und Kafka. Auch heute noch hat er eine so starke sonore Stimme, dass, wenn er etwas sagt, im Riesengebirge die Bäume umfallen. Oder in der Saazer Gegend die Hopfendolden von den Zweigen rieseln.

Nymburk kennen in Tschechien alle Eisenbahnmenschen, weil sich hier ein großer Rangierbahnhof befindet. Die Lichter des Bahnhofs überstrahlen die Stadt so stark, dass es eigentlich keine Nächte mehr gibt. Auch Kulturmenschen lieben Nymburk, da man dort mit den vielen Geschichten von Bohumil Hrabal im Kopf durch die Gassen spazieren kann. Hrabal, einer der bekanntesten Autoren des Landes, ist auch der Grund, warum viele Biermenschen Nymburk kennen: Sein Stiefvater hat dort lange eine Brauerei geführt. Über die Brauerei hat der Autor, Jahrgang 1914, ein nostalgisches Buch geschrieben: *Die Schur.*

Einmal habe ich in der Eisenbahnerkneipe mit dem schönen Namen Semafor, die sich im Eisenbahnerviertel befindet, auf einen Bierdeckel mein kürzestes Gedicht geschrieben. Es lautet so:

Nymburk
Magdeburg
Hamburg

Alles alte historische Orte, die an der Elbe liegen. An dem Fluss, der als Handelsweg Böhmen mit Sachsen, Sachsen-Anhalt, Niedersachsen, Hamburg und der Nordsee verbindet. Ich dachte, irgendwann muss ich über diese Städte einen Roman schreiben. Oder überall dort zumindest ein Bier mit Atom trinken. Denn in jedem Glas Bier versteckt sich ein Gedicht, eine Erzählung oder ein Roman. Zusammen haben wir nicht nur Biere aus Nymburk, Magdeburg und Hamburg getrunken, sondern auch an anderen Orten, die der Fluss zusammenbringt.

Die erste und zugleich die höchstgelegene Brauerei in ganz Mitteleuropa findet man unweit der Elbquelle im Riesengebirge, in Rübezahls Reich. Im Sudhaus der Wiesenbaude braut man mit dem Wasser aus der Weißwasser, einem Zufluss der Elbe. Auch in Vrchlabí, Hohenelbe, wird Bier gebraut. Und auch in Poděbrady oder in Ústí nad Labem, wo ich ein paar Abende im Jahr im kleinen Brauhaus Na Rychtě verbringe, das großartige Biere nach klassischer böhmischer Art braut. Sehr bekannt ist auch die Brauerei in Velké Březno. Bis heute schmückt das Etikett des dort gebrauten Bieres das zufriedene, leicht angetrunkene Gesicht des Bahnhofsvorstehers und Bahninspektors Viktor Cibich, der das Leben mit einem Krug Bier in der Hand sehr zu genießen scheint und Atom nicht unähnlich sieht. Für diese Werbung, wie erzählt wird, hat Cibich von der Brauerei dreißig Liter Bier pro Woche bekommen. Und das lebenslang! Cibich ist eine Kultfigur, sein Gesicht kennt man inzwischen auch von vielen anderen Bierflaschen weltweit. An seinem Grab treffen sich Biermenschen und Eisenbahnmenschen nicht nur aus Tschechien, sondern auch aus Deutschland. Sie trinken ein Bier und lesen aus einem alten Kursbuch vor, wie man das so macht am Grab eines Eisenbahners.

Mit der Elbe verbunden ist zudem die Geschichte des nachweislich ältesten Bieres in Europa. Vor ein paar Jahren wurde in Kladina in der Nähe von Pardubice ein Gefäß gefunden, das sich Archäologen und Chemiker genauer angeschaut haben. Sie fanden Reste einer vergorenen Flüssigkeit darin und konnten herausfinden, dass es sich um Bier handelte. Das gilt als Beweis, dass schon vor dreitausend Jahren an der Elbe und damit im Herzen Europas Bier gebraut wurde.

Die Analyse hat sogar die genaue Rezeptur ans Licht gebracht, sodass man das uralte Hirsebier an der Uni in Olomouc in der hauseigenen Brauerei, die es an jeder tschechischen Universität gibt, nachbrauen konnte. »Es war sauer und sehr bitter«, sagte der Wissenschaftler, Brauer und Bierenthusiast Lukáš Kučera, als ich ihn fragte, ob es ihm gemundet habe. Statt Hopfen nutzte man damals Beifuß und andere Bitterkräuter. Auch dieses mitteleuropäische Ur-Bier habe ich einmal zusammen mit Atom verkostet. Die Brauerei in Bohdaneč braut das Bier unter dem Namen Sonnenbarke. Gleich mit dem ersten Schluck unternimmt man eine Zeitreise. Der Hirsetrunk schmeckt ein wenig wie die sogenannten Gruitbiere, bei denen man für den Geschmack und die bitteren Noten mit verschiedenen Kräutern anstelle von Hopfen arbeitet. Wer weiß, wie der Geschmack der ersten Biere wohl war, die man schon einige Tausend Jahre vorher zwischen Euphrat und Tigris in Mesopotamien gebraut hat.

1898 ist am Rande der Stadt Nymburk eine neue Brauerei mit Bahnanschluss errichtet worden, in der noch handwerklich gearbeitet wird wie zu der Zeit, als der kleine Bohumil Hrabal durch den Brauereihof lief. Liebevoll und zugleich mit groteskem Humor beschreibt Hrabal in *Die Schur* das Leben in der Brauerei Nymburk. Heute ist man nicht nur stolz auf das alte Handwerk, sondern auch auf den Autor. So verwendet die Brauerei den Namen Postřižinské pivo – Das Schurbier. Und Hrabal lacht mit seinem Hut auf dem Kopf auf jeder Bierflasche. Zwei Biersorten sind nach Figuren aus seinem Roman benannt: Francin und Pepin.

Nach wie vor wird in Nymburk das Malz auf traditionelle Art in der Tennenmälzerei zubereitet. Nach wie vor gärt das Bier in den offenen Gärbottichen, in denen nach der Zugabe von Hefe dann ein »Wunder passiert«, wie uns der Braumeister Bohumil Valenta erzählt, als er mich und Atom, der hier früher Flaschen und Fässer mit diesem Wunder abgefüllt hat, durch die Brauerei führt.

Ein Premiumlager der Brauerei trägt den Namen des Schriftstellers Hrabal. Dieses Bier sollten alle einmal probieren. Es ist eines der besten böhmischen Lagerbiere, das ich kenne. Stark gehopft und zugleich unglaublich rund und mild im Geschmack. Gebraut wurde es zum hundertsten Geburtstag von Bohumil Hrabal, und es kam so gut an, dass es weiter angeboten wird.

Nymburker Bier wird viel exportiert. Besonders beliebt ist es in Ungarn, wo auch Bohumil Hrabal sehr bekannt ist. In Budapest habe ich einmal eine Kultkneipe besucht, die schlicht Hrabal heißt. Sie wird direkt aus Nymburk mit dem entsprechenden Bier beliefert. Immer wieder kommen ungarische, aber auch polnische oder deutsche Leser und Leserinnen nach Nymburk, die sich dort »seine« Brauerei anschauen möchten. Und dabei die Gedenktafel fotografieren, die ungewöhnlich tief angebracht ist. Das war ein Streich von Hrabal – er wollte, dass die Hunde auf die Gedenktafel pinkeln können.

In Nymburk kann man das Hrabal-Bier gleich an mehreren Orten trinken, sehr gut schmeckt es im Lokal U Gregorů. Man muss nur aufpassen, dass niemand auf »Nymburker Art« anstößt. Denn das würde heißen: Prügel. Wer weiß, von wem dieser Spruch kommt. Doch keine Angst, das Bier aus Nymburk macht nicht aggressiv. Sondern entspannt und angenehm müde. Das wohl bekannteste Lokal findet man direkt neben der Brauerei, wo es neben der Einfahrt einen Kiosk mit einem kleinen Biergarten gibt. Eigentlich holt man dort sein Bier ab, zum Beispiel eine Kiste Bohumil-Hrabal-Lager, wie ich es tue, wenn ich in der Stadt bin. Allerdings treffen sich am Kiosk auch stets einige Taggestalten, die wie Nachtgestalten aussehen. Das sind sie, die heiligen Trinker von Nymburk.

Jeder von ihnen hat um seine Flasche eine Art Strumpf, damit das Bier im Winter ein wenig warm und im Sommer kühl bleibt. Fassbier gibt es keines. Doch das stört die heiligen Trinker nicht. Es sind eigentlich nur Männer, trotzdem ist immer auch eine Frau dabei, eine Bierkönigin, um die die heiligen Trinker kreisen wie betrunkene Planeten um ihre Sonne. Man lernt viel über das Leben. Und auch über den Tod. Denn immer wieder wird auf die Planeten angestoßen, die sich inzwischen im Universum verloren haben.

Der Kiosk ist international bekannt. Neulich fragte mich ein Freund aus der Schweiz, ein Fahrdienstleiter, der wegen Hrabal, Bier und Eisenbahn alle paar Jahre nach Nymburk reist, ob es den Laden noch gebe. Als ich das bestätigen konnte, war er erleichtert. Für ihn ist der Kiosk an der Nymburker Brauerei einer der schönsten Bierorte der Welt. Er freut sich schon darauf, das nächste Mal nach Nymburk zu fahren und am Kiosk mit den Taggestalten, die wie Nachtgestalten aussehen, ein Bier zu trinken. Das kann ich gut verstehen.

Atom und ich unsererseits fahren oft nach Kersko in der Nähe von Nymburk. Hier hatte Hrabal seine Datscha. Sein Stellwerk, wie er es formulierte. Er hat dort geschrieben und mit vielen Katzen gelebt. Kersko ist ein besonderer Ort, eine Waldsiedlung mit einer mehr als zwei Kilometer langen schnurgeraden Avenue nach New Yorker Vorbild, an der zwei schöne Kneipen zur Rast einladen.

Im Nebendorf Hradišťko liegt Bohumil Hrabal begraben. Am 3. Februar 1997 baute sich der gesundheitlich bereits angeschlagene Hrabal, der so gern im Wirtshaus saß und Menschen liebte, im Krankenhaus Bulovka aus Büchern eine Treppe zum Fenster und stürzte sich in die Tiefe.

Wir stehen an seinem Grab, Atom und ich. Es ist kalt. Wir sehen ein paar Katzen aus Gips, die Hrabal geliebt und über die er auch geschrieben hat, eine Flasche mit Sliwowitz und eine Bierflasche, die bei den eisigen Temperaturen explodiert ist. »Wenn in einer Januarnacht auf einem Friedhof eine volle Bierflasche platzt, ist das Geräusch so laut, dass alle Toten wach werden«, sagt Atom. Vielleicht wird auch Bohumil Hrabal geweckt, auf den wir später am Brauerei-Kiosk mit den heiligen Trinkern von Nymburk anstoßen.

Und ich habe mir auf dem Bierdeckel ein neues Gedicht notiert, das wir mit Atom und unserer Band Botanischer Garten und zurück vertonen könnten:

Nymburk
Bier
Hrabal

Ein Bier am Schwarzbächla

Die Bäume sind alt, mächtig und schwarz wie das Wasser des Baches. Morsche Stämme liegen stumm in der Landschaft. »Eigentlich kann man hier nur im Herbst oder im Winter entlanggehen, denn im Sommer verwandelt sich alles in einen Urwald, fast in einen Sumpf«, erzählt Václav Vomáčko, der nur ein paar Hundert Meter weiter in einem Dorf lebt und ein gefragter Braumeister ist.

Es ist kein Zufall, dass wir hier sind. Václav ist kein gewöhnlicher Braumeister, sondern ein Poet. Gedichte schreibt er allerdings keine – er dichtet mit seinem Bier. Und diese geheimnisvolle Waldlandschaft inspiriert ihn wie die Musik, die er hört, und die Bücher, die er liest.

Der Wald ist nicht wirklich groß, trotzdem fühlt man sich nach ein paar Schritten verloren. Überall liegt das feuchte Totholz. Die Äste haben Krallen, die nach dem Wanderer greifen. Man muss an die Band The Cure denken, die wir beide lieben, und an den Song *A Forest*, in dem Robert Smith singt: »Lost in the forest. In the dark.«

Man hört nichts. Keine Vögel, keine Tiere. Alles wirkt ruhig, eine gespenstische Stille. An diesem Ort am Rande des Böhmischen Paradieses, wo wir beide aufgewachsen sind und das für seine malerische Landschaft, seine alten Burgen und sein gutes Bier bekannt ist, scheint die Hölle näher als das Paradies. Immer wieder sieht hier jemand Geister im Gebüsch und erzählt davon in der Kneipe am Marktplatz von Jičín. Man spricht von den Stimmen und Schreien der Menschen, die man nicht sieht, von toten Tieren und mysteriösen Unfällen bei der Jagd oder auf der Straße am Waldrand. Immer wieder soll in der Gegend eine Kutsche mit einem einsamen Fahrgast durch die Landschaft rasen. Eine schwarze Kutsche ohne Pferde.

Das kleine Stück Wald wurde nach dem Bächlein Černý Potok benannt, Schwarzbach, doch die Großmutter vom Braumeister Václav nannte den Bach immer nur »Černý Potoka«. So heißt auch seine Brauerei. Auf Deutsch würde man vielleicht Schwarzbächla sagen. Klingt ein wenig fränkisch, was eigentlich gut passen würde, denn Václav liebt die fränkischen Biere, vor allem die aus Bamberg, wo wir uns schon zufällig im Sternla beim Bier getroffen haben. Das Rauchbier aus den Bamberger Brauereien Spezial und Schlenkerla inspirierte ihn zu seinem eigenen Rauchbier, das er mit dem Rauchmalz aus Bamberg im Böhmischen Paradies kreiert hat. Er nannte sein Bier Aschenbrödel, in Anspielung auf die bekannte Märchenverfilmung mit Libuše Šafránková in der Hauptrolle.

»Allein kann ich nicht in diesen Wald gehen«, erzählt Václav. Trotzdem kommt er im Herbst oder Winter immer wieder hierher, in Begleitung, und fotografiert. Die Bilder schmücken dann die Etiketten seiner Biere. Auf den Dosen und Flaschen sehen die Aufnahmen wie kleine Fenster aus, durch die man diesen mysteriösen Wald betreten könnte. Manche sagen, dass die atmosphärischen Aufnahmen an Horrorfilme wie *Blair Witch Project* erinnern. An Doom Metal und die Musik von Black Sabbath. Oder eben an die düsteren Songs von The Cure.

Seine Biere zählen zu den interessantesten, die man in Tschechien (und nicht nur dort) verkosten kann. Jedes Bier ist ein Original, ein wahres Bierkunstwerk, ein unfiltriertes atmosphärisches Biergedicht. Sie heißen Cloud Scanner, Frozen Hell, Hellion, Orion alpha, Apocalyptus, Cold Fish oder auch Disco lieber nicht.

Obwohl Václav liebend gern Lager trinkt, bringt er vor allem moderne amerikanische Bierstile wie West Coast IPA oder New England IPA ins Böhmische Paradies. Obergärige Biere, die im Glas eine Geschmacks- und Duftsymphonie entfalten. Das liegt nicht an den Geschichten aus dem Wald, sondern vor allem an seiner Braukunst. Am durchdachten Zusammenspiel von Malz und verschiedenen aromatischen Hopfensorten. Václav verwendet vor allem Hopfen aus Nordamerika, aber auch aus Australien und Neuseeland. Die Sorten tragen Namen wie Simcoe, Amarillo, Citra, Columbus, Motueka oder Enigma, und seine Biere duften dann nach Grapefruit, Banane, Zitronengras, Mango, Melone oder Ananas.

Lagerbiere braut er eher selten. Dafür sind die anderen da, die das Handwerk meisterhaft beherrschen, wie er sagt. Nicht nur in den größeren Brauereien, sondern vor allem in den kleinen handwerklichen Brauhäusern. Auch im Böhmischen Paradies. So wie in den Brauereien Lomnické pivo, Lomnitzer Bier, oder JungBerg aus Hořice, gegründet von einem Deutschen und einem Tschechen, die in der Gegend auf dem Dorf wohnen. In Zusammenarbeit mit den beiden Brauereien komponiert Václav so manches seiner Biergedichte.

Zum Wandern im dunklen Wald bringt er oft seinen Sohn mit. Manchmal auch einen Freund, so wie mich heute. Wir kennen uns lange, haben zusammen in Liberec studiert, er Maschinenbau, ich Germanistik und Geschichte. Wir haben viel Musik gehört und sind in den Lokalen in der Altstadt Bier trinken gegangen. Als Ingenieur hat Václav in der Autoindustrie gearbeitet. Viele Reisen, viel Verantwortung und auch viel Stress. Er war sehr erfolgreich, zuletzt leitete er eine große Abteilung mit mehr als hundert Angestellten. Irgendwann hat es ihm aber gereicht. Mit vierzig ist er ausgestiegen, um nach mehr Ruhe im Leben zu suchen.

Die Entspannung fand er beim Bierbrauen. Heute zählt er in der tschechischen Craftbier-Szene zu den bekanntesten und originellsten Braumeistern, obwohl er keine eigene Brauerei besitzt. Will er auch gar nicht. Ohne hat er mehr Freiheit und Ruhe.

Seine Brauerei Černý Potoka, gegründet 2016, ist eine sogenannte fliegende Brauerei, wie man in Tschechien sagt. In Deutschland würde man Václav als Wanderbrauer bezeichnen. Er mietet sich in eine Brauerei ein, sucht nach Kooperationen. Und weil er die Braukunst wirklich beherrscht, wird er von vielen Brauereien angefragt. Oft muss er absagen. Die Ruhe, die ihm das Bierbrauen gebracht hat, möchte er nicht verlieren.

Wir sind immer noch in diesem dunklen Wald verloren. Václav öffnet sich ein Bier, lehnt sich an einen der alten schwarzen Bäume und erzählt, wie er als Heimbrauer angefangen hat: In der Küche seines Hauses. Ja, das geht wirklich, man kann eine Wohnung zu einer Brauerei umbauen.

»Das ist ganz unkompliziert. Ich habe sogar schon Leute getroffen, die in der Miniküche einer Plattenbauwohnung gebraut haben. In einer Garage. Oder im Studentenwohnheim. Man muss tolerante Mitbewohner haben, manchmal auch eine tolerante Nachbarschaft. Beim Brauen liegt für mehrere Tage in der ganzen Wohnung, ja im ganzen Haus der schwere Duft von Malz, Hopfen und Hefe in der Luft«, sagt er. »Nicht alle Mitmenschen lieben das typische Bierparfüm so sehr, wie es Biermenschen lieben.«

Wer zu Hause Bier brauen möchte, muss ein wenig geschickt sein. Und es braucht Zeit für einen Sud – neun, zehn, zwölf Stunden. »So wie in einer richtigen Brauerei«, erzählt Václav.

Hopfenpellets, Malz und Hefe bestellt man im Internet. Wasser fließt aus der Leitung. Als Maischpfanne und Würzepfanne hat Václav einen großen Gulaschtopf benutzt. Gerührt hat er mit einem Kochlöffel. Geläutert mit zwei Plastikeimern. Gekühlt in der eiskalten Badewanne. Gegärt in einem Glasgefäß, das er von einem Winzer aus Mähren bekommen hat. Gelagert hat er sein Bier in Plastikflaschen im Kühlschrank.

Und wie hat es dann geschmeckt?

»Gut, natürlich sehr gut. Nach so viel Arbeit! Den ersten Sud vergisst man nie. Ich habe Freunde eingeladen und ihnen die Geschichten aus dem Wald erzählt. Bier schmeckt immer am besten vor Ort, in der Brauerei. Das kann auch die eigene Küche sein … Mit jedem Sud wurde mein Bier noch besser«, lacht er und sagt dann das, was alle Biermenschen im magischen Bierdreieck zwischen Pilsen, Budweis und Bamberg sagen: »Gutes Bier ist zur einen Hälfte Wissenschaft und zur anderen Hälfte Kunst. Du brauchst gute Zutaten und vor allem viel Zeit. Genug Zeit im Sudhaus. Genug Zeit im Gärkeller. Genug Zeit im Lagerkeller. Egal, ob man das Bier in einer Brauerei oder zu Hause in der Küche braut.«

Noch viel mehr Zeit als beim Brauen verbringt Václav beim Nachdenken über das Bier. Beim Verkosten der vergessenen und wiederentdeckten Biersorten. Beim Lesen der Bücher. Beim Hören der Musik. Und bei den Wanderungen durch den schwarzen Wald am Rande des Böhmischen Paradieses, wo wir verloren sind und The Cure zwischen den Bäumen spielen hören, während auf der Straße eine Kutsche ohne Pferde mit einem einsamen Fahrgast vorbeirast.

Ein Bier in Budweis

Wenn man Bier mag, führen alle Wege nicht nach Rom, sondern nach Bamberg, München oder Pilsen. Und selbstverständlich nach České Budějovice, nach Budweis.

Das weiß auch Josef Švejk, die Hauptfigur aus dem humoristischen Romanepos von Jaroslav Hašek. Sein Weg auf das Schlachtfeld des Ersten Weltkriegs führt über die südböhmische Metropole. Irgendwann zieht Švejk die Notbremse, als wollte er damit nicht nur den Schnellzug, der ihn und den Oberleutnant Lukáš in den Weltkrieg bringen soll, sondern alle Kriege dieser Welt anhalten. In Tábor muss Švejk den Zug verlassen. Jemand bezahlt für ihn die Strafe und gibt ihm ein wenig Geld für die Weiterfahrt.

Doch Švejk hat Lust auf ein Bier. Auf ein zweites Bier lädt er im Bahnhofslokal einen verletzten ungarischen Soldaten ein. Als er dann dem Militärchef des Bahnhofs vorgeführt wird, spricht Švejk von einem schrecklichen »Unglück«, das ihm widerfahren sei. In der Kneipe habe er beim Warten auf den nächsten Zug leider »ein Bier nach dem anderen getrunken« und so alle Züge nach Budweis verpasst. Švejk muss zu Fuß losmarschieren. Es ist eine wahre Odyssee. Der Weg führt ihn durch halb Südböhmen, über Milevsko, Putim und Písek.

Manchmal fahre ich einfach so von Prag nach Budweis, wenn ich Lust auf ein gut gezapftes Budvar habe. Obwohl man Budweiser Bier auch in der tschechischen Hauptstadt oder in Wien oder Berlin bekommt, geht es nicht nur um das Bier, sondern auch um den Ort, an dem man es trinkt. In der Altstadt von Budweis findet man eines der schönsten Bierlokale in ganz Tschechien, wenn nicht in ganz Europa. Masné Krámy heißt dieser Ort, Fleischbänke. Denn früher wurde hier wie in einer Markthalle Fleisch verkauft. In den kleinen Boxen, in denen die Fleischhauer einst mit ihren Beilen und Messern am Werk waren, trinkt man heute gemütlich Bier. Budweiser Budvar.

Manche behaupten, dass es von hier eine Bierleitung gibt, die das Lokal direkt mit der Brauerei am Stadtrand verbindet. Was für eine großartige Vorstellung. Dem ist zwar nicht so, jedoch schmeckt das Bier hier tatsächlich genauso gut wie in der Brauerei. Einen Besuch sollte man auf jeden Fall einplanen.

In Budweis wohnen ungefähr hunderttausend Menschen. Die Stadt hat eine Universität, ein Theater, ein altes und schönes Zentrum und einen botanischen Garten. Der befindet sich im Sudhaus der Brauerei Budvar, die als hochmoderner Betrieb 1895 unter dem Namen Tschechische Aktienbrauerei gegründet wurde und bald in der ganzen Monarchie für das köstliche Bier bekannt war. Und schließlich auf der ganzen Welt.

Der Brauer, den wir im Sudhaus treffen, vergleicht es mit einer großen offenen Wohnküche. Und eben mit einem botanischen Garten. In Latschen führt er uns durch sein Paradies und gießt die vielen Blumen, Pflanzen und Bäume, darunter auch mehrere Palmen. Es geht ihnen hier gut. Warm ist es und feucht im Herzstück der Brauerei, wie man zum Sudhaus auch sagt. Dann macht sich der Brauer an seine Arbeit. Er steht an einer der großen Pfannen und wirft schwere Blöcke mit grünem Hopfen hinein. Dreimal pro Sud muss er das tun. In Budweis arbeitet man immer noch mit gepresstem Hopfen aus Saaz, nicht mit Pellets. Tradition bleibt Tradition.

»Schon als Teenager wollte ich in Budvar arbeiten. Ach, schon als Kind«, sagt der Brauer. Er ist sehr stolz darauf, dass er hier arbeiten darf. Die Brauerei ist übrigens ein landeseigenes Unternehmen, eine »Nationalbrauerei«, sie gehört dem tschechischen Staat. Und das Budweiser Bier ist der tschechische Exportschlager schlechthin.

Wie jedoch entsteht ein so gutes und bekanntes Bier, frage ich Aleš Dvořák, der jede Ecke der Brauerei kennt.

»Zunächst muss die Dreierregel befolgt werden: Malz, Wasser, Hopfen. Natürlich gehört auch unsere Hefe dazu, wir verwenden praktisch den gleichen Stamm wie 1895, als die Brauerei gegründet wurde. Und dann gibt es noch die Drei-Zehner-Regel: zehn Stunden im Sudhaus, zehn Tage im Gärkeller, zehn Wochen im Lagerkeller. Dann hast du das echte, gute traditionelle Lagerbier mit zwölf Grad Stammwürze.«

Auch die handwerklichen Abläufe sind wichtig und werden hier gelebt. Das Wasser kommt aus einem dreihundert

Meter tiefen artesischen Brunnen, einem Brunnen also, in dem das Grundwasser allein durch den eigenen Überdruck aufsteigt. Der Hopfen aus Saaz. Das Malz wird mit der Eisenbahn aus Mähren geliefert, hundert Tonnen pro Tag, das sind fünf kleine oder zwei große Wagen. Dazu kommen noch Glas und Verpackungen. Deshalb hat Budweiser auch einen kleinen Bahnhof und sogar eine eigene Rangierlok.

»Bei so einem erfolgreichen und beliebten Bier wie unserem Lager besteht die größte Kunst darin, das Bier immer gleich gut zu brauen und diese extrem hohe Qualität zu halten. Man darf einfach keinen Fehler machen«, sagt Aleš Dvořák, der als Botschafter der Brauerei und Wanderbrauer für die Kooperationen zuständig ist. Er braut verschiedene Spezialbiere mit vielen kleinen handwerklichen Brauereien. Auch das macht Budweiser Budvar aus, diese unglaubliche Offenheit, denn solche Kooperationen gibt es auch auf internationaler Ebene. So habe ich einmal in Berlin ein tolles Bier getrunken, das Budvar mit der Minibrauerei Brło gebraut hat.

Aleš Dvořák kennt und liebt nicht nur Bier, sondern auch *Švejk* von Jaroslav Hašek, die tschechische Ur-Erzählung schlechthin. Aus dem legendären Roman kann er frei zitieren, so wie mein Vater. Ich selbst las *Švejk* erstmals mit dreizehn Jahren, als ich mit einer schweren Lungenentzündung im Bett lag. Švejk hat mich geheilt. Diese ganze komische Tragik und tragische Komik. Geholfen hat mir sicher auch ein wenig das warme Bier. Eine Biersuppe mit altem Brot, die mir meine Großmutter brachte und die es auch in Deutschland früher oft zum Frühstück gab, in süßer Form, bevor der Kaffee den Frühstückstisch eroberte. Meine Oma hat fast nie Bier getrunken. Und wenn, dann war es immer ein Festbier. Ein Budvar eben.

Budweiser reift in der Brauerei in einem riesigen Keller in langen und großen weißen Tanks. Es ist schwer, diesen kühlen Ort nach der Besichtigung mit der Verkostung zu verlassen. So gut ist das Bier. So schön die Geschichten, die hier erzählt wurden. Ich durfte das Schwarzbier, das Original Lager und auch ein Spezialbier probieren, die Reserve, wie es heißt, die mehrere Monate in einem Lagertank reift und ruht. Fast schmeckt das Spezialbier wie ein Bierlikör.

Am Abend trifft man einige der Besuchenden, die man während der Brauereiführung kennengelernt hat, in den Masné Krámy, den Fleischbänken, zu einem »Gottesdienst« wieder, wie es ein Freund von mir, Miroslav, ausdrückt.

Wie in einer Kirche wird das Budweiser in dieser Bierhalle angepriesen. Bevor man den ersten Schluck nimmt, werden die Gläser mit dem goldgelben Trunk wie kleine Lichtkegel hochgehoben und bewundert. Man kann fast die Gebete dabei hören. Jemand reibt sich den Bierschaum wie das Weihwasser in die Haare, so wie ich es an solchen besonderen Orten auch immer mache.

Meinem Freund Miroslav sind dieses Lokal und das Budvar heilig, auch wenn es in Budweis noch eine zweite Brauerei gibt, die gutes Bier produziert und sogar älter als die Nationalbrauerei ist: Samson. Auch dieses Bier trinkt Miroslav gern. Und er weiß, dass es in Amerika eine noch viel größere Brauerei gibt, deren Bier ebenfalls Budweiser heißt. Als ich mit dem bildenden Künstler Jaromír 99, der von Miroslav durch seine Galerie vertreten wird, einmal in New York war, haben wir das amerikanische Budweiser verkostet. Es war … Wie soll ich es sagen? Einfach anders. »Wenn es jemand mag, soll er es trinken«, würde mein Vater sagen. Womit er recht hat.

Einen Tisch in den Masné Krámy muss man reservieren, doch gleich neben dem Ausschank findet man immer einen

Stehplatz. Solche Plätze sind sowieso die schönsten. Man kann das kleine Zapfkonzert der Zapfer bewundern, der Priester der Bierreligion. Am Tresen, der wie ein Altar im Zentrum des Raumes steht, wird in einem unglaublichen Tempo ein Bier nach dem anderen »gemacht«, wie man sagt. So heißt der bekannte böhmische Spruch, den alle kennen: »Der Brauer braut das Bier, der Wirt macht es.«

Denn auch das beste Bier der Welt kann man in einer Wirtschaft vernichten und ruinieren, wenn man es nicht richtig pflegt und hegt, nicht liebevoll damit umgeht, es nicht zapfen kann, nicht auf die Hygiene achtet und die Gläser, die Zapfanlage und »den Altar«, das Schankpult, nicht richtig putzt. Doch darüber muss man sich in Tschechien keine Sorgen machen. Hier weiß man, was man tut. Vor allem an so heiligen Orten wie den Fleischbänken.

In den Masné Krámy wird das beste Budweiser ausgeschenkt, das man überhaupt bekommen kann. Kroužek, Kräusen, nennt sich diese Sorte. Ein klassisches Lager, wie man es aus Budweis kennt, das kurz vor der Abfüllung mit ein bisschen Hefe angereichert wird und im Fass nachgärt. Spritzig und süffig ist dieses Bier, fast noch süffiger als das Original, das schon sehr süffig ist. Kroužek schmeckt ganz fein nach Hefe. Ein wahres Braukunstwerk aus Budweis.

»Bier ist eine Kunst, die Menschen zusammenbringen kann. Und ein Braumeister zu sein ist eine große Ehre. Vielleicht ist es das Größte überhaupt, das man im Leben in Böhmen erreichen kann«, sagt Aleš Dvořák.

In der Bahnhofskneipe von Budweis habe ich im Sommer 1990 meinen ersten Amerikaner kennengelernt. Er kam aus Österreich, wollte weiter nach Prag und wusste viel über Jaroslav Hašek und Švejk. Aleš und ich, zwei alte Schulfreunde, wollten gerade nach Český Krumlov. Doch dann ist uns im Bahnhofslokal ein schreckliches »Unglück« passiert. Wie Švejk haben wir ein Bier nach dem anderen getrunken und alle Züge nach Prag und Český Krumlov verpasst. Alle drei mussten wir in einem Park übernachten. Dort träumten wir vom Botanischen Garten, beseelt vom Budweiser Budvar.

Ein Bier in Potštejn

Jahrzehntelang konnte man sich das Leben in einer Brauerei ohne Bahnanschluss kaum vorstellen. Mit der Eisenbahn wurde Getreide oder Malz in die Brauerei geliefert, aber auch Hopfen oder Glas. In den Kühlwagen reiste das fertige Bier in Flaschen und Fässern abgefüllt in die ganze Welt.

Heute gibt es in Tschechien nur noch zwei Brauereien, die über einen aktiven Bahnanschluss verfügen: zum einen natürlich Budweiser. Und dann Clock in Potštejn, wo alle, die in der Brauerei arbeiten, überzeugte Eisenbahnmenschen sind. Clock ist nicht nur in Tschechien, sondern auch in ganz Europa wahrscheinlich die einzige Brauerei, in der es ein Sudhaus mit Bahnblick gibt.

Wenn der Braumeister Jakub Sychra am Pult mit der Steuerung steht und auf die Braukessel schaut, wirkt er wie ein Fahrdienstleiter im Stellwerk. Von den Lokführern der vorbeifahrenden Züge wird er mit einem kurzen Hupkonzert begrüßt. Man kennt sich auf dieser Strecke. Viele Eisenbahner sind Stammgäste, zum Beispiel der Fahrdienstleiter aus Potštejn und seine Frau, die ebenfalls als Fahrdienstleiterin auf die Züge aufpasst. Und auf die Brauereibesucher – dass sie in den richtigen Zug einsteigen.

Immer wieder werden in Ostböhmen Museumsfahrten mit alten Zuggarnituren angeboten, die nach Potštejn führen. Und manchmal treffen sich in der Brauerei die Eisenbahner sogar zu einer Tagung, auch die von der Deutschen Bahn. Einmal wurde mir erzählt, dass auf der Terrasse beim Bier sogar die internationalen Fahrpläne für ganz Mitteleuropa entworfen werden. Daher versteht sich, dass alle Spezialbiere, die man in den tschechischen Speisewagen bestellen und in den Zügen zwischen Hamburg, Berlin, Prag, Wien oder Budapest verkosten kann, aus dieser kleinen Brauerei kommen müssen. Von wo denn sonst?

Auch der Name Clock hängt sicher mit der Eisenbahn zusammen. Mit den vielen Bahnhofsuhren, die man überall in der Brauerei sieht. Die Zeit wird hier, ähnlich wie bei der Eisenbahn, von der sogenannten Mutteruhr bestimmt. Bei der Eisenbahn spricht man von der sogenannten Bahnzeit. In der Brauerei Clock von der sogenannten Bierzeit. Gutes Bier braucht viel Zeit. Sehr viel Bierzeit. Das weiß man hier genauso wie in Budweis.

Ja, an so einem Ort würde ich als Eisenbahnmensch sehr gern als Braumeister arbeiten, denke ich mir immer, wenn ich die Brauerei besuche und aus dem Sudhaus auf die Gleise und Züge schaue. Doch auch für Literaturmenschen ist Clock ein idealer Ort, denn es gibt hier nicht nur das einzige Sudhaus mit Bahnblick, sondern auch das einzige Sudhaus mit Bibliothek und Schreibtisch. Wenn der Braumeister Jakub gerade Pause macht, legt er sich auf ein Sofa – auch das gibt es! – und liest ein Buch. Im Regal findet man Eisenbahnbücher, Fachlektüre über Bier, alte Geschichtsbücher und ein paar Romane und Comics.

In vielen Brauereien hängt im Sudhaus an der Wand ein Kreuz. Manchmal sogar ein Kruzifix mit dem leidenden Jesus. »Hopfen und Malz – Gott erhalt's«, so lautet der berühmte Gebetsspruch der deutschen Bierbrauer, den man in vielen Brauereien sieht. Die tschechischen Braumeister sagen: »Dej Bůh štěstí.« Gott gebe uns Glück. In Potštejn hingegen schmückt die Wand ein weltlicher Gott: ein Porträt des Schlagersängers Karel Gott, der goldenen Stimme aus Prag. Kein Wunder, dass man manchmal nach Mitternacht den Geist Karel Gotts im Sudhaus singen hört, wie mir erzählt wurde.

Clock wurde 2014 von Freunden gegründet, die nicht nur die Eisenbahn, sondern auch gutes Bier lieben und alle aus der Gegend stammen. Zuerst braute man im Zentrum von Potštejn in einem Brauereilokal, in dem man auch sehr gut speisen kann. Doch die Brauerei wuchs schnell und zog deshalb in die alte Fensterfabrik Fenetra um. In eine Fabrik mit Bahnanschluss, das war bei der Wahl des Standorts entscheidend.

Wahrscheinlich ist keine andere Brauerei in Tschechien so vielfältig und experimentierfreudig wie Clock. »Wir wollten Biere brauen, in die wir uns während unserer Weltreisen verliebt haben. Damit möchten wir die etwas monotone tschechische Bierlandschaft bereichern. Die Mission der kleinen Brauereien ist es, nicht nur in hoher Qualität zu brauen, sondern auch Biersorten anzubieten, deren Produktion sich für die großen Brauereien nicht lohnen würde. So bieten wir zum Beispiel mehrere Sorten des glutenfreien Bieres an«, erzählt Jakub, der in seiner Freizeit mit Freunden und Kollegen aus der Brauerei selbst viel mit der Bahn unterwegs ist und gern alte Bahnhofslokale besucht. Einmal im Jahr fahren alle gemeinsam mit dem Zug nach Bamberg, in die heilige Stadt der Biermenschen mit den vielen alten kleinen Brauereien. Sie alle haben schon Nachwuchs, und viele Biere der Brauerei tragen die Namen ihrer Kinder: Ellen, Sarah, Nina, Emily.

Nach Potštejn werden aus einer Glasfabrik in Westböhmen Weinflaschen mit der Eisenbahn geliefert. In diese Flaschen werden vor allem Spezialbiere abgefüllt, für die Clock bekannt ist. Darunter auch das Lambic.

Für eine tschechische Privatbahn braut Clock ein Bier unter dem Namen Zababa, benannt nach einer Figur aus einem tschechischen Kinderbuch über die Eisenbahn. Zudem werden in der Brauerei die Biere für alle Speisewagen der Tschechischen Bahn gebraut. Dafür mieten sich in Potštejn immer die Freunde aus der Brauerei Chroust ein.

Chroust ist ein Familienbetrieb. Karolína Chroustovská ist die Braumeisterin, während sich ihr Mann Jiří um den Vertrieb und das Marketing kümmert. Karolína hat Brauwesen in Prag studiert und ihre ersten Erfahrungen in Pilsen gesammelt. Nicht bei Pilsner Urquell, wie man vielleicht denken würde, sondern in der kleinen, aber sehr bekannten Brauerei Raven. Hier verliebte sie sich in die obergärigen Biere und in moderne Biersorten, die Tschechien und ganz Mitteleuropa aus den Vereinigten Staaten erreicht haben. Auch heute liebt sie es, saftige, blumige und duftende Biere zu brauen, wie sie selbst sagt.

»Lange hat man geglaubt, dass das Bierbrauen nur Männersache ist. Doch das stimmt so nicht. Frauen haben schon im Mittelalter zu Hause nicht nur Brot gebacken, sondern auch Bier gebraut. Heutzutage ist es ganz normal, eine Braumeisterin zu sein. Vor allem in der Craftbier-Szene ist das üblich.«

Ähnlich wie Jakub Sychra mag auch Karolína Chroustovská am Bier die große Vielfalt. »Es kann wie eine saure Himbeerlimonade schmecken. Es kann ein Ale sein, für das man mit Aromahopfen experimentiert. Es kann ein schweres schwarzes Dessertbier sein, ein Stout, das nach Schokolade oder Rum schmeckt. Was den Geschmack angeht, kann man sich beim Bier richtig austoben«, lacht die Braumeisterin.

Viermal im Jahr kreiert sie ein jeweils anderes Spezialbier für die Speisewagen der Tschechischen Bahn. Immer ein obergäriges Bier, als alternatives Angebot zu den Klassikern Pilsner Urquell und Budweiser, die man im Zug vom Fass oder aus der Flasche bekommt.

Das erfolgreichste Bier der Brauerei bleibt aber das Jura, das klassische böhmische Lager. Die Tschechen lieben diese Biersorte einfach über alles, daran hat sich nichts geändert.

So ist es auch bei der Brauerei Clock, die große Erfolge mit ihrem Lager Hektor feiert. »Wir Tschechen sind konservative Biertrinker. Allerdings sind wir nicht so konservativ wie die Deutschen, die das bayerische Helle oder das norddeutsche Pils am meisten lieben und nur selten andere Biere ausprobieren«, meint Jakub. Ganz anders ist es in Polen. »Da hat man keine große Biertradition, und so ist man viel offener für Experimente, für Neues. Deshalb boomt die polnische Craftbier-Szene gerade.« Da lohnt sich zum Beispiel ein Ausflug mit dem Zug nach Wrocław sehr.

Hektor wurde nach einer alten tschechoslowakischen Diesellok benannt. Denn Jakub und seine Freunde aus der Brauerei Clock haben einen Traum. Ähnlich wie die Kollegen in der großen Budweiser Brauerei würden sie gern eine eigene Rangierlokomotive besitzen. Einen alten Hektor.

Einen eigenen Bahnwaggon hat die Brauerei schon lange. Es ist ein grüner Dienstwaggon, in dem früher die Rangierer am Ende oder Anfang eines Nahgüterzuges von Bahnhof zu Bahnhof geruckelt sind. In dem kleinen Waggon wurde gegessen und Tee getrunken, man konnte sich kurz ausruhen und eine Pause machen. Der Waggon funktionierte wie ein Schalander – so nennen die Brauer ihren Aufenthaltsraum in der Brauerei. Ein Schalander auf Schienen, in dem man die wunderbaren Biere der Brauerei Clock verkosten kann. Und dabei die Bierzeit zusammen mit der Bahnzeit genießt.

Ein Bier in Lipnice

Auf dem Grab liegt ein aufgeschlagenes Buch aus grauem Granit. Man sieht es schon vom Eingang des Friedhofs. Wenn es vor mehr als hundert Jahren nach dem Wunsche des Pfarrers gegangen wäre, hätte man den Mann, der hier liegt, erst hinter der Friedhofsmauer begraben. Wie einen Selbstmörder. Oder einen streunenden Hund. So wurde es mir im Gasthaus Zur Böhmischen Krone bei einem Bier erzählt, das den Namen des Mannes trägt: Hašeks Lager.

Jaroslav Hašek, der auf dem Friedhof in Lipnice nad Sázavou seine letzte Ruhe gefunden hat, führte ein unstetes und unruhiges Leben. Er war nicht nur ein Anarchist und Rotarmist, sondern auch ein Bigamist. Und dazu ein heiliger Trinker und ein gebildeter und belesener Mensch. Bekannt ist er vor allem als ein genialer Schriftsteller, der mit dem »guten Soldaten Švejk« eine der schönsten Figuren der Weltliteratur geschaffen hat.

So wie Franz Kafka wurde auch Jaroslav Hašek 1883 in Prag geboren. Der bekannteste deutschsprachige Schriftsteller und der bekannteste tschechische Schriftsteller sind sich in der Moldaumetropole aber nie begegnet. Zu unterschiedlich waren die Welten, in denen sie verkehrten.

Wenn man sich dem Grab von Hašek nähert, stehen meist einige Bierflaschen auf der Grabplatte. Bier hat Hašek genauso geliebt wie Švejk, der Held in seinem Roman. An durstigsten Tagen und Abenden hat er offenbar bis zu fünfzig

Biere geschafft, fünfzig halbe Liter. Und dabei hat er auch noch geschrieben, denn das Wirtshaus war sein Wohnzimmer, in dem er auf seine Geschichten gewartet hat.

Auch ich bringe immer eine Flasche Bier an Hašeks Grab, wenn ich in Lipnice bin. Meist ist es ein schwarzes Bier, ein Bier der Trauer. Denn genau so eins bestellt Švejk, nachdem er von seiner Haushälterin erfährt, dass in Sarajevo der Thronfolger Franz Ferdinand umgebracht wurde: »In Wien wird Trauer getragen«, sagt er dem Wirt Palivec im Lokal U Kalicha – Zum Kelch. Und wird gleich vom Geheimpolizisten Bretschneider wegen Hochverrats verhaftet, bevor er später in den Weltkrieg zieht und alles auf den Kopf stellt.

Mein Vater war ebenfalls schon in Lipnice. Denn er liebt dieses Buch über alles. Es ist seine Bibel und liegt auf seinem Nachttisch. Der Roman ist seine Erste Hilfe, wenn es ihm nicht gut geht. Er kennt den *Švejk* in- und auswendig und muss an manchen Stellen so sehr lachen, dass er weinen muss. Der *Švejk* half ihm, die Militärzeit zu überleben, so wie vielen anderen Tschechen, Deutschen, Polen oder Österreichern. »Es ist ein Antikriegsroman. Švejk ist kein Idiot, wie manche denken, sondern ein Genie. Er offenbart die menschliche Dummheit«, sagt mein Vater immer, der am liebsten einmal mit Švejk ein Bierchen trinken würde. Oder mit Jaroslav Hašek.

In dem Roman kann man viel über unser Mitteleuropa lernen. Über die Geschichte, den Krieg, den Untergang. Es ist ein amüsantes und unterhaltsames, aber auch ein ernstes und tragisches Buch. Meinen Vater stört es nicht, dass der damals schon gesundheitlich angeschlagene Hašek es nicht zu Ende geschrieben hat: »Alles bleibt offen. So wie im echten Leben.«

Den größten Teil des Romans *Die Abenteuer des guten Soldaten Švejk im Weltkrieg* hat Hašek in Lipnice geschrieben und später, als er nicht mehr schreiben konnte, auch diktiert. In dem Dorf tauchte er irgendwann im August 1921 auf – und blieb einfach.

Zuerst kam er im Gasthaus Zur Böhmischen Krone unter, wo man heute noch das Zimmer mieten kann, in dem er lebte. Zum Schluss zog Hašek in ein kleines Häuschen im Schatten der mächtigen Burgruine, die er einmal als nicht gelungene Lokomotive beschrieben hat. Hier verbrachte er die letzten drei Monate zusammen mit seiner zweiten Frau Šura, die er in Russland kennenlernte. Ohne ihr sein kleines Geheimnis zu verraten: dass er in Prag schon eine Ehefrau hatte. Und einen Sohn. Heute befindet sich in seinem Wohnhaus ein Museum zu seinen Ehren.

Lipnice liegt auf einem Hügel auf halber Strecke zwischen Prag und Brünn. Von hier aus kann man wunderbar wandern. Zum Beispiel nach Humpolec. Im Ort gibt es nicht nur einen Bahnanschluss, sondern auch eine Brauerei. Die Biere von Bernard, wie die Brauerei heißt, sind in Tschechien, Slowenien, Ungarn und Polen sehr beliebt – und das zu Recht. Bernard braut das womöglich beste böhmische alkoholfreie Bier, das ich oft nach Berlin mitnehme. Kastenweise wohlbemerkt, weil meine Berliner Freunde sich schnell in dieses alkoholfreie Bier verliebt haben. Nach der Brauereibesichtigung kann man es in der Brauerei in einem wunderbaren Restaurant mit Blick über den Ort verkosten.

Auch nach Kaliště ist es von Lipnice nicht weit. Im Dorfwirtshaus, in dem übrigens sehr gut gekocht wird, wurde der Komponist Gustav Mahler geboren. Ein Freund von mir, ein Musikwissenschaftler, behauptet, dass sich im Werk von Mahler zwischen den Noten stets Kneipengespräche verstecken, die Mahler als Kind im Lokal und im Biergarten belauschte. Und auch Anspielungen auf die Volksmusik, die dort gespielt wurde. Sogar das Anstoßen mit den Bierkrügen sei zu hören.

Das letzte Bier des Tages kann man nach einer Wanderung dann wieder in Lipnice trinken. Das Lokal Zur Böhmischen Krone wird von Familie Hašek betrieben. In der Küche und auch hinter dem Zapfhahn steht Martin Hašek, der Urenkel des Schriftstellers. Er selbst schreibt nicht, aber den Gästen kann er eine Geschichte nach der anderen erzählen, so wie es Jaroslav Hašek offenbar auch gemacht hat. Das kann nicht jeder. Man muss nur zuhören und alles aufschreiben.

Zum Beispiel die Geschichte von einem japanischen Verehrer des Schriftstellers, der irgendwann im tiefsten Winter plötzlich in der Tür stand. Er kam mit dem letzten Bus aus Humpolec und brach vor Enttäuschung beinah zusammen, weil das Lokal leer war. Er hatte sich Lipnice als ein einziges großes Festspielhaus vorgestellt, in dem man das ganze Jahr über Jaroslav Hašek und seinen Švejk feiert.

Martin Hašek, der seinem Urgroßvater verblüffend ähnlich sieht, servierte dem Gast aus Japan ein Bier. Doch erst das fünfte Glas hat ihn beruhigt. Und das Gulasch, das hier nach dem alten Rezept des Schriftstellers zubereitet wird, der oft in der Küche saß. »Halb Rind, halb Schwein, das ist das Wichtigste. Die Zwiebeln schön braun anbraten lassen und ziemlich viel Knoblauch. Mit Bier ablöschen. Paprika dazugeben und auch ein wenig Majoran«, sagt Martin Hašek. Und dann lange und langsam kochen lassen. Ein gutes Gulasch braucht Zeit und ein gutes Bier auch. Wie ein guter Roman.

Jaroslav Hašek ist in Lipnice am 3. Januar 1923 verstorben. Er war nicht einmal vierzig Jahre alt. Franz Kafka, der deutlich weniger Bier getrunken hat als Hašek, aber gesundheitlich nicht weniger angeschlagen war, überlebte ihn nur um ein einziges Jahr. Auch darüber kann man nachdenken, wenn man an der Grabstätte von Jaroslav Hašek in Lipnice nad Sázavou mit einer Flasche Schwarzbier steht, einem Bier aus dem Böhmischen Paradies, die Flasche dann öffnet, einen Schluck nimmt und beobachtet, wie ein paar Tropfen über die Granitplatte laufen. Wie schwarze Tränen.

Ein Bier in Náchod

Dieses Buch wurde in den Achtzigern in der Tschechoslowakei wie ein Heiligtum aufbewahrt: der Roman *Feiglinge* von Josef Škvorecký, erstmals 1958 erschienen. Die alten Ausgaben versteckte man in den Hausbibliotheken der Wohnzimmer, hinter den Klassikern in der zweiten Reihe. Denn Škvorecký, ähnlich wie Milan Kundera oder Pavel Kohout, war nach der Zerschlagung des Prager Frühlings im August 1968 und der Besetzung des Landes durch die Sowjets als Autor verboten. Seine Romane und Erzählungen passten nicht in die graue Zeit der sogenannten Normalisierung.

Ich weiß noch, wie wir im Lokal Alcron in Turnov im Böhmischen Paradies, wo ich das Gymnasium besuchte, saßen, Bier tranken und uns aus diesem Buch vorlasen. Wir haben uns alle in Danny Smiřický verliebt, in diesen Antihelden, der in dem Roman so alt ist, wie wir es damals waren, sich die Welt mit einem ironischen Blick anschaut, Jazz spielt und unglücklich in Irena verliebt ist. Wir waren auch alle unglücklich verliebt. In Jana, Dana oder Hana, und wir mussten viele schwarze Biere der Trauer trinken, weil Jana, Dana und Hana in andere verliebt waren, so wie Irena aus dem Buch.

Der Roman wirkte auf uns unglaublich aktuell, und die ersten Sätze kann ich heute noch auswendig: »Wir saßen im Port Arthur, und Benno sagte: ›Die Revolution wird also auf unbestimmte Zeit verschoben.‹«

Man hat noch Angst. Man hört schon die Artillerie der Roten Armee hinter den Bergen, doch in der Stadt sind immer noch viele deutsche Soldaten. Die Handlung spielt zwar im Mai 1945, doch auch um uns herum sahen wir in den Achtzigerjahren kurz vor dem Zusammenbruch des Sozialismus nur wenige Helden, dafür umso mehr Feiglinge.

Alle zwei, drei Jahre fahre ich mit dem Zug nach Náchod, wo der Roman spielt, in eine Stadt in Ostböhmen an der Grenze zwischen Tschechien und Polen. Nach Prag oder nach Hradec Králové ist es nicht weit. Nach Wrocław, ins alte Breslau, auch nicht.

In Náchod gehe ich dann mit Josef Škvorecký und seinem Roman spazieren. Die Stadt, die in seinen Geschichten den Namen Kostelec trägt, liegt in einem breiten Tal der Metuje. Der Fluss teilt Náchod in zwei Hälften, ähnlich wie die Schienen der Eisenbahn.

Ich schaue mir das Haus an, in dem Škvorecký gewohnt hat, und sein Gymnasium. Und später das mächtige und unerreichbar wirkende Schloss, in dessen Schatten sich die Stadt versteckt. Wenn man auf dem Marktplatz steht und hochschaut, muss man an Kafka denken und sein Romanfragment *Das Schloss*.

In Náchod gehe ich auch Bier trinken. Ins elegante Hotel Beránek, in die alte Kneipe Vatikán und selbstverständlich ins Port Arthur, in das Lokal aus dem Roman von Škvorecký. Der ungewöhnliche Name bezieht sich auf eine chinesische Hafenstadt aus dem Russisch-Japanischen Krieg. Der Name passt gut. Ein Lokal wie ein Hafen, wo man sich als einsamer

Biertrinker sicher fühlen kann und andere einsame Schiffe, also andere Biertrinker, findet. Obwohl, so einfach ist es nicht ... Náchod war in der Vergangenheit wegen seiner Grenzlage mehrmals umkämpft. Nicht nur im Zweiten Weltkrieg, sondern auch 1866 im Krieg zwischen Preußen und Österreich. Viele Soldaten liegen hier begraben.

Drinnen im Lokal herrscht Frieden. Der Bierhafen von Port Arthur ist so einfach eingerichtet, dass man kaum glauben kann, sich an einem der bekanntesten Orte der Weltliteratur zu befinden. Die Zeit ist stehen geblieben: der schlichte Ausschank gleich an der Tür, das dunkle Holz an den Wänden, der Billardtisch, die alten Gemälde an den Wänden und der Wirt, der vielleicht schon Danny Smiřický bedient hat.

Wenn das erste Bier mit der hohen Schaumkrone serviert wird, fühlt man sich gleich wohl. Die Menschen aus der Stadt treffen sich an den alten Holztischen mit den Literaturmenschen, die wegen Škvorecký nach Náchod gepilgert sind. Vor allem schlagen hier Tschechen auf, aber auch Polen, Slowaken, Ungarn und Deutsche. Škvorecký ist nicht so bekannt wie Milan Kundera, doch er hat eine feste Fangemeinde. Manchmal kommen auch Kanadier auf ein Bierchen vorbei, denn nach 1968 siedelte Škvorecký mit seiner Frau Zdena Salivarová nach Toronto, wo er als Professor an der Universität arbeitete und mit seiner Frau den Exilverlag 68 Publishers gründete.

Das gut gepflegte Bier kommt aus der Brauerei Primátor, gegründet 1872 als moderne Dampfbierbrauerei. Es hat keinen langen Weg hinter sich: Die Brauerei, die man besichtigen kann, liegt lediglich ein paar Hundert Meter entfernt. Heute bietet sie nicht nur die klassischen böhmischen Biere, sondern auch für uns Tschechen ziemlich exotische Sorten wie Stout oder India, English und American Pale Ale.

Im Hof der Brauerei spielen sich in Škvoreckýs *Feiglinge* die vielleicht brutalsten Szenen ab. Danny Smiřický und seine Freunde sind Zeugen davon, wie die gefangenen deutschen Soldaten drangsaliert werden. Deren Peiniger sind die tschechischen Partisanen. Die brutalsten von ihnen sind jene Feiglinge, die noch vor ein paar Tagen mit den Deutschen kollaborierten.

Ja, auch daran muss man denken, wenn man im Port Arthur sitzt, das Buch auf dem Tisch, und sein Bier trinkt. Zum Glück hört man nach dem zweiten Glas aus dem Nebenraum Jazz spielen. Und irgendwann kommt Danny Smiřický vorbei, setzt sich neben einen und bestellt noch ein Bier.

Ein Bier in Prag

Einmal im Jahr gehen wir in Prag in den Zoo. Wir treffen uns am Wenzelsplatz unter dem Pferd, wie man hier sagt. Gemeint ist die Reiterstatue des heiligen Wenzel, des böhmischen Schutzpatrons. Wenzel in seinem Wirtshaus im Himmel passt auf uns alle auf, dass es uns in unserem irdischen Wirtshaus gut geht, bevor wir uns dann alle bei ihm an einem endlos langen Kneipentisch treffen. Das hat hoffentlich noch ein wenig Zeit.

Zuerst gehen wir in die Gàstwirtschaft U Jelínkû. Jelínek ist ein verbreiteter Nachname in Tschechien und bedeutet Der kleine Hirsch auf Deutsch. Das Bier nehmen wir am engen Ausschank zu uns. Wir trinken langsam. Wir beginnen mit dem Schaum und genießen jeden einzelnen Schluck. Das Pilsner Urquell schmeckt im U Jelínků so gut, dass wir uns gleich verabreden, morgen um zehn hier frühstücken zu gehen, denn nirgendwo in Prag bekommt man einen so guten Italiener, eine *talián*, also eine grobe Brühwurst italienischer Art. Die Rezeptur hat ein Metzger aus Italien mitgebracht, wie hier erzählt wird. Die Wurst schmeckt zum Pilsner Bier einfach köstlich. Das ist das perfekte Frühstück Prager Art. Man sollte es dann erst einmal bei einem Bier belassen und nicht gleich sechs trinken, wie es hier leider manchmal zum Frühstück vorkommt, weil man zu gutem Bier einfach schwer Nein sagen kann. So wird schnell aus einem Morgen ein Abend.

Nur ein einziges Bier trinken wir auch während der Zoorunde. Da sind wir immer sehr streng mit uns. Ein Bier in jedem Lokal, in jedem Haus mit einem Tiernamen. Denn wie man in Prag sagt: »Wenn eine Kneipe ein Tier im Namen hat, ist es eine gute Kneipe.«

Von der Nationalstraße fahren wir mit der Straßenbahn 22 hoch zur Prager Burg. Die 22 ist die schönste Straßenbahnlinie der Stadt. Langsam schlängelt sich die Bahn durch das historische Zentrum und überquert am Nationaltheater die Moldau über eine Brücke, von der aus man den Hradschin sehen kann. Diese Brücke führt über eine Insel, über die Franz Kafka in einem Brief im August 1920 an Milena Jesenská schreibt: »So kamen wir auf die Schützeninsel, tranken dort Bier, ich am Nebentisch.« Heute ist das immer noch möglich.

In einem Romanfragment von Franz Kafka spielt diese Brücke eine wichtige Rolle. Am Ende von seinem *Der Prozess* wird der arme Bankbeamte Josef K. von zwei Geheimpolizisten über diese Brücke bei Mondschein gezerrt. Kurz darauf wird er im Steinbruch oberhalb von Prag mit einem Messerstich hingerichtet. Und auch Josef Švejk wird in dem Roman von Jaroslav Hašek von zwei Soldaten über eine Brücke gezerrt. Zum Glück wird er danach nicht hingerichtet, stattdessen entführt er die beiden Soldaten auf seine schelmische Art ins Wirtshaus, wo sie sich zusammen betrinken. Manchmal stelle ich mir vor, wie sich Josef K. und Švejk auf dieser Brücke begegnen. Der eine nüchtern, der andere betrunken.

Lange reden wir über Kafka und Hašek im Schwarzen Ochsen, in der Nähe der Prager Burg, wohin uns die 22 gebracht hat. Im Schwarzen Ochsen habe ich im September 1989 mein erstes Bier in Prag getrunken. Im Lokal saßen ein paar Ostdeutsche, die hier wiederum ihr letztes Prager Bier getrunken haben. Sie haben bezahlt und machten sich auf den Weg in die Botschaft der Bundesrepublik, in der sie auf ihre Ausreise in den Westen warteten. Im Schwarzen Ochsen hat sich seitdem nichts verändert. Meistens trinkt man hier ein Kozel, einen Ziegenbock, aus der Brauerei in Velké Popovice unweit von Prag.

An den alten schwarzen Holztischen wird oftmals die tschechische Außenpolitik entschieden. Denn gleich gegenüber befindet sich das Außenministerium. Immer wieder sieht man Diplomaten, wie sie hier auf ein Bierchen einkehren, die Lage in Amerika, Deutschland oder im Nahen Osten besprechen und wieder gehen. Vielleicht sollten insgesamt mehr Diplomaten und Politiker in Wirtshäuser gehen und zusammen Bier trinken, denke ich dann oft.

Es ist schwer, diesen alten Bierort zu verlassen. Doch wir sind streng. Ein Tier, ein Bier. So trinken wir eins unterhalb der Burg im Lokal U Kocoura, Zum Kater. Und weil wir es mit den Tiernamen nicht so streng nehmen, kehren wir vorher noch ins Lokal Zu den zwei Sonnen ein, gegründet 1614, in dem sich vor der Wende die Undergroundszene und Dissidenten wie Václav Havel oder der Dichter Ivan Martin Jirous trafen. In dem Haus lebte auch der bekannte Schriftsteller Jan Neruda, der viel über die Kleinseite geschrieben hat. Auch hier trinken wir ein Bier und essen eine Wasserleiche, eine der leckeren Bierspeisen, der böhmischen Biertapas. Die Speckwurst wird für ein paar Wochen in Essigsud eingelegt und sieht danach wirklich ein wenig wie eine der Wasserleichen aus, die man gelegentlich aus der Moldau fischt. Daher der Name *utopenec* – Ertrunkene, Ersoffene, Wasserleiche.

Viele Kleinigkeiten zum Bier gibt es auch im Lokal U Hrocha, Zum Nilpferd. Und dann gehen wir gleich weiter über die Moldau. Auf der Karlsbrücke bleiben wir stehen und schauen auf diesen Fluss, in dem Kafka so gern geschwommen ist. Und danach hat er manchmal das eine oder andere Bier getrunken. »Fleisch kann um mich dampfen, Biergläser können in großen Zügen geleert werden, diese saftigen jüdischen Würste (wenigstens bei uns in Prag sind sie so üblich, sie sind rundlich wie Wasserratten) können von allen Verwandten ringsherum aufgeschnitten werden […] alles das und noch viel Ärgeres macht mir nicht den geringsten Widerwillen, sondern tut mir im Gegenteil überaus wohl«, schrieb Kafka im Januar 1913 an seine Verlobte Felice Bauer.

Die Straßenlaternen sind schon an. Ein weiches gelbes, beschützendes Licht, das es so nur in Prag gibt. Irgendwo in der Ferne kann man in der Dämmerung die Brauerei Staropramen im Stadtteil Smíchov erahnen, die größte Brauerei von Prag. Eine Bierfabrik von 1871 mit einem Brauereilokal. Das Bier wird viel ins Ausland exportiert, nach Deutschland, Ungarn, Polen, aber auch nach Großbritannien, wo es fast in jedem Bahnhofslokal angeboten wird, ähnlich wie das böhmische Budweiser. In Prag ist es ein wenig still um dieses Bier. Prager trinken lieber Bier aus Pilsen. Oder aus den kleinen handwerklichen Brauereien wie Únětice, Matuška oder

Vinohradský pivovar im Stadtteil Weinberge, den wir oft mit unserer Band besuchen, der Kafka Band, da uns dieses Bier auf magische Weise zu unseren Songs inspiriert.

Meine Lieblingsbrauerei findet sich im Kloster Břevnov, das ebenfalls auf der Strecke der Straßenbahnlinie 22 liegt. Die Gründung des Benediktinerklosters im Jahr 993 ist mit dem Namen des Prager Bischofs, Märtyrers und Heiligen Adalbert von Prag verbunden. Aus diesem Jahr stammt die erste Erwähnung des Bierbrauens im Kloster. An diese Tradition knüpft am selben Ort eine Minibrauerei an, in der man sich den ganzen Bierprozess anschauen kann. Die Klassiker sind das helle und dunkle Lagerbier Benedict, die man auch in der Klosterschenke verkosten kann. Der Ausflug aus dem Stadtzentrum mit der Straßenbahn lohnt sich allein deshalb sehr. Und auf dem Rückweg kann man noch eine andere wunderbare Klosterbrauerei besuchen im Kloster Strahov, nur ein paar Schritte vom Schwarzen Ochsen entfernt. Hier werden die St.-Norbert-Biere angeboten.

Wir stehen immer noch auf der Karlsbrücke und schauen in den breiten und dunklen Strom der Moldau, die Bedřich Smetana, Sohn eines Braumeisters, als symphonisches Gedicht vertont hat und sicher dabei an das Bier gedacht hat, das entlang der Moldau gebraut und getrunken wird. Wir sind ein wenig betrunken und ein wenig versteinert, wie die Statuen der Heiligen auf der Karlsbrücke, die in der Dämmerung so bedrohlich wirken, als wollten sie uns sagen: »Jungs, aufpassen mit dem Bier.«

Ich erzähle meinen Freunden, wie ich für die Brauerei Staropramen als Studierender einmal in Deutschland gearbeitet habe. Wie ich quer durch den Osten der Bundesrepublik mit einem kleinen Škoda unterwegs war und in den Getränkemärkten das Bier aus Prag zur Verkostung angeboten habe. In Stralsund, in Leipzig und auch in Eisenhüttenstadt, wo ein Tscheche auf mich zukam, der in Eisenhüttenstadt unglücklich verheiratet war, sich weinend drei Kästen Staropramen gekauft hat und gegangen ist.

Danach gehen wir ins Zu den Bärchen, U Medvídků, und trinken Budweiser. In diesem alten Gasthaus war ich oft mit Hana, weil sie das runde, schön malzige Budweiser Bier sehr mag, so wie sie auch das Pilsner Bier mag. In der ehemaligen mittelalterlichen Mälzerei wird ein eigenes Bier gebraut, darunter auch ein Spezialbier, das mit einem Alkoholgehalt von 11,8 Prozent stärkste Bier der Welt, wie es hier heißt, das X-Beer 33. Mit so einem Bier muss man sehr vorsichtig umgehen. Am besten, man teilt sich das Bier als Aperitif oder Digestif vor oder nach einem Gulasch oder Schweinebraten.

Der nächste Ort der Zoorunde ist das Lokal U Dvou koček, Zu den zwei Katzen, in dem wir am liebsten am Ausschank stehen. Das Gasthaus U Pinkasů trägt zwar keinen Tiernamen, aber hier trinken wir am Ausschank auch immer ein Bier. Jakub Pinkas holte 1843 das erste Pilsner Urquell nach Prag. Gezapft wurde es damals im Keller, von wo es in einem großen Krug zum Tisch gebracht wurde, an dem sich jeder bedienen konnte. Doch Pinkas ließ das Bier im Keller gleich in Gläser abfüllen. So hat das Bier frischer und spritziger geschmeckt. Herr Pinkas wird von den Biermenschen dafür bis heute verehrt. Man trifft sich an seinem Grab und zieht von dort aus eine Bierrunde bis zu seinem Lokal zurück.

Unter den Stammgästen des Lokals ist auch Herr Berka, der Seniorbraumeister von Pilsner Urquell. Auch er sitzt gern am Ausschank oder im schönsten Biergarten von Prag, im Schatten der gotischen Kirche St. Maria Schnee. Das Bier wird heute aus Pilsen nicht mehr in den Fässern bezogen, sondern als direkte Lieferung aus der Brauerei in die großen Tanks abgefüllt. So schmeckt es genauso frisch wie im Brauereikeller. Das sogenannte *tankové pivo*, Tankbier, ist sehr beliebt – es wird heute in Prag an mehreren Orten angeboten.

Herr Berka hat mir einmal erzählt, wie man ein richtig gutes Bier zapft. Und genau das kann man sich im U Pinkasů anschauen. »Erstens muss man ein erstklassiges Bier haben, das ist klar. Dafür muss man das Bier im Wirtshaus gut pflegen. Man muss viel auf Hygiene achten, die Gläser mit der Hand abwaschen. Wichtig ist auch die richtige Temperatur im Keller und in der Schankanlage.« In dem Kühlbecken, das in jedem richtigen Schankpult eingebaut ist, muss man die Gläser auf die Temperatur des Bieres herunterkühlen. Mit fünf bis acht Grad fließt dann das Bier ins Glas. »Der Wirt fängt zuerst mit dem Schaum an, er baut sich am Boden eine Art Schaumpolster. Dann schiebt er den Zapfhahn unter diese Schaumdecke, dreht den Hahn voll auf und zapft Bier hinein. Der Schaum schützt dann das Bier vor der Luft«, erzählt Herr Berka.

Und dann gehen wir auf ein Pilsner in die Bierstube Zum Goldenen Tiger, in die heilige Halle der Biertrinker und Literaten. Auch hier sitzen wir an einem Altar, an dem das Pilsner Wunder in die Gläser wie ein schneller und aufgeschäumter Bergbach strömt.

Dieses Lokal war einst das zweite Zuhause von Bohumil Hrabal. Ich wurde einmal an seinem Stammtisch vorgestellt, ein paar Jahre nach seinem Tod. Immer am Dienstag um fünf trafen sich die engsten Freunde und Verehrer des Schriftstellers. Ich durfte nichts erzählen. Ich durfte nur zuhören. Nur einmal habe ich versucht, etwas zu sagen, und schon bekam ich von einer feinen Dame eine sanfte Klatsche über die Lippen. »Junge, halt's Maul! Du hast noch keine Ahnung von der Welt und vom Leben«, sagte mir Helena, eine legendäre Stammgästin, von der es hieß, dass sie im Tiger im Alter von zwanzig Jahren an einem Abend zwanzig Bier getrunken habe. Der Wirt kniete dann vor ihr auf einem weißen Tuch wie vor der heiligen Jungfrau Maria, betete Helena an und sagte, sie dürfe nun jeden Abend kommen.

Millionen Biere muss der Zapfer vom Tiger schon ausgeschenkt haben, der sich mit einem Handschlag von allen Stammgästen verabschiedet, nachdem er die Zapfsäule, einen goldenen Tiger, mit einem Handtuch bedeckt hat, damit das Tier bis zum nächsten Tag ruhen kann, wenn aus seinem Mund wieder goldenes Bier sprudelt.

Wir sehen die Straßenbahn 22 langsam durch die Stadt rollen. Auch U Kalicha, Zum Kelch, bekannt aus dem Roman von Jaroslav Hašek, liegt auf der Strecke. Wer weiß, vielleicht sitzt Švejk immer noch dort und wartet auf seinen Freund, Sappeur Vodička. Denn so haben sie es im Roman ausgemacht: Sie treffen sich nach dem Krieg um sechs im Kelch. Hašek meint damit den Ersten Weltkrieg. Doch auch heute werden auf der Welt Kriege geführt, auch in Europa. So muss Švejk im Kelch leider noch lange sitzen, auf den Weltfrieden warten, eins nach dem anderen trinken, Geschichten erzählen und über die menschliche Dummheit philosophieren, die kein Ende nimmt.

Und vielleicht geht er kurz auf ein Bier ins berühmte Brauhaus U Fleků, gegründet 1499. Die Brauerei ist bekannt für das wunderbare schwarze Bier. Es kommen viele Touristen, auch wir gehen mindestens einmal im Jahr dorthin, trinken im Innenhof zwei oder drei Bier, die einfach schmackhaft sind, und gehen dann weiter.

Das letzte Bier der Zoorunde trinken wir gegen Mitternacht im Ausgeschossenen Auge in Žižkov. In diesem Lokal haben wir uns vor Jahrzehnten kennengelernt, Jaromír 99 und ich. Hier ist beim Bier unsere Graphic Novel *Alois Nebel* entstanden. Ich habe geschrieben, Jaromír hat gezeichnet. Das Lokal ist nach dem Hussitenführer Jan Žižka benannt, der oben auf dem Veitsberg am 14. Juli 1420 die katholischen Kreuzzügler geschlagen hat. Jetzt thront er dort als Statue auf einem Pferd, und manchmal, wenn er Durst hat, reitet er den steilen Berg herunter, steht dann auf seinem Ross im Lokal, trinkt ein Ziegenbock und reitet wieder zurück.

Als wir hier ankommen, sind schon alle Stammgäste in Tiere verwandelt. Wir vielleicht auch schon. Doch keine Angst, wir sind alles ganz nette Tiere. Kein Ungeziefer, wie es in Kafkas Erzählung *Die Verwandlung* heißt. Wir sehen einen Hirsch und einen schwarzen Ochsen. Zwei Bärchen, zwei Katzen mit einem Kater. Das Nilpferd ist schon eingeschlafen.

Noch ein Bier in Pilsen

Wenn man in Pilsen vor der Brauerei Pilsner Urquell die Straßenbahn nimmt, gelangt man in zwanzig Minuten nach Bolevec, wie das Viertel im Norden der Stadt heißt. Nicht weit von hier liegt der große Teich, in dem man früher das Eis für das Bürgerliche Brauhaus und das Pilsner Urquell geschlagen hat.

An einer Kreuzung auf dem Weg steht die zweite moderne Brauerei mit Wirtshaus, die Raven heißt. Als Literaturmensch muss man gleich an Edgar Allan Poes gleichnamiges Gedicht *The Raven* denken. »Ja, das sagen viele«, erzählt der Braumeister Filip Miller, genannt Fil. Doch in der Nähe gibt es auch einen Berg, der einen Raben im Namen trägt.

Fil kommt aus Australien, seine Mutter aus Tschechien. Als Englischlehrer lebte er zuerst in Berlin, und irgendwann kam er nach Pilsen. Klar, das Pilsner Urquell liebt er auch. Und Bierbrauen hat ihn schon immer interessiert. 2015 ging mit der Gründung der Brauerei Raven sein Lebenstraum in Erfüllung.

Raven ist eine sehr kleine Brauerei, die für ihre handwerklichen Biere mittlerweile in ganz Tschechien bekannt und beliebt ist und manchmal mit anderen Brauereien kooperiert. Mitunter auch in Bayern. Denn genau das liebt Fil an Pilsen: Man kann von hier aus nicht nur schnell nach Prag, sondern auch nach Franken fahren. Er liebt die fränkischen Biere, er ist Stammgast in Bamberg. Manchmal fährt er in die Fränkische Schweiz, wo er von einer kleinen Brauerei zur anderen wandert.

Wir probieren die Raven-Biere. Köstlich ist das West Coast IPA Gunslinger, eine wahre Symphonie verschiedener Aromahopfen, die Fil für Raven aus Nordamerika, Neuseeland und Australien bezieht. Die Variation der Berliner Weissen schmeckt ebenso wunderbar. Leicht, angenehm sauer. Ein perfektes Bier für den Sommer.

»Das meistverkaufte Bier der Raven-Brauerei ist ein Lager Pilsner Art, das kann in dieser Stadt nicht anders sein«, sagt Fil. Auch Raven 12, wie das angenehm herbe Bier heißt, schmeckt perfekt.

Zusammen mit Fil ziehe ich noch weiter. Wir wollen uns noch zwei rustikale Lokale anschauen. Das Alcron befindet sich in einem Einkaufszentrum, einem Plattenbau aus dem Sozialismus, zu dem alle nur Gera sagen. Was diesen Ort mit der deutschen Stadt Gera verbindet, kann niemand erklären. Doch manchmal tauchen hier tatsächlich einige Leute aus Gera auf und trinken Bier. Fußball wird im Alcron geschaut, man spielt Karten und erzählt Witze über die Politiker. So wie in jeder Schankwirtschaft.

Wir stehen am Ausschank an den langen Stehtischen. Der tätowierte Wirt fragt, wie uns das Bier schmeckt, und schaut uns streng an. Es ist ein Gambrinus, eine *desítka*, mit zehn Grad Stammwürze. Ein Schankbier aus dem Tank mit nicht besonders viel Alkohol.

»Es ist sehr gut«, sagen wir.

»Dann ist alles gut«, sagt der Wirt.

»Unser Wirt kann wie ein König zapfen«, ruft uns ein Stammgast zu. »Dieses Bier würde dem Kaiser von Österreich sicher auch schmecken, genauso wie das Pilsner Urquell damals, als er bei uns zu Besuch war.«

Neben ihm sitzt die einzige Frau im Lokal, die auch etwas von einer Königin hat. Von einer Bierkönigin aus der Neubausiedlung.

Im nächsten Lokal sitzt keine Königin. Dafür drei Könige und drei alte Cowboys ohne Pferde und Gewehre, die hier vielleicht schon vor zwanzig, wenn nicht vor fünfzig Jahren waren und sich genauso misstrauisch angeschaut haben wie heute. Die Kneipe heißt Mokrý loket, Zum nassen Ellbogen, weil die Tische immer mit Bier überschüttet werden wie die Sandbänke im Meer bei der Flut.

Das Lokal ist mehr eine kleine Kapelle als eine Kneipe. Eine ganze Wand ist voll behangen mit Schals, die an verschiedene Fußballspiele erinnern. Hier wird zur heiligen Viktoria Pilsen gebetet, wie der Fußballclub vor Ort heißt.

Das Bier vermischt sich auf den Tischen mit den Tränen der Freunde, die fließen, wenn Viktoria Pilsen verliert, und mit den Tränen der Freude, wenn Viktoria Pilsen gewinnt. In diesem Meer aus Tränen und Bier werden dann die Ellbogen der Gäste gewaschen, die hierherkommen. Nicht nur das Pilsner Urquell, sondern auch dieses Lokal gehört gelistet als UNESCO-Weltkulturerbe. Zusammen mit dem Wirt. Und der heiligen Viktoria.

Auch im Nassen Ellbogen weiß man Bescheid über die Tragödie mit den sechsunddreißig Bierfässern, die sich im Februar 1838 auf dem Marktplatz von Pilsen abspielte. Auch Joseph Groll kennt man hier, der 1842 mit Pilsner Urquell einst eines der bekanntesten und besten Biere der Welt kreiert hat, das auch eine spannende gemeinsame böhmisch-bayerische, tschechisch-deutsche Geschichte erzählt. Auch hier wird auf Groll sicher angestoßen, wenn sein Pilsner Urquell Geburtstag hat, obwohl die Könige und Cowboys vom Nassen Ellbogen vor allem Gambrinus trinken.

Wir gehen zurück, Fil und ich. Unsere Ellbogen sind biernass, und die Stadt Pilsen schläft langsam ein. Die Luft duftet nach Malz und Hopfen. Im Wirtshaus holt Fil noch ein letztes Bier aus dem Kühlschrank. Eine schwarze Dose. Ein Bier, das er als Braumeister mit Braumeistern aus dreizehn anderen befreundeten und ganz wunderbaren Brauereien wie Giesinger Bräu oder Tilmans Biere aus München gebraut hat – zum Abschied für einen Freund aus Ingolstadt, der auch Braumeister war und viel zu früh verstorben ist.

Wir stoßen an. Das Bier ist ein wahres Kunstwerk. Ein Imperial Stout. Ein schweres, kräftiges und pechschwarzes Bier der Trauer, bei dem man wieder an das Gedicht *The Raven* von Edgar Allan Poe denken muss. Dieses Bier ist eine der berührendsten Biergeschichten, die mir je erzählt wurden. Nicht nur in Pilsen.

Bier in Österreich und auf dem Weg nach Südosteuropa

Ein Bier in Wien mit Franz Kafka, Karl Kraus, dem Kaiser und der Kaiserin

Wie im Fieber lief ich an einem heißen Tag im August über den Zentralfriedhof in Wien und suchte das Grab von Karl Kraus, der wie ich aus dem Böhmischen Paradies stammt. Der österreichische Journalist und Schriftsteller wurde am 28. April 1874 in Jičín geboren, wo ich regelmäßig in die Sauna gehe und danach auf drei Bier. Eins hatte ich Karl Kraus aus dem Böhmischen Paradies mitgebracht, gebraut in der Brauerei in Lomnice nad Popelkou, nur zwölf Kilometer von Jičín entfernt.

Mein Handy war aus, und ich selbst war auch fast aus an diesem glühend heißen Tag. Ich hatte nur eine ungefähre Vorstellung, wo das Grab liegen könnte, und diese eine Dose Bier dabei, die ich mit Karl Kraus an seinem Grab trinken wollte. Und ein Buch von ihm, das verrückte apokalyptische

Drama *Die letzten Tage der Menschheit* von 1918, in dem sich Kraus mit dem Ersten Weltkrieg auseinandersetzt. An einem Hitzschlag sterben auf dem Zentralfriedhof in Wien bei der Suche nach einem Grab mit einem Buch und einem Bier aus dem Böhmischen Paradies. Irgendwie wäre das passend gewesen.

Und dann habe ich mich entschieden, doch nicht zu sterben, und öffnete das Bier, ein sommerlich leichtes Schankbier. Es lief unerträglich warm in meinen Mund. Trotzdem hat es mir vermutlich das Leben gerettet. Und als ich das Bier ausgetrunken hatte, sah ich, dass ich am Grab von Karl Kraus stand.

Von dem Bier und der Hitze betäubt stieg ich in die Straßenbahn und fuhr zum Schweizerhaus im Prater, wo ich im Gastgarten, wie man in Österreich zum Biergarten sagt, mehrere Stunden im Schatten saß und ausglühte. Der Gastgarten ist so groß wie der Marktplatz von Budweis, von wo mehrmals in der Woche Budvar ins Schweizerhaus geliefert wird. Denn so groß ist in Wien der Durst nach dem Budweiser Bier.

Mein erstes Bier in Wien, »in unserer Hauptstadt«, wie mein Vater immer noch sagt und an die k. u. k. Zeiten denkt, war kein Budweiser, sondern ein Ottakringer. So etwas vergisst man nicht. Es war Anfang Dezember 1989. Österreich war das erste Land, das für die Tschechen und Slowaken kurz nach der Samtenen Revolution die Grenzen geöffnet hat. Damals wussten wir nichts über Karl Kraus und nur sehr wenig über Franz Kafka, der sein letztes Bier im Sanatorium in Kierling, einem Vorort von Wien, zu sich nahm, bevor er dort am 3. Juni 1924 verstarb.

Nach Wien sind wir damals mit einem Bus gereist, der uns vor der Staatsoper an einem Würstelstand ausspuckte.

Wir kauften uns gleich ein Bier. Und Debrecziner Würstchen. Wir hatten zwar kaum Geld, aber das war es uns wert, wenn wir schon in der Hauptstadt waren.

Heute bin ich oft in Wien, und immer, wenn ich am Hauptbahnhof aus dem Zug steige, führen mich die ersten Schritte zum Würstelstand am Südtiroler Platz. Am liebsten esse ich hier die Burenwurst, immer mit süßem Senf und frisch geriebenem Kren, wie man in Wien zu Meerrettich sagt. Dazu trinke ich ein Pils vom Hubertus Bräu aus Laa an der Thaya, einer kleinen Brauerei, die es seit 1454 gibt. Für ein Pils ist es mit 12,9 Prozent Stammwürze und 5,6 Prozent Alkohol ein wenig stark. Es heißt aber auch Herrnpils, ein Bier für Bierkenner und besondere Orte wie ebendiesen, den Würstelstand am Südtiroler Platz, an dem sich nur besondere Gäste versammeln. Wurstkenner, Bierkenner und Lebenskenner. Stundenlang kann ich hier verbringen und den Wurstessern und Biertrinkern zuhören.

Das Ottakringer ist nicht nur am Würstelstand ein Wiener Klassiker. Die Brauerei wurde 1837 gegründet. Ein schicksalhaftes Jahr, denn im November 1837 fuhr der erste Dampfzug in Österreich zwischen Floridsdorf und Deutsch Wagram. Eisenbahn und Bier, Bier und Eisenbahn. Man kann beides so wenig voneinander trennen wie das Ottakringer von dem imposanten Darreturm der Brauerei, der einem vom Logo des Bieres in vollem Gelb entgegenstrahlt.

Gemälzt wird im Wiener Bezirk Ottakring zwar schon lange nicht mehr, dafür finden in der Brauerei viele Veranstaltungen statt. Auf dem Hof kann man sogar an Bier-Yoga-Kursen teilnehmen. Dabei sucht man nach Ausgleich und Entspannung mit einer Bierflasche in der Hand. Man dehnt sich, atmet richtig und trinkt dann einen Schluck Bier. Ich muss an die vielen Biermenschen in Pilsen, Bamberg oder

München denken, die ihre innere Ruhe in einem Wirtshaus finden, wo sie still Bier trinken und nicht wissen, dass sie gerade Bier-Yoga betreiben und das Ganze sehr gesund ist.

Eine Führung durch die Brauerei lohnt sich. Unterwegs zwischen historischem Sudhaus und Lagerkeller lernt man viel über die Biergeschichte von Wien, die zu Unrecht weniger bekannt ist als die von München, Bamberg oder Pilsen. Zum Schluss werden mehrere Biere vom Fass ausgeschenkt, darunter auch ein Helles, ein rotes, helles und dunkles Bio-Zwickl, sehr gutes Pils und vor allem das bernsteinfarbene, malzige Wiener Lager, hier Wiener Original genannt. Das Original ist die Wiener Bierspezialität schlechthin.

»Bekannt ist das Wiener Bier (Dreher'sche Brauerei in Klein-Schwechat)«, so steht es im alten Baedeker von 1913 für Österreich-Ungarn. In der erwähnten Brauerei Dreher wurde von Anton Dreher 1841 zum ersten Mal das Wiener Lager und damit überhaupt das erste untergärige Lager gebraut.

Die Firma Dreher war in der alten Monarchie ein führendes und innovatives Brauunternehmen, ja bald ein wahres Imperium der Bierindustrie, das schon damals auf modernste Technologien gesetzt hat. Wiener Malz, das erste Lager, der erste Kühlwagen für die Eisenbahn, lange und tiefe Lagerkeller, die erste Kältemaschine der Firma Linde, die es ermöglicht hat, im Gärkeller und im Lagerkeller die Würze und das Bier kalt zu halten. So konnte man ein Märzen, ein typisches Bier für Österreich, nicht nur zum letzten Mal im März, worauf der Name zurückgeht, also vor der langen Sommerpause, brauen, sondern auch in den darauffolgenden Monaten. Allerdings musste man sehr viel Eis nach Schwechat bringen. Wenn es nicht anders ging und der Winter zu warm war, auch mit der Eisenbahn aus Galizien.

Bald wurden andere Brauereien in Budapest, Triest, Saaz und anderswo zugekauft, umfassend umgebaut und modernisiert. Einige der Brauhäuser gibt es bis heute, auch die Brauerei in Schwechat. Nach langer Zeit wird hier wieder Wiener Lager gebraut. Wenn man es im Glas sieht, muss man an Kupfer denken. Wenn man es dann trinkt, schmeckt es bitter und malzig zugleich. Das Wiener Lager ist aus der österreichischen Berglandschaft beinah verschwunden. Doch gerade wird es wiederentdeckt. Und das ist eine wunderbare Nachricht.

Vielleicht war das Wiener Lager das letzte Bier, das Franz Kafka im Sanatorium Hoffmann in Kierling getrunken hat. Als der Prager Schriftsteller dort ankam, war er schon schwer an Kehlkopftuberkulose erkrankt. Bald konnte er nicht mehr reden. Mit seiner Partnerin Dora Diamant und den Ärzten kommunizierte er über Papierzettel. Auch das Essen und Trinken fielen ihm bereits sehr schwer. Das Letzte, was Kafka gegeben wurde, war Bier. Als Nahrung und als Beruhigungsmittel.

Am 26. Mai 1924 schreibt Dora Diamant an Kafkas Eltern Julie und Hermann nach Prag: »Ganz besonders stolz ist er [Kafka] auf die Möglichkeit, mit seinem ehrwürdigen und lieben Vater ein Glas Bier zu trinken. Ich möchte von Weitem stehen und zusehen. Ich bin von den bloßen häufigen Unterhaltungen über Bier, Wein (Wasser) und anderen schönen Dingen sehr oft beinahe betrunken. Franz ist ein leidenschaftlicher Trinker geworden. Kaum eine Mahlzeit ohne Bier oder Wein.«

Und Kafka ergänzte mit der Hand: »Liebste Eltern, nur eine Richtigstellung: Meine Sehnsucht nach Wasser (wie es bei uns immer in großen Gläsern nach dem Bier auf den Tisch kommt!) und nach Obst ist nicht kleiner als nach Bier, aber vorläufig geht's nur langsam.«

Am 3. Juni 1924 starb Franz Kafka. Reiner Stach hat sein Leben in einer Biografie verfasst, die sich wie ein Roman liest. Zusammen haben Reiner und ich in Prag oft auf Kafka angestoßen. Und auch in Zürau. Mit dem Illustrator und Comiczeichner Nicolas Mahler dann auch in Wien, in der Gastwirtschaft Steman. Über Kafka hat er eine Comicbiografie geschrieben und gezeichnet.

Auch uns hat das Bier zusammengebracht. In Erlangen, in Stuttgart, in Prag. Und eben in Wien. Nach fünf Budweisern im Café Rüdigerhof ist unsere Graphic Novel *Nachtgestalten* entstanden. Zwei Freunde ziehen durch die Stadt, trinken ein Bierchen da und ein Bierchen dort, philosophieren über das Bier, das Leben, die Geschichte, den Tod und träumen von einer Hana, die beide geliebt haben. Doch Hana hat noch einen anderen geliebt, wie das manchmal im Leben so ist.

Im Steman wird Starobrno aus Brünn ausgeschenkt. Gleich gegenüber befinden sich das Café Jelinek und eine Buchhandlung. So kann man hier einen schönen Wiener Walzer tanzen: Frühstück im Jelinek, dann in die Buchhandlung, Mittagessen im Steman und das erste Bier, dann wieder ins Jelinek, einen Apfelstrudel essen, danach noch einmal in die Buchhandlung und am Abend wieder ins Steman, wo man das zweite, dritte, vierte, fünfte Bier zum Wiener Schnitzel trinkt.

In Wien habe ich noch einen anderen guten Freund, der der größte Eisenbahnmensch auf der ganzen Welt ist. 160 000 Kilometer fährt Andi mit der Eisenbahn im Jahr, viermal um die Erde. Mindestens. Andi liebt nicht nur Züge, sondern auch Speisewagen und Bahnhofskneipen, besonders in Jedlová in Nordböhmen, Nova Gorica in Slowenien oder in Sheffield in England. Folglich hat er eine sehr gute Übersicht, was das Bier angeht.

Andi mag besondere Biere, die man in Wien nicht so einfach bekommt. Daher steigt er dort um halb sechs in einen Railjet und fährt siebenhundert Kilometer nach Buchs in die Schweiz, geht in einen Supermarkt, kauft sich ein paar Flaschen Alpen Pale Ale vom Liechtensteiner Brauhaus, das er so liebt, und fährt siebenhundert Kilometer nach Wien zurück. Ein Tagesausflug im Speisewagen.

»Liechtensteiner Bier wird unterschätzt«, sagt Andi, der sein Lieblings-Pale-Ale auch in Liechtenstein kaufen könnte, doch da hält der Expresszug von Wien nach Zürich nicht. Das stört ihn allerdings nicht. Wegen ein paar Flaschen Bier ist er sogar einmal von Wien nach Luxemburg gefahren. Oder bis nach Newcastle upon Tyne, weil er Newcastle Brown Ale mag.

Auch in Wien fahren wir oft zusammen Eisenbahn. Die sogenannte Liliputbahn bringt uns auf einer Schmalspur durch den Prater zum Schweizerhaus. Die größte Wirtschaft in Wien hat einen eigenen Haltepunkt.

Am liebsten sitzen wir im Schankraum, wo man die Zapfer bei der Arbeit beobachten kann. Sie arbeiten wie Rangierer. Auf dem langen Tresen werden die Krügel wie Eisenbahnwagen von einem Zapfhahn zum anderen geschoben. Zuerst werden sie nur mit Schaum gefüllt, der sich langsam setzt. Dann wird immer wieder nachgefüllt. Am Ende bekommt man auf dem Tischbahnhof einen runden Eisenbahnwagen mit einer hohen, dichten Schaumkrone serviert, die immer anders aussieht. Im Schweizerhaus, in dem das Budweiser Bier endlos zu fließen scheint, ist jedes Bier ein Original.

Das letzte Bier trinke ich immer am Würstelstand am Südtiroler Platz. Wenn man sich gegen Mitternacht das Herrnpils anschaut, sieht man in der Flasche ein Licht schimmern. Ein

Bierwunder. Dann kann es vorkommen, dass neben einem der leidenschaftliche Biertrinker Franz Kafka erscheint, mehr lebendig als tot, und ebenfalls ein Bier trinkt. Er ist nicht betrunken, nur »leicht illuminiert«, wie man in Wien sagt.

Einmal habe ich hier den Kaiser Franz Joseph und die Kaiserin Elisabeth kennengelernt. Das Kaiserpaar hatte sich in der Stadt verlaufen. Der Kaiser fragte nach dem Weg zur Kaisergruft und hat tatsächlich stark nach Grab gerochen. Oder nach verschüttetem Bierkeller. Auch Karl Kraus aus dem Böhmischen Paradies kommt oft vorbei, auch er mehr lebendig als tot, und zitiert aus seinem monumentalen Theaterstück *Die letzten Tage der Menschheit*: »Das Dünnbier ist ein scheußliches Geschlampe. Und als Getränk mau mau! Gießt du davon zu viel in die Wampe, dann wird es dir flau!« Ein Drama über den Weltuntergang ganz ohne Bier? Das würde nicht funktionieren.

Allerdings spielt diese Szene in einem Berliner Nachtlokal. In Wien ist das Bier nie dünn. Nicht im Prater, nicht in Ottakring, nicht in Schwechat und schon gar nicht an dem Würstelstand am Südtiroler Platz.

Ein Bier im Mühlviertel

Jeder Bahnhof in Österreich hat eine dienstliche Abkürzung. Wbf steht für Wien Hauptbahnhof, Sb für Salzburg Hauptbahnhof und Sl für Selzthal. Doch es gibt auch ein Lokal, das eine inoffizielle Abkürzung von den Eisenbahnern bekommen hat. So schreibt zum Beispiel ein Lokführer einem Rangierer: »Wir treffen uns nach der Schicht um sechs beim Lkp (in Lz).« Lz bedeutet Linz Hauptbahnhof, und Lkp steht für Leberkas-Pepi.

Man bekommt dort nicht nur den besten Leberkäse in Oberösterreich, sondern auch ein gut gezapftes Bier. Beides hat sich jeder Eisenbahner nach der Schicht verdient. Beim Lkp (in Lz) treffe ich mich immer mit Christian Thanhäuser und trinke mit ihm ein kleines Bier. Gemeinsam fahren wir dann mit der Mühlkreisbahn nach Aigen-Schlägl. Die schönste Lokalbahn in Österreich verbindet gleich mehrere Brauereien. Und auch großartige Lokale, wie den Klosterhof in Linz mit einem fast romantischen Gastgarten, der auf halber Strecke zwischen Lz und Uf, Linz Hauptbahnhof und Linz Urfahr, liegt. In Uf steigen wir in den Zug und fahren zuerst nach Ott, wie die Abkürzung für Ottensheim lautet. Hier hat Christian Thanhäuser, Grafiker, Illustrator und Verleger, sein Atelier.

Am Marktplatz kehren wir ins Gasthaus Schwarzer Adler ein, in dem ich mich einmal verliebt habe. Nicht in eine Frau, sondern in die hausgemachte Sülze, zu der ein gezapftes Märzen aus der Brauerei Hofstetten ausgezeichnet passt. Diese heilige wabbelige Sülze scheint die tiefen Wälder, Berge und Menschen im Dreiländereck zwischen Österreich, Bayern und Böhmen genauso zu verbinden wie das gute Bier, das es hier überall gibt. Und auch die Kunst und Literatur. Christian Thanhäuser nimmt auf unsere Fahrt immer ein Buch von Adalbert Stifter mit, der viel über den Böhmerwald geschrieben hat. Und manchmal auch über Bier.

Keine andere Bahnstrecke in Österreich hat auf die Reisenden eine so beruhigende Wirkung wie die Mühlkreisbahn. Es liegt nicht nur an der vorbeiziehenden malerischen Landschaft und der Langsamkeit des Fahrttempos, sondern auch am Hopfen, der in der Region des Mühlviertels angebaut wird und für seine Qualität in ganz Österreich bekannt ist.

Mit dem hiesigen Hopfen werden alle Biere gewürzt, die im Mühlviertel gebraut werden. So wie in der Nähe des Bahnhofs Nef, kurz für Neufelden, in dem man hoch über dem Stausee Bio-Bier braut. In der Schlossbrauerei Langhalsen brauen dafür nur noch die Karpfen ihr Bier. Das ganze Dorf wurde 1924 geflutet. Manche glauben, dass man aus dem Zug den Schornstein der Brauerei sehen kann.

Auf der Trasse der Mühlkreisbahn liegt auch Hofstetten. Allerdings muss man von der Station Nen, Neuhaus-Niederwaldkirchen, ein Stück weit laufen. Nach einer Wanderung hat man das Landbrauhaus vor Augen, das auf dem kleinen Hügel wie ein großer Bauernhof wirkt, in dem sich jedoch ein hochmodernes Sudhaus versteckt.

1229 hat man im Gasthaus an der Via Regia zwischen der Donau und Böhmen vermutlich schon Bier gebraut, 1449 gilt als historisch nachgewiesen. Damit ist Hofstetten die älteste Brauerei in Österreich. Alle Zutaten kommen aus dem Mühlviertel: Malz, Hopfen und natürlich das Wasser, gefiltert durch Granitgestein, das so typisch für das Mühlviertel ist, wie der Brauereibesitzer Peter Krammer betont, den wir treffen.

Auch im alten Sudhaus wird immer noch gebraut. Hier entsteht ein ganz besonderes Bier, das Granitbock. Die Hauptgärung erfolgt in einem uralten Granitbottich im Keller, wohin uns Peter Krammer sogleich entführt. Feuer wird angezündet, mit dem man mehrere Granitsteine zum Glühen bringt. Vorsichtig taucht man sie dann in die Würze. Sofort beginnt der Zucker, auf den heißen Steinen zu karamellisieren. Das sorgt für den besonderen Geschmack, der keinem anderen Bier auf dieser Welt gegeben ist. Danach erst kommt die Hefe zum Zug. Schließlich wird das Bier sechs Monate gelagert.

Dieses dunkle und kräftige Bier ist eine wahre Kunst. Wenn man es verkostet, spürt man im Mund eine feine Granitnote. Man muss gleich an eine Erzählung von Stifter denken, die *Granit* heißt.

Doch auch die anderen Biere, die wir zusammen mit Peter Krammer probieren, schmecken einfach köstlich. Viele kennen wir schon. Das vollmundige Märzen und auch das Pils, das unfiltrierte naturtrübe Bio-Kübelbier, auch das bernsteinfarbene und sehr beliebte Granitbier, aus dem später das Granit-Bockbier wurde. Doch woher kommt es, dass vor Ort das Bier noch besser mundet? »Am besten schmeckt ein Bier immer in der Brauerei. So ist es einfach. Bier mag keine Bewegung. Bier liebt Ruhe«, lacht Peter Krammer.

Die Endstation der Mühlkreisbahn ist Ai, Aigen-Schlägl. Der Lokführer fragt uns, ob wir heute zurück nach Uf oder Ott fahren oder für immer in Ai bleiben möchten. Das könne er sich gut vorstellen, es ist schön in Ai, und er mag das Bier aus der Stiftsbrauerei sehr.

Im Wirtshaus kann man im Winter gut Karpfen essen und im Sommer im Biergarten das Kristall oder Urquell genießen. Oder ein Stifter Bier probieren, das im Glas so dunkel ist wie das Moorwasser im Böhmerwald.

Ein Granitbier aus Hofstetten und ein Stifter Bier aus Aigen-Schlägl nehmen wir uns immer auch nach Böhmen mit. Vor dem Ersten Weltkrieg gab es den Plan, die Mühlkreisbahn nach Bayern und Böhmen auszubauen. Dazu kam es leider nicht. So müssen wir nach Horní Planá, Oberplan, mit dem Auto fahren. Wir parken auf dem Marktplatz und gehen zum Haus, in dem Adalbert Stifter am 23. Oktober 1805 geboren wurde. Sein Geburtshaus ist heute ein Museum.

Vor dem Gebäude setzen wir uns auf einen großen Granitstein und stoßen an. Und dann zieht Christian ein Buch aus der Tasche, *Granit* von Adalbert Stifter. Die Geschichte beginnt ebenfalls auf einem Granitstein: »Vor meinem väterlichen Geburtshause, dicht neben der Eingangstür in dasselbe, liegt ein großer achteckiger Stein von der Gestalt eines sehr in die Länge gezogenen Würfels. Seine Seitenflächen sind roh ausgehauen, seine obere Fläche aber ist von dem vielen Sitzen so fein und glatt geworden, als wäre sie mit der kunstreichsten Glasur überzogen. Der Stein ist sehr alt, und niemand erinnert sich, von einer Zeit gehört zu haben, wann er gelegt worden sei.«

Wir sitzen auf diesem Stein, trinken Bier und unterhalten uns darüber, dass Stifter, der 1868 in Linz verstorben ist und dort begraben liegt, überraschend viele Kenntnisse nicht nur über den Böhmerwald, sondern auch über Bier hatte.

So schreibt er in einem Brief vom 13. Juli 1847 an Josef Türck, dem er ein Fass Bier schickt: »Es ist das in Oberösterreich berühmte Jägerbier: sehr angenehm trinkbar und doch nicht schwer. Behandlung: nach Ankunft in den Keller, dort öffnen, mit Wasser nachfüllen, offen stehen lassen, solange es ein wenig schäumt, dann schließen, 14 Tage im Keller stehen lassen, dann anzapfen und entweder in einigen Tagen schnell aus dem Fasse wegtrinken oder in Flaschen füllen, wo es bis zum Herbste hält und stark wird. Jede Flasche muss im Halse ein bisschen Luft haben. Lasset den Matrosen Urmann auch ein paar Tropfen kosten und denkt beim Trinken an mich.« Man möchte so ein Bier gleich trinken. Schade, dass es die Brauerei Jäger Bräu in Sierninghofen heute nicht mehr gibt.

Wir glauben, dass Stifter die Biere aus dem Mühlviertel sehr gut schmecken würden. Sicher auch aus Fr, wie die Bahnabkürzung für Freistadt lautet. Es lohnt sich, in Fr aus dem Zug der Summerauer Bahn nach Budweis auszusteigen und in dem Lokal der Freistädter Brauerei ein Bier zu trinken. Oder gleich alle elf Sorten zu verkosten, die hier langsam, nachhaltig und mit viel Liebe gebraut werden.

Nach dem dritten Glas ergreift uns immer etwas Neid. Was für ein Glück die Freistädter haben, die eins der 149 Häuser im historischen Stadtkern besitzen. Denn so etwas gibt es in ganz Europa nur hier: Seit 1770 sind alle Hausbesitzer innerhalb der Stadtmauern Mitglieder der Braucommune, die damals eine Brauerei errichtet hat. Die »Freistädter Braucommunisten«, wie sie sich nennen, brauen ihr Bier auch heute noch gemeinsam.

Das Abschiedsbier trinke ich mit Christian Thanhäuser wieder beim Lkp (in Lz). Von dort fahre ich mit einem Railjet zum Lkp (in Wbf). Denn auch am Wiener Hauptbahnhof gibt es inzwischen eine Filiale des Leberkas-Pepi, mit Leberkäse und köstlichem Bier.

Ein Bier im Zug nach Triest

Meine Reise nach Triest beginnt am Wiener Hauptbahnhof zwei Minuten vor acht Uhr morgens. Kurz danach serviert Herr Popović im EC Emona das Frühstück. Gleich nach dem ersten Halt in Wien Meidling bestellen manche Fahrgäste zu Spiegeleiern mit Schinken oder Omelett schon das erste Bier.

Doch ich bin kein Frühtrinker. Mein erstes Bier trinke ich erst später – nach Triest ist es eine lange Fahrt. Man muss nicht nur die Alpen überschienen, wie mein alter Freund Winterberg sagt, der oft mitkommt, sondern auch den slowenischen Karst. Und über einen langen Damm das Laibacher Moor, die sumpfige Niederung kurz hinter Ljubljana.

Die sogenannte Südbahn von Carl Ritter von Ghega, die Mitteleuropa seit 1857 mit dem Adriatischen Meer verbindet, ist nach wie vor ein technisches Wunderwerk. Und eine der schönsten Bahnstrecken überhaupt, wie Winterberg immer wieder betont.

Herr Popović ist eine Legende auf Schienen. Nicht weniger legendär ist sein Wirtshaus, das jeden Tag zwischen Wien und der slowenischen Hauptstadt Ljubljana über den Semmering pendelt. Es ist der einzige Speisewagen der Welt, der als Familienrestaurant geführt wird. Berühmt ist das Wirtshaus auf Schienen für seine Eierspeisen und Schnitzel. Sein Bier ist ebenso beliebt, auch wenn er es nur aus der Flasche servieren kann.

Die Trasse nach Triest führt nicht nur über viele Berge der Alpen, sondern auch direkt oder indirekt an mehreren Brauereien vorbei. Denn Bier gebraut und mit Genuss getrunken wird nicht nur in Wien, sondern auch in Graz, Laško oder Ljubljana. Und in Triest sowieso.

Im Speisewagen wird viel über Bier geredet. So schwärmt eine Frau vom Wiener Original aus der Brauerei Ottakringer. Ein anderer Fahrgast sagt, dass dies zwar ein sehr gutes Bier sei, doch das Wiener Lager aus Schwechat sei noch besser, denn in der Brauerei von Anton Dreher sei das Wiener Lager ja 1841 erfunden worden. Und ein dritter bringt das Wiener Lager aus der kleinen Gasthausbrauerei Fischerbräu ins Spiel. Ein Bierstreit entflammt. Kurz sieht es danach aus, als ob sich die drei BierexpertInnen wegen des Wiener Lagers prügeln würden. Es ist Winterberg, der die Lage beruhigt. »Es gibt nicht nur das eine beste Bier auf der Welt, nicht einmal das beste Wiener Lager. Alle haben ihr Lieblingsbier, das ist dann für jeden das beste Bier, und das ist auch gut so«, sagt er.

In Bruck an der Mur steigen zwei der Biermenschen aus, weil sie nach Leoben fahren. Sie wollen sich die Brauerei in Göss anschauen, denn wenn man ein Bier liebt, möchte man schließlich auch sehen, wo und wie es gebraut wird, wie sie uns sagen.

Alle Eisenbahnmenschen können das Gösser auch im Speisewagen der Österreichischen Bundesbahnen probieren, denn das süffige Märzenbier ist schon lange der österreichische Eisenbahnklassiker. Die Brautradition bezieht sich auf das Stift Göss, in dem schon um das Jahr 1000 Nonnen begonnen haben, Bier zu brauen.

Auch Puntigamer kennen Eisenbahnmenschen aus dem Zug. In Graz, wo es gebraut wird, habe ich in der sogenannten Puntigamer Klausur einen Monat lang in einer kleinen Wohnung auf dem Schlossberg hoch über der Stadt intensiv an meinem Punkbierroman *Vom Ende des Punks in Helsinki* geschrieben und mich fast nur vom Puntigamer Bier ernährt. Wie ein schreibender Mönch eben.

Für die nächste Klausur empfiehlt mir Winterberg Murauer Bier. Und für die übernächste Klausur habe ich eine Empfehlung von einem Eisenbahnmenschen und Freund, der sich alle Nummern der Lokomotiven aufschreibt und in seinem Notizheft mit kurzen Bierkritiken versieht. Die Fahrt nach Bad Radkersburg. Es sei zwar die langweiligste Bahnstrecke von ganz Österreich, wie er sagt, aber dafür werde man mit einem Besuch im Brauhaus Bevog und der Verkostung ihrer Spezialbiere belohnt. Ich kann mich daran erinnern, dass ich die Biere einmal verkostet habe und dass sie mir tatsächlich sehr gut geschmeckt haben. Ich weiß nur nicht mehr, wo genau das war. In Berlin? In Prag? In Bamberg? Die Orte gehen manchmal im Biernebel verloren, doch das gute Bier, das bleibt.

Mein erstes Bier im Zug nach Triest trinke ich erst in Laško. Die Südbahn ist wahrscheinlich die einzige Bahnstrecke, die durch eine Brauerei führt. Ich kenne Eisenbahnmenschen, die im Speisewagen mit einem vollen Glas von Laško bereit sitzen und sich dann wie kleine Kinder freuen, wenn der Zug durch die Brauerei fährt. Man trinkt ein Laško in der Stadt Laško bei der Fahrt durch die Brauerei Laško. Man stößt auf die Eisenbahn an, auf die Gesundheit und auch auf dieses im Geschmack sehr schlanke Bier, das hier gebraut und im Speisewagen von Herrn Popović serviert wird. Schon 1825 wurde im Kurort Laško, bekannt für seine Thermalquellen, eine Brauerei gegründet. Später holte man sich Brauer und Mälzer aus Böhmen. Bald schon brachte man die Biere mit der Eisenbahn nach Triest und von dort auf Schiffen in die ganze Welt. So wie dann auch die Biere aus Wien, Budweis oder Pilsen.

Die letzte große Brauerei, die man vor Triest aus dem Zug sieht, ist die Brauerei Union in Ljubljana. Im alten Laibach, wie Winterberg sagt, als er uns über die Stadt aus dem Baedeker für Österreich-Ungarn von 1913 vorliest. Alle meine Bahnfreunde fahren irgendwann in die Brauerei mit dem großen Biergarten und Bahnblick.

Nach Ljubljana schlafen Winterberg und ich ein. Es ist ein wenig traurig im Zug geworden, denn der Speisewagen wurde abgehängt. Das Wirtshaus mit Herrn Popović fährt mit dem Gegenzug über die Alpen zurück nach Wien.

Und irgendwann wachen wir aus unseren Träumen auf, sehen das Meer, die Schiffe und den Leuchtturm kurz vor Triest, bevor wir zur Endhaltestelle auf dem ehemaligen Südbahnhof in Triest einfahren, der heute Trieste Centrale heißt. Ein Bahnhofslokal gibt es hier längst nicht mehr, doch wir wissen, wohin die Eisenbahner auf ein Feierabendbier gehen.

Für uns Mitteleuropäer ist Triest, einer der wichtigsten Handelshäfen in der einstigen K.-u.-k.-Monarchie, ein Sehnsuchtsort. Wenn man durch die Stadt läuft, versteht man sofort, warum. Alles ist einem sehr vertraut. Die Farben, die Architektur, auch die Gerüche von Bier und Wurst, die sich an vielen Ecken mit der frischen Meeresbrise vermischen. Dank der gemeinsamen Geschichte kann man in Italien nirgendwo so gut Bier trinken wie hier. Triest ist wie Pilsen. Pilsen am Meer. Das Meer an Bieren, die wir in Böhmen, Mähren und Schlesien jedes Jahr trinken müssen, ist sozusagen das Ersatzmeer für die Adria. Bis 1918 lebten wir alle zusammen in einem Land. So arbeiteten im Triester Hafen nicht nur Italiener, Slowenen und Österreicher, sondern auch Tschechen.

Die ersten Schritte führen Winterberg und mich ins Buffet da Peppi. Wir bestellen ein Bier von der Brauerei Dreher. Schon 1913 war es in Triest sehr populär, es gab sogar ein eigenes großes Bierlokal, gleich neben der Alten Börse und gegenüber vom heutigen Buffet da Peppi. Dreher Bier wird im alten Baedeker genauso empfohlen wie die Biere aus Pilsen oder München, im Buch ganz besonders die Biere vom Spatenbräu. Bis heute kann man in Triest diese Biere bekommen.

Buffet da Peppi ist eine wahre Institution. Das Publikum besteht vor allem aus Gästen, die in der Stadt leben und gutes Bier und deftige Kost lieben. In Pilsen oder Prag steht im Mittelpunkt eines Lokals der Wirt mit seinem Altar aus Zapfsäulen. In Wien ist es ein Oberkellner. Und hier ist es ein Metzgermeister mit weißer Schürze und einem langen, breiten und sehr scharfen Messer, der an einer Theke steht und mit einem über die Jahre, Jahrzehnte oder sogar Jahrhunderte eingeübten Griff die gewünschten Portionen von gekochtem Schweinefleisch und Wurstspezialitäten zuschneidet. Alle Gerichte werden mit Sauerkraut und Kren, also Meerrettich, serviert. Das kennen Winterberg und ich von den Fleischern in Prag, Pilsen oder Wien. Doch in Italien kann man so etwas nur in Triest erleben.

Außer Fleisch und Wurst kann man auch Jota bestellen, eine nicht weniger deftige Triester Suppe aus Bohnen, Sauerkraut, Schweinefleisch und Wurst. Auch dazu passt ein frisch gezapftes Dreher Bier viel besser als Wein, den man auch überall in Triest bekommt und gern zu Fisch trinkt. Wobei dazu auch ein Bier gut passt.

So wie ich in Prag mit meinen Freunden die Zoorunde gehe, ziehen Winterberg und ich in Triest eine Buffetrunde, denn es gibt gleich mehrere Lokale, die alle sehr gut sind und gut gezapftes Bier anbieten. Für so eine Runde sollte man allerdings mehrere Tage einplanen, denn man muss überall nicht nur Bier trinken, sondern auch essen. Und das geht nur einmal am Tag.

In Triest wurde Biergeschichte geschrieben. Im Keller der Brauerei Dreher, die in der Monarchie zu einem wahren Bierimperium aus Wien-Schwechat gehörte, wurde 1877 zum ersten Mal die Kältemaschine der Firma Linde zum Kühlen des Bieres und der Lagerräume eingesetzt. Mehr als dreißig Jahre war sie hier im Einsatz. Heute steht sie im Museum der Bayerischen Geschichte in Regensburg.

Die alte Brauerei in der Via Giulia kann man zwar nicht mehr besuchen, aber doch anschauen. Denn heute befindet sich hier ein Einkaufszentrum. Wenn man vor dem Gebäude steht und die Zeilen aus der alten Brauerei- und Hopfen-Zeitung *Gambrinus* vom 30. März 1895 über die Brauerei liest, ist die Brauerei wieder da, vor dem inneren Auge. »Die Brauerei Triest ist die jüngste von den Dreher'schen

Etablissements. Der Flächenraum derselben beträgt circa 35 200 Quadratmeter. Die Braucampagne währt dort von Oktober bis Mai; während der übrigen Monate schließt die enorme Hitze jede Arbeit aus. Das Sudhaus mit zwei Pfannen ist auf eine tägliche Erzeugung von 440 Hektoliter eingerichtet. Die Betriebskraft liefern vier Dampfmaschinen mit 82 Pferdekräften. 210 Gärbottiche von je 30 Hektoliter Inhalt, drei Kühlschiffe mit 2340 Quadratmeter Kühlfläche, 800 Lagerfässer von 50 bis 80 Hektoliter Inhalt sind zur Verfügung. Eisräume sind für 200 000 Metercentner Fassung vorhanden«, liest Winterberg uns vor.

Wenn man sich einen kleinen Eindruck davon verschaffen möchte, wie es im Gärkeller der Brauerei Dreher einst aussah, kann man sich im Buffet da Peppi umschauen. Auf einer der alten Fotografien an den Wänden sieht man die großen offenen Gärbottiche aus Holz mit schäumendem Bier. Dafür sind bei einem Lagerbier niedrige Temperaturen nötig. Auch in Triest musste man im Winter die Keller mit Eis füllen, doch woher sollte in Triest das Eis kommen? »Manchmal auch mit der Eisenbahn«, sagt Winterberg.

Die weitere Entwicklung der Kältemaschinen hat dann ermöglicht, langsam auf das Eis zu verzichten und auch an wärmeren Tagen zu brauen. Nicht nur in Triest, sondern bald schon an anderen Orten. Auch in Südtirol, woher das Bier aus der Brauerei Forst kommt, das Winterberg und ich gern in dem eleganten Brauereilokal Birreria Forst trinken, das im Design der 1960er-Jahre gehalten ist. In die Birreria Forst kehren viele Eisenbahner ein, denn zum Trieste Centrale ist es nur ein Katzensprung. Das Forst ist eines der Biere, die über eine magische Kraft verfügen und die Eisenbahnmenschen auf Reisen bringen, auch wenn sie den Ort, an dem sie das Bier trinken, nicht verlassen.

Die Spezialbier-Brauerei Forst wurde in Forst/Algund bei Meran 1857 gegründet und wird als Familienunternehmen geführt. Am liebsten trinke ich das Pils und das Kronen, ein sehr rundes, feines und malziges Vollbier. Winterberg liebt das unfiltrierte Felsenkeller. Im Angebot dürfen Dunkles, Bock und Alkoholfreies nicht fehlen. Letzteres trinken in der Triester Birreria nur die Eisenbahner, die am nächsten Tag Frühschicht haben.

Die Eisenbahnmenschen fahren nach Triest nicht nur wegen der historischen Südbahn, sondern auch wegen der nicht weniger legendären Wocheinerbahn. Und auch wegen einer Schmalspurbahn, die seit 1902 das Stadtzentrum mit dem Städtchen Opicina hoch auf dem Karstkamm verbindet. Die alten elektrischen Wagen fahren vom Platz Oberdan ab, fast vor der Tür der Birreria Forst, der Kantine der Triester Eisenbahner.

Insgesamt muss die Bahn 340 Höhenmeter auf einer Strecke von fünf Kilometern überwinden. Auf dem steilsten Abschnitt verwandelt sich die Straßenbahn kurz in eine Standseilbahn. Die elektrischen Triebwagen werden mithilfe von Seilen und zwei flachen Schubwagen nach oben geschubst oder nach unten abgebremst. Während der Fahrt schaut man auf das Meer mit den Hafenanlagen, auf die Stadt, man sieht oder erahnt das eine oder andere Buffet, in dem man gestern oder vorgestern gegessen und getrunken hat.

Auch Biermenschen sollten unbedingt eine Reise nach Opicina unternehmen. An der Endstation, direkt in der Wagenremise, erwartet sie eine gemütliche Bar mit einem kleinen Biergarten. Gezapft wird Münchner Bier. Im Kühlschrank kann man eine kleine Bierreise durch ganz Mitteleuropa unternehmen: Slowenien, Tschechien, Deutschland, Italien, Österreich.

Wenn man zurück in die Stadt fährt, sieht man aus dem Fenster kurz die alte Brauerei Dreher. Mein Freund Winterberg wird dann sehr melancholisch, weil das Dreher Bier dort nicht mehr gebraut wird, sondern irgendwo weit, weit weg.

Triest zieht viele melancholische Romantiker und romantische Melancholiker wie Winterberg an. Lange kann man sich mit den Eisenbahnern in der Birreria Forst darüber unterhalten, dass nicht Wien, sondern Triest die wahre Hauptstadt Mitteleuropas sei. Denn hier in Triest begegnet sich alles. Das Land mit dem Meer. Die Bierkultur mit der Weinkultur. Die südeuropäische mit der mitteleuropäischen Küche. So auch die vielen Sprachen und kulturellen Einflüsse. Auch manche Triester Eisenbahner, die in der Birreria das Feierabendbier genießen, bevor sie am nächsten Morgen mit ihren Zügen nach Mailand oder Rom aufbrechen, wechseln zwischen den Sprachen, zwischen Italienisch und Slowenisch. Doch im Lokal hört man auch Deutsch, Kroatisch, Ungarisch und ja, auch Tschechisch.

Kein Wunder, dass diese ganz besondere Stadt schon immer große Autoren angezogen hat. Im Café San Marco, in dem es allerdings nur Flaschenbier gibt, hat Winterberg einmal mit Claudio Magris über sein Monumentalwerk *Donau* gesprochen. Und über die anderen Autoren wie Italo Svevo oder James Joyce, die mit dieser Hafenstadt verbunden sind und in Triest nicht nur Kaffee und Wein, sondern auch das eine oder andere Bier aus Pilsen, München oder Wien getrunken haben.

Von Triest zurück nach Prag fahren Winterberg und ich über Wien. Und wir freuen uns darauf, wenn uns hinter Ljubljana Herr Popović in seinem Wirtshaus auf Schienen erwartet. Das erste Rückreisebier trinke ich wie immer erst in Laško. Während der Durchfahrt durch die Brauerei. Dann stoßen wir an, Winterberg und ich.

Ein Bier mit Bernhard und Mozart in Salzburg. Und in Obertrum

Der Untergeher. So sagt man zu dem Mann, mit dem ich immer nach Salzburg reise. Kein einfacher Mensch. Thomas Bernhard hat über ihn einen Roman geschrieben, in dem es auch um Bier geht und um ein altes Wirtshaus. Ich habe gern die Lektüre über den Untergeher dabei, wenn ich in der Stadt unterwegs bin.

Das alte Wirtshaus, das Gasthaus Ganshof, findet man im Stadtviertel Maxglan. Leider hat es schon lange geschlossen. So auch der beliebte Biergarten. Bernhard hat in der Nähe gewohnt und war oft zu Gast. Man kann sich gut vorstellen, dass ihn dieser Ort inspiriert hat – den Ganshof erwähnt er in *Der Untergeher* sogar namentlich. Bier hat Bernhard allerdings nicht viel getrunken. Seit seiner Kindheit war er gesundheitlich angeschlagen.

Salzburg ist eine Kulturstadt. Man denkt an Autoren wie Stefan Zweig oder eben an Thomas Bernhard und an das Theater und die Salzburger Festspiele, bei denen mehrere Stücke von Bernhard uraufgeführt wurden. Darunter 1985 auch *Der Theatermacher*, ein Stück, das im Tanzsaal des ländlichen Gasthofs Schwarzer Hirsch in Utzbach spielt, was man als Anspielung auf das Salzburger Hotel Goldener Hirsch lesen kann.

Man denkt auch an die Musik und an Wolfgang Amadeus Mozart und das Mozarteum. Doch Salzburg ist auch eine Bierstadt, ja eine kleine große Biermetropole mit einer langen Geschichte.

1492 hat Kolumbus Amerika erobert, und Columbus 1492 heißt auch ein Spezialbier, ein Pale Ale, das heute in Salzburg gebraut wird. Denn im selben Jahr wurde in der Altstadt eine Brauerei gegründet, die nach einer Treppe am Brauhaus, auf österreichisch Stiege, benannt wurde. Das dunkle Bier hat offenbar Mozart gern getrunken. Heute ist Stiegl die größte Privatbrauerei in Österreich. Sie liegt am Rande von Salzburg, nur wenige Gehminuten vom Gasthaus Ganshof entfernt.

Stiegl ist in ganz Österreich bekannt. Sehr beliebt scheint vor allem das Goldbräu zu sein, ein klassisches Märzen. Das Sortiment der Brauerei ist breit aufgestellt: Helles, Pils, Bio-Zwickl und ein alkoholfreies Bier. Dazu kommen noch die Spezialitäten, die in der Biermanufaktur in Wildshut gebraut werden.

In *Der Untergeher*, erschienen 1983, lässt Bernhard seinen Ich-Erzähler in Wankham, einer Ortschaft an der Salzkammergutbahn, ins Gasthaus Dichtelmühle einkehren. Dichtelmühle habe ich lange als Dichtermühle gelesen. Was vielleicht nicht falsch wäre, denn nach drei Bier wird jeder Gast zu einem Dichter oder Philosophen. Das gilt nicht nur für Prag, sondern sicher auch für Salzburg.

An den sehr langsamen Gang und den breiten, schnellen Gedankenstrom des Erzählers im *Untergeher* muss ich immer denken, wenn ich in Salzburg in ein Wirtshaus einkehre. In die alte Wirtschaft Bärenwirt, ins Gasthaus Hölle am Kommunalfriedhof, wo auf die Verstorbenen angestoßen wird, oder ins Krimpelstätter, in dem in sechs Gaststuben seit 1548 Hausmannskost serviert wird. Dazu reicht man das Bier vom Augustiner Bräu aus dem ehemaligen Kloster Mülln.

Diese Brauerei sollte man unbedingt besuchen. Denn sie ist wie ein kleines Museum, in dem Bier handwerklich gebraut wird. Im Sudhaus stehen eine Maischpfanne und ein Läuterbottich aus Kupfer. Man arbeitet noch mit einem Kühlschiff unter dem Dach, wo sich nach dem Brauen Hopfenreste und Eiweiß auf großer Fläche absetzen. Die Würze kühlt sich hier nur dank der natürlichen Luftzirkulation ab und fließt danach über eine alte Berieselungsanlage, an der sie sich noch weiter abkühlt, in den Keller. Nach der Gärung in einem offenen Gärbottich klärt sich das Bier in den Lagertanks und reift aus. Das geschieht sehr langsam. Ganze zehn Wochen braucht ein Märzen. Das Bockbier benötigt noch sechs Wochen länger.

Im Keller hat man wenig Empfang. Nach wie vor kommuniziert man in der Brauerei mit einem Sprachrohr, wie früher auf den Schiffen.

Das Bier bleibt frisch und ist im Fass nur zehn Tage haltbar. In der Flasche hält es zwei Monate. »Wer es nicht schafft, eine Kiste Bier in zwei Monaten zu trinken, sollte einfach eine kleinere Packung nehmen«, lacht der Braumeister Hansjörg Höplinger.

Am besten mundet das Bier aus einem Holzfass. Das ist hier Tradition. Allerdings muss man die Fässer auch pflegen. Wenn sie Risse haben, müssen sie mit Pech ausgekleidet werden. Pech beeinflusst sogar ein wenig den Geschmack. Das Bier aus dem Fass schmeckt ein wenig anders als das Bier aus der Flasche, meinen die Stammgäste. »Und so soll es auch sein«, sagt der Braumeister. Das Bier wird vor allem in Salzburg getrunken, doch es werden auch zwei Würstelstände in Wien damit beliefert.

Zu einer so traditionellen Brauerei wie der Augustiner Brauerei zu Salzburg Mülln, wie sie offiziell heißt, gehört auch ein sehr traditionelles Braustübl mit einem riesigen Biergarten. Eine wahre Salzburger Institution, wo es seit Jahrhunderten feste Regeln gibt. Man nimmt sich einen grauen Steinkrug aus dem Regal, geht zum Brunnen, wäscht ihn aus, bezahlt an der Kasse, geht mit dem Bon zum Zapfer und reicht ihm den Krug. Er füllt ihn innerhalb von zwei Sekunden mit dem Bier aus einem dunklen Holzfass. Unglaublich mild und sanft schmeckt das Märzen, und so muss man sich gleich noch einen Krug füllen lassen. Dazu kann man sich im Flur an einem der vielen Stände etwas zum Essen kaufen. Braten, Wurst, Käse, Salat, Brotaufstrich oder auch Rettich.

Wenn man den Braumeister Hansjörg Höplinger fragt, welches Bier er trinkt, wenn er gerade nicht mit seinem eigenen beschäftigt ist, sagt er: »Ein Weißbier. Denn das wird bei uns nicht gebraut.«

Im *Untergeher* wird gefühlt die halbe Geschichte als innerer Monolog unterwegs zum Tisch erzählt. Der Erzähler rechnet im Roman mit Salzburg, Österreich, der österreichischen Gasthauskultur und Gastronomie sowie mit seinem eigenen Leben ab. Er denkt über sich und seine zwei verstorbenen Musikfreunde nach, einen Mann namens Wertheimer sowie den Starpianisten Glenn Gould, mit denen er in Salzburg Musik studiert hat.

Und Musik hört man, wenn man im schattigen Biergarten der Brauerei Die Weisse sitzt und die Gäste ihre Bügelverschlussflaschen mit ihrem Weißbier aufmachen. Es ist eine ganz besondere Klangkulisse: Plopp-Plopp-PloppPlopp-Plopp-PloppPlopp-PloppPlopp-Plopp. Was für ein schönes Stück Biermusik! Aus seinem Büro hört das kleine Flaschenkonzert auch Felix Gmachl, der oberste Braumeister, genannt Bräu: »Wenn ich diese Musik höre, dann weiß ich, der Sommer ist da.«

Ja, das Weißbier verbindet man mit dem Sommer in Bayern oder eben in Salzburg, mit einem Nachmittag an einem

See oder in den Bergen. Die Weisse, gegründet 1901, ist die älteste Weißbierbrauerei in Österreich. Eine kleine Biermanufaktur, die Spitzenbiere kreiert, die in den Flaschen gären und reifen, bevor sie die Musik im Biergarten spielen.

Das Weisse Hell duftet im Glas nach Banane. Wenn man zwei trinkt, wird man fast satt. Doch das wäre zu schade, denn im Wirtshaus wird so gut gekocht, dass Thomas Bernhard und sein Untergeher sicher ihre Meinung über die österreichische Küche und Gastfreundlichkeit ändern würden. Selbstverständlich wird auch ein alkoholfreies Weißbier angeboten, dazu ein leichtes Sommerbier und sogar eine glutenfreie Weißbiervariation.

Und dann gibt es noch ein Bier, das man mit Salzburg verbindet, obwohl die Brauerei in Obertrum liegt: das Trumer Pils. »Unser Pils ist schlank. Ein intellektuelles, nachdenkliches Bier. Unser Märzen ist dagegen ein bodenständiges Bier. Als möchte es sagen, lass alle Sorgen weg, lass uns einfach ein Bier trinken«, erklärt mir der Besitzer Josef Sigl, als wir zusammen vor der Familienbrauerei stehen.

Seit 1601 wird in Obertrum Bier gebraut. Und so langsam und bedacht, wie es nur geht. Man spricht deshalb von Slow Brewing. Mit diesem Qualitätszertifikat können sich nur einige wenige Brauereien schmücken. Die Liste könnte man als Reiseroute für die nächste Bierreise speichern: Ratsherrn in Hamburg, Moritz Fiege in Bochum, die Hochdorfer Kronenbrauerei in Nagold-Hochdorf, Haller Löwenbräu in Schwäbisch Hall, Maxlrain in Tuntenhausen, Schützengarten in St. Gallen, Braucommune in Freistadt, Stiegl in Salzburg. Und eben Trumer in Obertrum.

Nach einer Führung kann man sich selbst in der Bar ein Pils in ein dünnes, hohes Glas einschenken. Die Glasform passt gut zu diesem feinen, sehr schlanken preisgekrönten

Pils. Im Nebenraum sieht man die offenen Gärbottiche, in denen gerade die Hefe mit dem Malzzucker beschäftigt ist. Immer wieder blubbert es in dem einen oder anderen Gefäß. Weiß und braun ist der sehr lebendige Schaum.

Auch das Märzen, das vor Ort noch mehr getrunken wird als das Pils, schmeckt ganz toll. Und wirklich angenehm bodenständig. Durch die verglaste Wand schaut man zum Obertrumer See. Bier ist ein Naturprodukt – das wird in den großen Industriebrauereien manchmal vergessen. Hier aber keineswegs. In Obertrum wird die Landschaft zum Teil der Brauerei und die Brauerei zum Teil der Landschaft. Man arbeitet bewusst nachhaltig. Die neue Lagerhalle wurde vollständig aus Holz gebaut. Auch um den Strom kümmert sich die Natur, denn die Anlage wird mit Sonnenenergie betrieben. Elektrofahrzeuge liefern das Bier aus.

Trumer Pils ist heute fast schon ein Kultbier. Es wird überall in Österreich ausgeschenkt. Und auch in Australien! In Lizenz wird es sogar im Craftbier-Paradies Kalifornien gebraut.

Ich trinke es nicht nur im Salzburger Literaturhaus, sondern auch im Strobl-Stüberl, einem Lokal in der Rainerstraße, nicht weit vom Hauptbahnhof entfernt. Im Strobl-Stüberl treffen sich Künstler, Taxifahrer, Nachtgestalten. Bis zwei Uhr morgens kann man zum Bier alle möglichen Schnitzelvariationen bestellen, so wie das Surschnitzel, das ich hier immer esse. Man kann sich leicht vorstellen, wie in der Tür der Untergeher steht und langsam und bedacht zu seinem Tisch geht und über das Bier nachdenkt. »Die Bierführer haben mich seit der frühesten Kindheit fasziniert […] Als Kind hatte ich Bierführer werden und sein wollen […]«, lässt Bernhard seinen Ich-Erzähler denken. Zwei Nachtgestalten am Nebentisch streiten sich beim

Bier. Er offenbar ein Schweizer, sie aus der Ukraine. Es geht um die Liebe.

»Ich weiß nicht, wo wir beide jetzt sind. Weißt du es?«

»In Salzburg.«

So ist es. Wir sind in Salzburg. Auch ich bin leicht betrunken. Ich zahle und nehme den letzten Bus zum Ganshof. Vielleicht kommt Thomas Bernhard heute Nacht vorbei. Doch das Lokal ist immer noch geschlossen. Thomas Bernhard kommt nicht. Niemand kommt. Nicht einmal der Untergeher.

Ein Bier in Sarajevo

Ein alter Freund von mir reist noch mehr als ich mit der Eisenbahn und trinkt auch viel mehr Bier. Er reist durch ganz Mitteleuropa, er reist durch die Länder und auch durch die Zeit. Am liebsten sitzt er im Speisewagen und freut sich wie ein Kind über die verschiedenen Biere, die ihm in den Zügen oder an den Bahnhöfen serviert werden. Er ist nicht wählerisch und nimmt, was kommt. Er ist »biertolerant«, wie er sagt. Er mag Biere von kleinen Brauereien und von großen. Er macht sich lustig über Menschen, die im Bier nur ein Bier sehen. Er versteht sie nicht, denn für ihn ist ein Bier im Glas viel mehr als nur ein Bier. Es ist ein Stück mitteleuropäische Geschichte.

Auch sein Begleiter auf Reisen ist der Baedeker von 1913 für Österreich-Ungarn, die letzte Ausgabe vor dem Untergang Mitteleuropas, womit er den Ersten Weltkrieg meint. Dieses Buch ist seine Bibel, denn nur mit diesem Buch kann man die komplexe Geschichte Mitteleuropas verstehen. Auch ich mag diesen Reiseführer ja sehr. Der Freund hat mich sogar zu einer literarischen Figur inspiriert, zum alten und leicht verrückten Winterberg aus meinem Roman *Winterbergs letzte Reise*. Und so sage ich zu meinem Freund, der tatsächlich ein wenig verrückt ist und an sogenannten historischen Anfällen leidet, schon lange Winterberg, obwohl er ganz anders heißt.

»Überall, auch in den vornehmsten Restaurants, erhält man zu mäßigen Preisen Wein und Bier vom Fass. [...] Das Bier trinkt man in 1/2-Liter-Gläsern als großes Glas oder Krügel oder in 3-Deziliter-Gläsern als kleines Glas oder Seidel [...] Für Münchener Bier gibt es auch Steinkrügel. Das Bier wird fast überall sehr kalt, direkt vom Eise verzapft«, haben 1913 die Reisenden nach Prag oder Wien bei der Lektüre des Baedekers erfahren. So ist es bis heute, obwohl man das Münchner Bier in Triest, wo es nach wie vor sehr beliebt ist, meistens in einem dünnen, hohen Glas serviert bekommt.

Winterberg und ich haben schon viele Orte aus dem Baedeker besucht. Auch viele Bierorte, die in diesem Reiseführer erwähnt werden. Die wichtigen und bekannten Brauereien werden im Buch genauso erwähnt wie die berühmten Kirchen, Museen, Schlösser und andere Sehenswürdigkeiten. So auch die besten Lokale. Manchmal heißen die Wirtshäuser und Restaurants heute anders, doch viele sind nach wie vor zu finden. Die Suche nach einer alten Gastwirtschaft ist so nicht immer einfach, doch es lohnt sich. Und es macht auch Spaß. »Wenn eine Brauerei oder ein Lokal bis heute überlebt haben und dem Wahnsinn der Zeit und der Geschichte trotzen, sind es noch immer gute Brauereien und gute Lokale«, sagt Winterberg immer. Ich kann das nur bestätigen.

Mit meinem Freund Winterberg und dem Baedeker von 1913 war ich Bier trinken nicht nur in Pilsen, Budweis oder in Prag, sondern auch in Wien, Salzburg und Graz. Und auch in Triest, Ljubljana, Zagreb, Krakau, Lwiw oder Budapest. Also auch an den Orten, die man nicht unbedingt mit Bier verbindet, dafür aber mit viel Geschichte und vielen Geschichten. »Bier historisch trinken«, sagt Winterberg zu solchen Reisen.

Das Leben in der alten Habsburger Monarchie speiste sich von gelebter Mehrsprachigkeit und vom lebendigen Austausch der unterschiedlichsten Menschen. So haben Touristen im Baedeker die wichtigsten Wörter gleich in mehreren Sprachen gelernt. Auch heute noch kann man diesen Wortschatz unterwegs gut brauchen. Zum Beispiel tschechische Ausdrücke wie *pivo* für Bier oder *hostinec* für Gasthaus, falls man sich in Budweis, Pilsen oder bei mir im Böhmischen Paradies umschauen möchte. Auf Polnisch heißt es dann *piwo* und *gospoda* – falls man in Krakau im jüdischen Viertel Kazimierz in einem der Lokale ein Bier trinken möchte. Auf Ungarisch, falls man das legendäre Bierlokal Hrabal in Budapest besuchen möchte, heißt es *sör* und *fogadó*.

Es war mein Freund Winterberg, der mich vor einigen Jahren nach Sarajevo schickte. In ein kleines bosnisches Lokal in der Nähe des Wiener Hauptbahnhofs. Nein, im Baedeker von 1913 ist das Restaurant noch nicht zu finden. Trotzdem habe ich hier nicht nur sehr gut bosnisch gegessen, sondern zum ersten Mal auch Sarajevsko pivo verkostet, das Bier aus Sarajevo. Ein helles Lagerbier, das mir an einem heißen Sommerabend mehr als gut geschmeckt hat.

Im Sarajevo in Wien habe ich die Entscheidung getroffen, endlich nach Sarajevo, in die Hauptstadt von Bosnien und Herzegowina, zu fahren. Mit der Eisenbahn ist es praktisch unmöglich, ganz anders als 1913. Ein Stammgast im Wiener Sarajevo hat mich deswegen fast ausgelacht. »Wie, mit dem Zug? Niemand fährt mit dem Zug nach Sarajevo. Hast du kein Auto? In Sarajevo haben alle ein Auto. Oder nimm einen Bus. Und fliegen kannst du auch.«

Seine Frau hat mir dann empfohlen, die Brauerei in Sarajevo zu besuchen, den schönsten Palast in der Stadt gleich nach dem Nationaltheater und dem Nationalmuseum, wie sie sagte. Und als ich erzählt habe, dass ich aus Böhmen komme, sagte sie, dass der Besuch der Brauerei dann Pflicht sei, denn die Bierfabrik wurde 1864, »in den schönen alten Zeiten«, wie sie sagte, als »die erste böhmische Brauerei in Sarajevo« gegründet. Als erster Industriebetrieb nicht nur in Sarajevo, sondern in ganz Bosnien und Herzegowina.

Winterberg wollte nicht nach Sarajevo mitkommen. Als Eisenbahnmensch hasst er Busfahren und Fliegen. So bin ich allein geflogen. Ich glaube, dass Winterberg außerdem Angst vor Sarajevo hat. Hier nahm die Geschichte mit dem Attentat auf den Thronfolger Franz Ferdinand am 28. Juni 1914 ihren traurigen Lauf, der zum Ersten Weltkrieg und dem Zerfall dieser »Welt von gestern«, wie es bei Stefan Zweig heißt, führte. Winterberg sagte, dass er lieber die Brauerei Ferdinand in Benešov bei Prag besucht, die der Thronfolger Franz Ferdinand, der auf dem nahen Schloss Konopiště residierte, vor mehr als hundert Jahren gekauft und modernisiert hat. Bis heute wird dort aus dem Malz aus der eigenen Tennenmälzerei ein sehr gutes Bier gebraut.

Auch nach Sarajevo lohnt es sich, den Baedeker mitzunehmen. Der Reiseführer gibt einem gleich den wichtigsten Wortschatz mit: Bier auf Bosnisch heißt – ähnlich wie in Böhmen – *pivo*. Und ein Gasthaus *gostiona*.

Vieles aus dem Baedeker findet man vor Ort wieder. Das legendäre Hotel Evropa zum Beispiel, wo man nicht nur Bier, sondern in dem eleganten Wiener Café auch den bosnischen Kaffee bekommt. Auch heute kann man sich in den engen Gassen des Basars verlieren. Und sich die katholische Kathedrale, die alte Synagoge, eine orthodoxe und eine evangelische Kirche und die Gazi-Husrev-Beg-Moschee anschauen, alle nur ein paar Hundert Meter voneinander entfernt. In keiner anderen europäischen Stadt sind sich die Religionen so nah wie hier. Das sieht man auch an den Häusern und Gasthäusern. Manchmal hat man das Gefühl, in Prag oder in Wien zu sein, manchmal in Istanbul.

Die Sarajevska Pivara, die Brauerei Sarajevo, befindet sich auf der anderen Seite des Flusses Miljacka, der die Stadt teilt. Auf dem Weg dorthin, kurz vor der osmanischen Lateinerbrücke, geht man an dem Ort vorbei, an dem am 28. Juni 1914 die tödlichen Schüsse gefallen sind, vor denen mein Freund Winterberg immer noch Angst hat. Der bosnische Serbe und Nationalist Gavrilo Princip hat hier den Thronfolger und seine Frau, die böhmische Adelige Sophie Chotek, mit einer Browning erschossen. Der Fahrer des Automobils des Thronfolgers, Leopold Lojka, wurde später Wirtshausbesitzer im mährischen Brno. Betrunken hat er am Ausschank immer wieder von dem Attentat erzählt. Doch niemand wollte ihm glauben, dass er das alles erlebt hat, dass er der großen und tragischen Geschichte wirklich so nah war.

Im Jahr 1881 wurde die Brauerei an ihren heutigen Standort im Stadtteil Bistrik verlegt, in die Nähe einer Kaserne und eines malerischen Bahnhofs, von dem früher eine Schmalspurbahn abfuhr. Mit dem Umzug wurde die Brauerei ordentlich vergrößert, denn ganz Bosnien hatte damals das Bier entdeckt, und Herzegowina noch dazu. Alle haben sich in dieses Bier verliebt. Die Katholiken, die Juden, ja, sicher auch manche Muslime.

Kein Wunder, dass die Bierfabrik, gestrichen in Weiß und Bordeauxrot, zu den größten und modernsten in der Monarchie zählte und im Jahr 1910 diese »vorzüglich geleitete Brauerei« über hunderttausend Hektoliter Bier produzierte, wie man in der alten Ausgabe der Brauerei- und Hopfenzeitung *Gambrinus* nachlesen kann. Der Erfolg war so groß, dass man bald die Gär- und Lagerkeller ausbauen musste und später noch andere Brauereien übernommen hat. Auch in Jugoslawien war das Bier aus Sarajevo im ganzen Land beliebt, und Sarajevska Pivara galt als die viertgrößte Brauerei. Noch heute wirkt sie unglaublich groß.

Seit mehr als hundertvierzig Jahren wird in Sarajevo ohne Unterbrechung Bier gebraut. So war es auch in dem einen oder anderen Krieg. Sogar in dem letzten schrecklichen Krieg, als Sarajevo zwischen 1992 und 1996 von den Truppen der bosnischen Serben und Teilen der ehemaligen jugoslawischen Armee belagert und von den umliegenden Bergen dauerhaft beschossen wurde. Von der Artillerie wurde die Brauerei schwer beschädigt. Sie litt genauso wie die ganze Stadt, in der man noch immer die Spuren dieses Krieges sieht. Die Menschen erzählen beim Bier bis heute von dieser schweren Zeit. Ebenso das großartige *Tagebuch der Übersiedlung* von Dževad Karahasan, der mich durch Sarajevo führte und trotz des ganzen Leidens von einer idealen Stadt, ja von einer »gelebten Utopie« erzählte.

Während der Belagerung wurde in Sarajevo eher in einer symbolischen Menge Bier gebraut, wie man im Brauereimuseum erfährt. Doch oft sind es solche Symbole, die zählen, die den Menschen helfen und sie am Leben halten. Außerdem war die Brauerei während der Belagerung für die Wasserversorgung der Stadt wichtig. Für lange Zeit gab es Trinkwasser in ganz Sarajevo nur hier, wo es aus einem dreihundert Meter tiefen Brunnen geschöpft wurde. So hat die Brauerei die Stadt gerettet.

Das gute Brunnenwasser kann man im weitläufigen Lokal direkt in der Brauerei verkosten, wo auch sehr gut gekocht wird – bosnisch und österreichisch. Zum Wiener Schnitzel bestellt man entweder ein helles oder ein dunkles Bier. Oder beide Biere auf einmal, so wie ich es gemacht habe. Ein helles Bier der Freude und Liebe. Ein dunkles Bier der Trauer und Melancholie. In der Musik, die hier von einer großartigen lokalen Band gespielt wird, vermischt sich Trauer mit Freude, so wie in der ganzen Stadt Sarajevo. Es wird viel mitgesungen. Und auch getanzt.

Nach der Besichtigung der Brauerei kann man noch lange in einer der kleinen Bars in der Innenstadt sitzen und im Baedeker von 1913 blättern. Aus meiner Lieblingsbar schaut man auf eine kleine Moschee. Der junge Wirt spricht Tschechisch. Im letzten Krieg flüchtete seine Familie nach Böhmen, nach Nymburk. So kennt er das gute Bier von dort und auch die Geschichten von Bohumil Hrabal, die in der Brauerei spielen. Das Sarajevsko pivo, das er anbietet, würde auch in Nymburk gut ankommen.

Von den Terrassen der Gelben Bastion aus osmanischer Zeit, von wo man das ganze Sarajevo überblicken kann, schicke ich am nächsten Tag ein Selfie mit dem Bier aus der Bar und der Moschee im Hintergrund an meinen Freund Winterberg. Und auch ein Foto aus der Brauerei und noch eins von dem Grab von Karel Pařík. Der Architekt war ein Landsmann aus dem Böhmischen Paradies und wird heute in Bosnien und Herzegowina als Nationalheld gefeiert. In Sarajevo baute er die Universität, das Nationalmuseum und das Nationaltheater. Und auch das Hotel Evropa, das erste moderne Hotel in der Stadt.

»Historisch Bier trinken … Sehr gut. Franz Ferdinand hätte die Brauerei in Sarajevo besuchen und dort für immer bleiben und nicht ins Auto einsteigen sollen, dann wäre die Geschichte womöglich anders verlaufen«, schreibt Winterberg mir aus Benešov zurück. Aus der Brauerei Ferdinand, benannt nach dem Thronfolger Franz Ferdinand, der in Sarajevo erschossen wurde.

»Das stimmt«, schreibe ich zurück.

»Und war das Bier in Sarajevo sehr kalt, direkt vom Eise verzapft, wie es im Baedeker steht?«

»Ja. Und es war sehr gut.«

»Vielleicht fahre ich doch mal dorthin.«

Bier im Norden und im Westen

Ein Bier in Amsterdam

In Amsterdam hatte ich einen Schutzengel. Fünf Monate habe ich im Herzen der Stadt am Kloveniersburgwal in der Nähe vom Nieuwmarkt gelebt, geschrieben und das eine oder andere niederländische oder auch belgische Bier getrunken. Und obwohl mir alle gesagt haben, ich müsse mir ein Fahrrad anschaffen, bin ich nur zu Fuß unterwegs gewesen. Sicherheitshalber, denn schon an meinem ersten Tag wurde ich beinah von einem der schnellen Fahrradfahrer umgefahren.

Wenn ich eine Pause vom Schreiben brauchte, ging ich in das benachbarte Café de Engelbewaarder, ins Café der Schutzengel. Ohne Computer, nur mit einem Notizblock, einem Stift und einem Buch von Joseph Roth, den ich in der Zeit besonders viel las. An dem langen Bartresen holte ich mir ein kleines Glas Bier, setzte mich an einen Tisch am

Fenster oder nach ganz hinten in eine Ecke, fast schon im Dunkeln, und las im Kerzenlicht ein paar Seiten. Oder ich schaute mich einfach nur um.

Das Café de Engelbewaarder ist ein sogenanntes *bruin café*, ein braunes Café, von denen es in Amsterdam zum Glück noch einige gibt. Der Name geht zurück auf die goldbraunen holzgetäfelten Wände, die alten Tische und Stühle und womöglich auch auf das dunkle Licht und die spärlich beleuchteten Augen und Gesichter der Menschen, die hierherkommen. Manche trinken am Tresen ein Bier und gehen dann wieder, manche verweilen ein paar Jahre, manche bleiben ein ganzes Leben und warten auf die Erlösung. Einige bleiben uns vielleicht in Erinnerung. Wer weiß das alles schon.

Auch das Bier, das im Café de Engelbewaarder ausgeschenkt wird, ist oft dunkelgelb, braun oder schwarz. Oder rotbraun, wie das Palm, das klassische belgische Amberbier. Palm habe ich im Café de Engelbewaarder am liebsten getrunken, obwohl man auch andere Biere verkosten kann. Die Auswahl ist groß. Gleich sechzehn Fassbiere werden angeboten, darunter Biere aus der Amsterdamer Craftbier-Szene, ein deutsches Pils und das schwere La Trappe Blonde, ein Trappistenbier aus einer Klosterbrauerei. Dazu kommen noch verschiedene Bierspezialitäten in Flaschen.

Doch wie gesagt, ich habe immer ein kleines Palm getrunken. Immer nur ein Glas, höchstens zwei. Die Bernsteinfarbe passte wunderbar zum Interieur und den vergilbten Seiten meiner antiquarischen Ausgabe von *Radetzkymarsch,* dem Roman von Joseph Roth. Ich las in diesem Buch, immer wenn ich nicht weiterwusste mit meinem eigenen Buch, an dem ich damals schrieb.

Irgendwann kam eine kleine Gestalt aus dem Nebel mit einem Bier in der Hand auf meinen Tisch zu, roch an den

Tulpen in der Vase, schaute in mein Notizheft und flüsterte mir etwas zu. Zwei, drei Sätze, um mein Buch zu retten. Und dann ging er wieder. Mein Schutzengel. Fast unsichtbar, und doch habe ich die Gestalt genau erkannt.

Wie mir später erzählt wurde, bezieht sich der Name des Cafés auf den Roman *Erinnerungen an einen Schutzengel* von Willem Frederik Hermans. Ich wusste damals noch nicht, dass dieses Café, eröffnet 1971, immer schon ein wichtiger Treffpunkt der Amsterdamer Literaturszene war. Später kamen auch Jazzmusiker. Dass ich in einem Lokal, das nach einem Schutzengel benannt wurde, meinen Schutzengel traf, kann kein Zufall sein. Ich glaube fest, dass so etwas hier oft passiert.

Mein Schutzengel hieß und heißt Joseph Roth. Roth wurde am 2. September 1894 im galizischen Brody geboren. Heute liegt die Stadt in der Westukraine, doch damals gehörte Galizien zu Österreich-Ungarn. Brody war die Endstation der Schnellzüge aus Wien und der Grenzbahnhof zu Russland. Roth studierte und lebte in Lemberg, Wien oder Berlin und schrieb nicht nur Romane, sondern als bekannter Journalist auch viele Reisereportagen. Zudem war er ein heiliger Trinker, der oft in Lokalen geschrieben hat, ähnlich wie der tschechische Schriftsteller Jaroslav Hašek.

»Das bin ich wirklich; böse, besoffen, aber gescheit«, schrieb er 1938 unter eine Zeichnung, ein Selbstporträt, das ihn in einer Bar trinkend und rauchend zeigt. Ja, Humor hatte er. Mit einer Mischung aus Ironie, Melancholie und Nostalgie blickte er auf die untergegangene Habsburger Monarchie. Vielleicht hat er sich sogar gewünscht, sie wäre nie auseinandergefallen. Nach 1933 musste er als Jude Deutschland für immer verlassen. Er zog dann nach Paris, und 1936 verbrachte er mehrere Monate in Amsterdam.

Dank Joseph Roth habe ich im Café de Engelbewaarder weite Teile meines Romans *Winterbergs letzte Reise* geschrieben, was nicht nur ein Eisenbahnroman geworden ist, sondern auch ein Bierroman. Der alte Winterberg nimmt auf seine letzte Reise durch Mitteleuropa, um das es in dem Buch viel geht, nicht nur den Baedeker von 1913 für Österreich-Ungarn mit, sondern auch seinen Pfleger Jan Kraus. Kraus ist sein Sterbebegleiter, und als Sterbebegleiter muss er viel Bier trinken, denn dieser Job kostet ihn sehr viel Kraft. So habe ich es mir zumindest vorgestellt.

In den Amsterdamer *bruin cafés* leben nicht nur Menschen, sondern auch Katzen. Sie laufen über den Tresen, schlafen auf den Stühlen, schauen aus dem Fenster auf die Straße und das dunkle, bedrohlich wirkende Wasser der Grachten im Mondschein. Und manchmal, zu später Stunde, lecken sie die leeren Biergläser ab. Man fragt sich, ob die Katzen nicht die alten Stammgäste sind, die sich irgendwann in Katzen verwandelt haben, um für immer in ihrem *bruin café* zu bleiben. Denn wenn man in die Augen der Katzen schaut, sieht man, dass sie gelbbraun sind, wie die Wände der Lokale und die Gesichter und Augen der Menschen, die hier zusammenkommen.

Vielleicht gibt es für die Amsterdamer Katzen bald auch ein Katzenbier, damit sie nicht die Hunde beneiden müssen. Denn ein Bier für Hunde gibt es schon lange, natürlich ein alkoholfreies. Eine tschechische Brauerei braut es aus Malz, Wasser und Fleischbrühe. Statt Hopfen werden Kräuter wie Benediktenkraut verkocht.

Es soll gar nicht so schlecht schmecken. Ich habe es zwar nicht probiert, aber ein Freund von mir schon. Sein Hund heißt Hiob, benannt nach einem anderen bekannten Roman von Joseph Roth. Der Freund ist nicht nur ein Biermensch, der alle Biere dieser Welt verkosten möchte, sondern auch ein Literaturmensch und großer Joseph-Roth-Verehrer, ja ein wahrer Joseph-Roth-Mensch. So hat er viele Orte besucht, an denen Roth einst war. Berlin. Paris. Ostende. Und Amsterdam. Und überall auch Bier getrunken.

Zusammen mit meinem Freund war ich im Lokal De Pilsener Club, zu dem viele einfach nur Engelse Reet sagen – und das schon seit der Eröffnung im Jahr 1893. Man weiß nicht so recht, ob nur die vergilbten Tapeten so verschlissen sind oder gar die ganzen Wände, das Haus oder die Stadt, wenn man sich in diesem Lokal umschaut. Doch vielleicht ist die ganze Welt längst zerrissen, und die Gäste, die in dieses Lokal kommen und hier langsam, aber zielsicher ein Bier nach dem anderen trinken, sind es auch. Und doch wollen sie nicht aufgeben. Sie reden miteinander. Das Bier funktioniert als Kitt, der alles zusammenhält. Die Menschen, das Lokal, die Stadt Amsterdam, unsere ganze Welt.

Joseph Roth trauerte in seinen Texten der untergegangenen Welt der konservativen, allerdings mehrsprachigen und mehr oder weniger toleranten Habsburger Monarchie nach – ohne diese zu verklären oder zu idealisieren. Nach ihrem Untergang zerfiel das Land in viele kleine Nationalstaaten. In ganz Europa verstärkte sich nach 1918 der Nationalismus. Und auch der Antisemitismus. Nicht nur in Deutschland, sondern auch in Österreich und anderswo.

Über diese ganzen Risse der Welt kann man sehr gut beim Bier im Engelse Reet nachdenken. Das Lokal hat eine magische Anziehungskraft, wie ein Sog in die weite Geschichte Hollands und Europas. Die Kneipe und die Besucher erinnern an jene Szenen und Figuren, die sich auch in der barocken Malerei finden lassen. Man betritt das Lokal und steigt zugleich in ein Gemälde von Rembrandt. In seinem Werk finden sich immer wieder Wirtshausszenen der Vergänglichkeit, so wie im Werk von Joseph Roth.

Der Gastraum ist klein, so wie alle Wohnräume in Amsterdam klein sind. Man lebt, sitzt und trinkt sehr eng beisammen. Winzig ist auch die Toilette, sehr poetisch Urinoir genannt. Der Ausschank versteckt sich hinter einer Wand im Gang zur Küche. Auf dem Boden liegt Sand, um das Holz der alten Dielen zu schützen.

Immer, wenn ich in Amsterdam bin, gehe ich ins Café de Engelbewaarder und dann auch in den De Pilsener Club, ins Engelse Reet. Und auf dem Weg dahin bange ich, ob sich nicht etwas verändert hat. Ob es die Lokale überhaupt noch gibt. Ob ich im Schutzengel noch La Trappe und ein Glas Palm und im De Pilsener Club ein Glas Brand bestellen kann, das wie das Gulpener vielleicht mein Lieblingspils aus den Niederlanden ist. Ob ich im Café de Engelbewaarder zum Bier noch ein wunderbares Steak bekomme und im De Pilsener Club gekochte Eier bestellen kann oder Käsewürfel und vor allem die *ossewurst*, Ochsenwurst, die man in Amsterdam traditionell zum Bier isst. Rindergehacktes wird mit Zwiebeln und viel Pfeffer serviert und schmeckt zum Bier einfach köstlich. Ich bin dann immer so froh, dass es diese Orte noch gibt, dass ich an den Tagen, wenn ich in Amsterdam bin, mich nur zwischen diesen Lokalen bewege. Ein Bier dort, ein Bier da. Ein Bier da, ein Bier dort.

Selbstverständlich gibt es noch viele andere wunderbare Bierorte in Amsterdam, wie zum Beispiel das Café Scheltema, wo Joseph Roth ebenfalls oft war, ein Treffpunkt Amsterdamer Journalisten.

An jeder Ecke in der Stadt bekommt man natürlich Heineken, eine der bekanntesten Marken der Welt. Oder Amstel, das wie so manche andere Brauerei in Europa und der

Welt von Heineken gekauft wurde. Solche Imperien brauen verschiedene Biermarken an einem Ort, in einer riesigen Bierfabrik. An einem Tag wird die eine Marke, an einem anderen Tag die andere gebraut.

Als Alternative zu Heineken sollte man unbedingt die Biere der Brouwerij 't IJ in Amsterdam verkosten. Gegründet wurde sie 1985 von dem Musiker Kasper Peterson von der Band Door Mekaar. Benannt wurde die Brauerei nach der Amsterdamer Wasserstraße IJ. Ihr Zuhause fand die Brauerei in einer ehemaligen städtischen Badeanstalt – man musste sich deshalb wohl keine Sorgen um genügend Brauwasser machen. Gleich neben dem Lokal mit dem alten Brauhaus befindet sich De Gooyer, die größte Holzwindmühle in den Niederlanden. Im Schatten der Windmühle kann man sein Bierchen auch draußen genießen. Was man auf jeden Fall tun sollte.

Unter den Windmühlenflügeln habe ich schon einige schöne Sommerabende verbracht, und ich glaube, dieser Ort hätte auch Joseph Roth gefallen. Viele Menschen, viele Geschichten, sehr gutes Bier mit belgischem Geschmack. Der Musiker Peterson verliebte sich auf seinen Touren durch Belgien in die Biere und brachte sie nach Amsterdam.

Ein wunderschöner Ort ist auch das moderne Filmmuseum The Eye, wo wir eins der ersten Konzerte der Kafka Band spielten, mit dem Programm *Das Schloss* nach dem Romanfragment von Franz Kafka, und dann lange mit dem Bierglas in der Hand auf den Fluss IJ und die vorbeiziehenden Schiffe schauten. Und auf das Eisenbahnschloss von Amsterdam – den Hauptbahnhof. Alle Eisenbahnmenschen versammeln sich hier nach ihrer Ankunft oder Abfahrt in einem sehr eleganten Bahnhofslokal, das in einem ehemaligen Wartesaal der ersten Klasse untergebracht ist.

Neulich lud mich mein Freund Filip, der in Amsterdam lebt, in sein Viertel ein. Zusammen haben wir die Biere der Brauerei Gebrouwen door Vrouwen – Von Frauen gebraut – verkostet. Tessel und Do, zwei Schwestern, sind dem Bierbrauen in der Hausküche verfallen. Bei Freunden und in der Familie kam ihre Hausbraukunst so gut an, dass sie eine eigene Brauerei gründeten, in der heute nur Frauen arbeiten. Es wird viel mit Hopfen und verschiedenen Blüten experimentiert. Die Biere duften nach einem Spaziergang durch einen blühenden Garten im Frühling. Und schmecken auch so, wie zum Beispiel das angenehm süße Bloesem Blond, gebraut mit Holunderblüten. Und manchmal schmecken die Biere auch nach weitem Meer, so wie das Bier, in das ich mich gleich verliebt habe: Zonnig Zeewit. Ein leichtes und sehr ungewöhnliches Weizenbier, aus dem man tatsächlich die salzige Nordsee herausschmeckt. Kein Wunder, denn es wird mit Algen zubereitet.

Beim letzten Schluck in dem Brauereilokal der Gebrouwen door Vrouwen, das kein *bruin café* ist, sondern eine moderne Bar für das urbane Publikum, musste ich wieder an Joseph Roth denken. An seine Tage an der Nordsee im belgischen Kurort Ostende in Belgien. Und an seine letzten Tage in Paris, wo dieser heilige Trinker und großartige Schriftsteller am 27. Mai 1939 in einem Spital verstarb. Verloren, verwirrt und vereinsamt. Viel zu früh.

Kurz zuvor erschien *Die Legende vom heiligen Trinker.* Eine Geschichte über einen ehemaligen Bergmann namens Andreas, der es nicht schafft, das ihm geliehene Geld zurückzuzahlen, obwohl er es versucht. Denn eigentlich ist Andreas ein ehrlicher Mann, auch wenn er wegen Totschlags zwei Jahre im Gefängnis saß. Doch die Alkoholsucht ist stärker. »Gebe Gott uns allen, uns Trinkern, einen so leichten und so schönen Tod!«, schreibt Roth zum Schluss dieser Erzählung, die man als seinen eigenen Abschiedsbrief lesen kann.

Wenn ich heute durch Amsterdam spaziere, kann ich mir nicht vorstellen, dass Joseph Roth in Amsterdam ein Fahrrad besaß. Ich sehe einen kleinen, untersetzten und gesundheitlich angeschlagenen Mann, wie er eher langsam als schnell und eher schwer als leicht durch die Gassen der Stadt spaziert. Ich sehe Roth, wie ihn ein braunes Café aufnimmt und ein anderes wieder ausspuckt, nachdem er dort mehrere Seiten geschrieben und mehrere Gläser Bier, Wein und Schnaps getrunken hat. Und danach manchmal die Zeche nicht bezahlen konnte. Ich sehe den betrunkenen Roth einsam am Abend in die dunklen Wässer der Amsterdamer Grachten schauen und im Mondlicht wie auf einem Bild von Rembrandt über das dunkle Europa von damals und heute nachdenken.

Vielleicht ist Joseph Roth gar nicht tot. Immer, wenn ich in Amsterdam bin, treffe ich ihn im Café de Engelbewaarder als meinen Schutzengel. Er kommt zu meinem Tisch, riecht an den roten Tulpen in der Vase, flüstert mir ein paar Sätze zu und trinkt ein Glas Palm mit mir.

Ein Bier in Brüssel und in Antwerpen

Ein Puppentheater. Da denkt man zuerst nicht unbedingt an Bier. Und doch ist die Bar des Königlichen Puppentheaters Toone eines der schönsten Lokale, um in Brüssel ein Bier zu trinken.

Filip Nerad, ein guter Freund von mir aus Prag, hat mich hergeführt. Filip liebt diesen ungewöhnlichen Bierort, so wie er auch Belgien liebt. Mehrere Jahre hat er im Land gelebt und als Journalist in Brüssel gearbeitet. Seine große Leidenschaft gilt dem belgischen Bier, über das er sogar ein Buch geschrieben hat. Eine wahre Liebeserklärung. Kein Wunder, dass er für seine Verdienste um das belgische Bier in den belgischen Orden der Bierritter aufgenommen wurde. Filip braut sein eigenes Bier unter dem Namen Nerd. Ein wenig nerdig hinsichtlich der Rezeptur, zugleich ein sehr schmackhaftes Bier.

Gleich nach dem Frühstück haben wir die Brauerei Cantillon besucht, in der Nähe vom Südbahnhof. Filip begrüßt man hier wie einen alten Bekannten, ja wie einen Stammgast, mit dem man allerdings viel Mitgefühl hat. So auch mit mir. »Prag, Pilsen, Budweis … Alles so schöne Orte, aber was das Bier angeht – so langweilig! Bei euch in Tschechien gibt es ja nur ein einziges Bier, das Lager. Das tut mir so leid für euch, Jungs. Belgien ist klein, und trotzdem gibt es in jeder Region ein eigenes Bier. Fast in jeder Stadt. Daran hat sich bis heute nichts geändert«, sagt uns der Mann, der uns in der Bar mit dem feinen Lambic versorgt, einem Bier, das fast wie ein Wein schmeckt.

Genau diese Vielfalt ist es, die Filip an Belgien fasziniert: »Das Bier und die Liebe zum Bier halten das Land zusammen, so wie der belgische König und die Fußball-Nationalmannschaft, sonst wäre Belgien schon längst in Flandern, Wallonien und Brüssel zerfallen.«

Das Lambic wird seit 1900 im Cantillon gebraut. Es ist ein besonderes Sauerbier, eine Biersorte, die typisch für Brüssel und seine Umgebung ist. Lambic entsteht auf eine fast märchenhafte Weise aus der spontanen Gärung. Überall in der Brauerei fliegen die unsichtbaren Bakterien und Hefeteilchen durch die Luft, ganz besonders wohl fühlen sie sich unter dem Holzdach, wo sich ein Kühlschiff befindet. Die heiße Würze wird von unten dort hinaufgepumpt, wo sie über Nacht abkühlt. Dabei überlässt man alles den Zauberkünsten der Natur. Die wilde Hefe wird vom Malzzucker angezogen und macht sich gleich ans Werk. Jede Nacht in Brüssel ist eine andere Nacht, und so werden hier auch immer wieder andere Biere geboren, trotz der gleichen Zutaten. Und es wird noch spannender: Das Bier reift mindestens ein Jahr lang in Fässern aus Eichenholz. Erst dann wird es verkostet und manchmal mit älteren Jahrgängen vermengt. So entsteht eine spritzige Bierspezialität, die sich Gueuze nennt. Dies ist wahre Braukunst.

Wenn man die Biere verkostet, schmeckt man fast keine Restsüße mehr und überhaupt keine Hopfennote. Man braut zwar mit dem Saazer Hopfen aus Böhmen, doch man lässt diesen Hopfen, dessen feines Aroma so wichtig ist für alle böhmischen Lagerbiere, komplett austrocknen. Ein Lambic kann auch süß und nach frischen Früchten schmecken, wie das Kriek, bei dem man Sauerkirschen mit dem Bier fermentieren lässt.

Brüssel ist der Sehnsuchtsort für Filip, so wie Triest mein Sehnsuchtsort ist. Man kann an beiden Orten gut Bier trinken. Und doch hat Filip recht: Brüssel ist ein wahres Bierparadies. Und sowieso ganz Belgien. Das merkt man sofort, wenn man sich die Bierauswahl in den Lokalen anschaut oder etwa in der Bierhalle À La Mort Subite, wo ich vor einigen Jahren eine sehr intensive Biererfahrung gemacht habe. Als Böhme ist man große Gläser gewöhnt, aus denen man das eher leichte Bier in großen Zügen trinkt. Das sollte man in Belgien, wo die Biere oft sehr schwer sind, unbedingt vermeiden, sonst fühlt man sich schnell »derangiert«, wie mein Freund Winterberg sagen würde. Ich zum Beispiel war nach drei Westmalle Dubbel und einem Duvel sehr schnell derangiert. Irgendwie passend in einem Lokal mit dem Namen À La Mort Subite, Der plötzliche Tod, obwohl es sich dabei eigentlich um eine Anspielung auf ein Kartenspiel handelt. Der, der das Spiel verliert, ist plötzlich tot.

»Langsam, du musst das Bier ganz langsam trinken. Und jeden Schluck genießen. Mit einem Westmalle kann man eine ganze Stunde verbringen«, erzählte mir Filip, als wir gemeinsam in der Bierhalle waren und zum Bier Käse und Wurst bestellten, wie es dort viele machen.

Belgien ist nicht nur ein wunderbares Bierland, sondern auch ein Eisenbahnland. So kommt man mit dem Zug schnell nach Brügge, wo es nicht nur einige alte Bierlokale und sogar eine drei Kilometer lange Bierpipeline gibt, die die Hausbrauerei De Halve Maan, Der Halbe Mond, mit einer Abfüllanlage im Industriegebiet verbindet. Das Brauhaus, gegründet 1856, ist für das obergärige Brugse Zot bekannt, das man in Brügge als Stadtbier trinkt. Nach einem Glas muss man an das tragikomische Filmdrama *Brügge sehen … und sterben?* von Martin McDonagh denken, in dem dieses Bier getrunken wird. Nach mehreren Gläsern wird der Kopf doch ein wenig schwer. Man landet in Gedanken unausweichlich bei dem Gemälde *Das Jüngste Gericht* von Hieronymus Bosch, das in Brügge im Groeningemuseum zu sehen ist und in dem Film thematisiert wird.

Auch in den Badeort Ostende an der Nordseeküste ist es von Brüssel nicht weit. Dort haben sich Joseph Roth, Egon Erwin Kisch und Stefan Zweig getroffen, worüber Volker Weidermann ein schönes Buch geschrieben hat: *Ostende. 1936, Sommer der Freundschaft.* Im Art-déco-Café du Parc liegt immer noch etwas von dieser historischen Atmosphäre in der Luft.

Und dann sollte man unbedingt mit dem Zug noch über Mechelen nach Antwerpen reisen, wohin auch Filip und ich gefahren sind. Im monumentalen Bahnhof Antwerpen Centraal versteckt sich ein großes, ruhiges Café. Dem Gast wird nicht nur eine Speisekarte, sondern auch eine lange Bierkarte, so typisch für Belgien, an den Tisch gebracht.

Antwerpen ist bekannt für das wunderbare bernsteinfarbene Amberbier Bolleke aus der Brauerei De Koninck. Im Oud Arsenaal haben wir zudem das dunkelrote, fruchtige, fein säuerliche Rodenbach sehr genossen. Und zum Stoofvlees, diesem dunklen, kräftigen flämischen Biergulasch, das wir im Bier Central am Hauptbahnhof gegessen haben, passte ein dunkles Westmalle sehr gut, ein Bier aus einer der fünf Trappistenbrauereien in Belgien, in denen Mönche das Bier brauen. Man kann auch ein Westmalle Dubbel und ein Westmalle Tripel bestellen. »Das erste wird mit einer zweifachen Ladung von Malz gebraut. Das andere ist noch stärker, da wird für den Sud dreimal so viel Malz wie sonst benutzt«, sagt Filip.

Von Antwerpen sind wir am Abend noch zurück nach Brüssel gefahren und in die Bar Toone gegangen. Mehrmals in der Woche wird hier Puppentheater für Erwachsene gespielt. *Faust* steht auf dem Programm. Und auch *Dracula*, *Cyrano de Bergerac* oder *Romeo und Julia*. Das Théâtre Royal de Toone wurde 1830 eröffnet. Noch viel älter ist das Lokal selbst, denn das Haus stammt aus dem Jahr 1696. An den Wänden und von der Decke hängen über den Gästen große Puppen und warten auf die nächste Aufführung. Unter anderem ein Ritter – vielleicht ist es jener mystische König Gambrinus aus den alten Biersagen, den viele Biermenschen verehren?

Jedes Bier in Belgien scheint anders zu sein, und zu jedem Bier gibt es ein eigenes Glas, wie man hier sehen kann.

Manchmal ist es ein Kelch, wie bei Westmalle oder Orval, das in der gleichnamigen Abtei gebraut und verkauft wird. Manchmal wird ein Bier auch in einem Holzgestell serviert, wie zum Beispiel das Kwak. Und manchmal sieht das Glas so aus, als wäre es gerade explodiert – so wie das Glas für das Lieblingsbier von Filip, das Bush aus der Brauerei Dubuisson, ein zersplitterter Kelch, zusammengesetzt aus unzähligen funkelnden Kristallen.

Das letzte Bier trinken wir im Sarg, auf Französisch Le Cercueil, irgendwo tief unter der belgischen und europäischen Hauptstadt. Die Bar wirkt wie ein kleiner Friedhof, man sitzt an Särgen, und aus den Boxen kommt Musik von Iron Maiden. Wir trinken ein Bier, das auch Sarg heißt. Und dann noch ein anderes mit dem Namen Guillotine. »Ja, in Brüssel kann man so schön versargen«, sagt Filip. Er muss es wissen, denn er ist doch ein belgischer Bierritter.

Ein Bier in London, Sheffield und Corrour

Wenn man die Bahnzeit und die Bierzeit liebt, so wie ich sie liebe, muss man nach Großbritannien fahren. Dieses Land gilt als die Wiege der Eisenbahn – und in der Zeit der Industrialisierung sind entlang der Schienen nicht nur Textilfabriken und Stahlwerke, sondern auch die ersten Großbrauereien entstanden.

Nach London muss man den Zug nehmen. Fliegen wäre ein großer Fehler. Von Berlin aus braucht man nur zweimal umsteigen. In Köln lässt sich die Wartezeit mit einem Kölsch vertreiben und in Brüssel mit einem der besonderen belgischen Trappistenbiere. Nach dem schweren Trunk schläft man im Eurostar gleich ein und erwacht nach der Ausfahrt aus dem Tunnel unter dem Ärmelkanal dann auf der Insel. In London St. Pancras, wie der Bahnhof heißt, der vielmehr eine Kathedrale ist.

Gleich am Bahnsteig nimmt die Bahnhofskneipe The Betjeman Arms die Reisenden in die Arme. Benannt wurde sie nach Sir John Betjeman, der als Autor und Dichter diesen Bahnhof, ein Prachtstück der viktorianischen Architektur, in den 1960er-Jahren vor den Abrissbaggern gerettet hat. Hier trinke ich immer mein erstes Pint, ein Lager von der Londoner Camden Town Brewery mit dem Namen Hells, das im Glas ein bayerisches Helles mit einem böhmischen Pils vermählt, was eine sehr glückliche Ehe zu sein scheint. Es ist allerdings das erste und das letzte Lagerbier, das ich in England trinke, denn anschließend tauche ich ein in das tiefe, weite und trübe Meer der sogenannten real Ales: der englischen obergärigen Ur-Biere, die man in München oder Pilsen am Tresen nicht bekommt.

Es sind die Eisenbahn und die echten Ales, diese besonderen und bodenständigen Biere, die mich einmal oder zweimal im Jahr nach Großbritannien führen. Manchmal fahre ich allein, manchmal kommt Winterberg mit. Oder der eine oder andere Freund. Manchmal ist auch Hana dabei, für die die englischen Pubs kleine Kunsthallen und Theaterbühnen sind.

»One station, one pub, one beer«, sage ich mir auf dieser Tour. Mehr als ein Ale sollte man an einem Bahnhof nicht trinken. Viel zu groß ist das Eisenbahnparadies Großbritannien. Viel zu groß ist die Welt der real Ales, die man verkosten kann. Viel zu viele schöne alte Pubs kann man unterwegs besuchen, um dort kurz in ein oftmals lautes Theaterspiel einzutauchen, zu dem manchmal live Musik gespielt wird. Denn zu England gehört auch der Pub Rock.

Neulich hat sich ein Freund, zu dem wir »Mann mit der Nebenleber« sagen, weil er so viel Bier verträgt und trotzdem die besten Leberwerte hat, dafür entschieden, eine Woche nur in London zu bleiben. Ich kann ihn gut verstehen. In der Metropole gibt es sehr viele Bahnhöfe mit vielen Lokalen und Geschichten. Allein schon die Camden Town Brewery und ihre *beer hall*, die unter dem Bahnhof Kentish Town West in den Bögen der Hochbahn liegt. Der Besuch dieser kleinen, aber sehr bekannten Brauerei ist ein Muss für alle Eisenbahnmenschen, und es gibt dort noch viel mehr zu probieren als nur das gute Hells.

Der Mann mit der Nebenleber ist von hier aus zum Bahnhof London Bridge gefahren. Auf der sogenannten Bermondsey Beer Mile liegen hier mindestens zwanzig *taprooms* verschiedener Brauereien wie Perlen auf einer Kette hintereinander. In den Brückenbögen der Eisenbahn schlägt das Herz der Londoner Craftbeer-Szene. Wenn ein Pub verloren geht, taucht am nächsten Tag vor Ort eine neue Bar auf. Meine Empfehlung wäre der Schankraum der Brauerei Moor Beer aus Bristol, die die mitteleuropäische Brautradition mit der englischen und nordamerikanischen zusammenbringt.

Alle Eisenbahnmenschen haben in London in einem Bahnhof oder in der Nähe eines Bahnhofs einen Lieblingspub. Der alte Winterberg zum Beispiel liebt The Wellington gegenüber vom Bahnhof Waterloo, in dem er sich die historischen Schlachtenbilder an den Wänden anschaut und mit einem Stout von der Schlacht bei Waterloo träumt, in der Lord Wellington, nach dem das Lokal benannt wurde, dazu beitrug, Napoleon zu besiegen. Außer Winterberg scheint dies aber niemanden im Pub zu interessieren. Fast an jedem Abend geht es hier um die Fußballschlachten der Gegenwart.

Der Mann mit der Nebenleber liebt den Pub The Hole in the Wall, in dem er sich ein Pale Ale mit dem Namen Ghost Ship bestellt. Denn wie ein Ghost, ein Geist, fühlt er sich oft auch in seinem Leben. Keine Frau versteht ihn und seine beiden Leidenschaften: Bier und Bahn. Nur wir, seine Freunde, können ihn verstehen.

Ich selbst gehe gern in The Betjeman Arms, und Hana mag The Euston Tap an der Euston Station in der ehemaligen Schalterhalle, dem einzigen Überbleibsel des alten Bahnhofs, den Sir John Betjeman nicht vor den Baggern retten konnte. Eine ganz kleine Bar, in der es aber mindestens fünfundzwanzig Biere vom Fass gibt. Mehr als Sitzplätze! Darunter auch viele echte Ales wie Hanas Lieblingsbier, das rotschwarze Old Ale der Brauerei Adnams aus der Hafenstadt Southwold, gebraut nach einer alten Rezeptur von 1890.

Nicht nur in London, sondern in ganz Großbritannien haben alle Eisenbahnmenschen ihr Lieblingslokal. Ich muss an einen Freund von mir denken, der Musikexperte ist und deshalb oft nach Liverpool und Manchester fährt. Eigentlich pendelt er zwischen den beiden Städten, so wie es die legendäre Lokomotive The Rocket tat. Dabei hofft er, im Bahnhofslokal der Liverpool Lime Street jemanden von The Beatles zu treffen oder im Victoria Tap in der Manchester Victoria Station jemanden von Oasis. Doch bis jetzt hatte er kein Glück.

Hana und ich sind einmal nach Sheffield gefahren, weil auch von hier eine großartige Band kommt, Pulp. In dem Song *Glory Days* trinken sie zwar kein Bier, sondern nur einen Kaffee, aber immerhin in einem Bahnhofslokal. Hana glaubt, dass es das Sheffield Tap sein muss, ein wunderschönes viktorianisches Lokal, das zugleich eine Brauerei ist. Hier treffen sich pensionierte Lokführer beim Bier, Tee oder Kaffee und erzählen Geschichten über das Dieselparadies Sheffield, denn auf dem Bahnhof sieht man nur laute Dieselfahrzeuge. Vom Fass gibt es Biere aus Böhmen und sogar ein deutsches Weißbier, doch wir haben auch hier real Ales getrunken – aus dem *cask*, wie man zu einem alten Fass sagt. Aus dem *cask* wird das Bier mithilfe einer Luftpumpe gezapft oder eher gepumpt. Es wird ungewöhnlich weich, fast ohne Kohlensäure und Schaum ausgeschenkt. Genau so schmeckt es am besten.

Die schwarzen Säulen der Pumpen stehen auf dem Tresen nebeneinander aufgereiht wie die Hebel in einem Stellwerk, mit denen man die Weichen und Signale stellt. Das passt gut zusammen. Die Bahnhofslokale sind eben Stellwerke besonderer Art. Hier kommen Menschen zusammen, trinken ein Bier, kommen miteinander kurz ins Gespräch und trennen sich wieder. So ist es in Manchester, in Sheffield oder auch in Stalybridge, wo ich immer hinfahre, wenn ich in England unterwegs bin. In der Station Buffet Bar, wie der Pub dort heißt, fühlt man sich wie in einem Eisenbahnmuseum. Man sieht alte Fotoaufnahmen des Bahnhofs, Signallampen, Verkehrstafeln und Schilder mit den Loknummern. Das viktorianische Lokal hat schon 1885 eröffnet und zählt zu den ältesten Bahnhofskneipen in Großbritannien.

Auch hier kommt man schnell ins Gespräch. Über die Eisenbahn, über das Bier, über das Leben. Ein älterer Mann, ein ehemaliger Weichensteller aus dem Stellwerk, erzählt, dass die real Ales nie so stark waren wie die Biere, die man nach Indien verschifft hat. Damit sie die lange Reise überstehen konnten, musste man sie mehr hopfen und stärker einbrauen. So ist schließlich das India Pale Ale entstanden, das man in der Craftbier-Szene in Kalifornien mit aromatischen

Hopfensorten versetzt und als West Coast IPA zurück nach Europa geschickt hat.

Im alten Bierstellwerk in Stalybridge, in dem auch im Sommer ein Feuer im Kaminofen lodert, trinkt man fast nur die echten Ales aus den kleinen Brauereien. So ein Ale kann hell, dunkel, mehr oder weniger trüb und auch leicht sauer, sehr bitter oder süß sein wie das Bier, das ich hier einmal getrunken habe, ein Pale Ale mit dem Namen Lazy Haze von der Tatton Brewery, mit ein wenig Honig und Tee.

In Stalybridge beginnt auch der bekannte Transpennine Real Ale Trail, der mehrere Orte verbindet, an denen man die echten Ales trinken kann. Darunter ist auch das Bahnhofslokal Kings Head in Huddersfield. Hier habe ich an einem nebeligen Abend drei benebelte Punks getroffen, die ausschließlich von Nirvana redeten und nach dem vielen Bier schließlich am Tisch einschliefen. Ich musste an einen Song denken, den ich sehr mag – *Punks in the Beerlight* von Silver Jews.

Am nächsten Tag fuhr ich von hier aus weiter nach York. Dort sollte ich einen Freund abholen, der immer nur im York Tap sitzt. Jeweils eine ganze Woche lang. Auch er war einmal ein Punk. Im York Tap trennte sich vor zehn, zwanzig oder dreißig Jahren, das weiß er nicht mehr so genau, seine damalige Freundin von ihm. »Nicht mal das Bier hat sie ausgetrunken, und weg war sie«, sagt er immer. Der Freund trauert ihr noch heute nach.

Und so fährt er nach York, wo die meisten Eisenbahnmenschen das National Railway Museum besuchen. Doch der traurige Freund von mir besucht immer nur das York Tap am Bahnsteig 3 in der Hoffnung, dass seine ehemalige Freundin vielleicht wieder auftaucht. Und dabei trinkt er ein schwarzes Bier der Trauer nach dem anderen, einen Stout namens Gravity Pull der Brauerei Wensleydale. Er sagt: »Ihre Augen waren genauso schwarz wie dieses Bier, ihre Haare ebenfalls und ihre Seele gehopft mit Apollo, wie der Hopfen in diesem Bier heißt, und jetzt ist sie irgendwo im Universum unterwegs, und ich bin hier in York einsam wie ein verlorener Astronaut.«

Wenn jemand so schwer melancholisch ist wie dieser Freund von mir, kann nur noch eins helfen. Eine Reise nach Corrour. Ein magischer Ort in den schottischen Highlands auf der Strecke von Glasgow nach Fort William.

In Europa gibt es nur drei Orte, die man nicht mit dem Auto, sondern nur zu Fuß oder mit der Eisenbahn erreichen kann. Jedlová in Nordböhmen, wo mein Onkel Fahrdienstleiter war. Alp Grüm auf der Strecke der Berninabahn von St. Moritz in der Schweiz nach Tirano in Italien. Und Corrour in Schottland – mit etwas mehr als vierhundert Metern der höchstgelegene Bahnhof in Großbritannien. Was diese Orte verbindet, ist das gute Essen und das gute Bier, das in einem sehr guten Bahnhofslokal serviert wird, wo man zudem übernachten kann.

In Corrour schläft man in einem ehemaligen Stellwerk. Wenn der letzte Zug im Moor verschwunden ist und man am Bahnsteig mit einem Glas Ale sitzt, herrscht in Corrour eine tiefe Ruhe, die auch den größten Melancholiker auskurieren kann.

Und am Morgen kann man dann mit dem Zug zurück nach Berlin fahren. Über Glasgow, London, Brüssel und Köln. Mit den Zwischenhalten in York, Sheffield, Stalybridge und Manchester Victoria. *One station, one pub, one beer.*

Ein Bier mit den Geistern von Dublin

Glasnevin Cemetery in Dublin ist der größte Friedhof Irlands, auf dem viele Helden begraben liegen. Abends treffen sich die irischen Märtyrer, Politiker und Dichter immer in The Gravediggers. Die Totengräber, wie der Pub heißt, trennt nur eine Hauswand vom Friedhof. Möglicherweise gibt es eine geheime Tür, durch die die Geister der Toten das Lokal betreten, nachdem das Friedhofstor zum Abend geschlossen wird.

So wird es einem zumindest erzählt, wenn man an einem der alten Holztische sitzt, die die Spuren unzähliger Zusammenkünfte tragen. Es ist sehr dunkel in The Gravediggers, als würde die Nacht jeden Moment einbrechen und für immer bleiben. Der Boden ist pechschwarz vom Guinness, das während der letzten fast zweihundert Jahre verschüttet worden ist.

Seit 1833 hat sich im Schankraum nichts geändert. Eigentlich heißt der Pub, der als Kavanagh's Refreshment Bar ein Jahr nach dem Friedhof eröffnet wurde, offiziell John Kavanagh, doch die Stammgäste sagen einfach nur The Gravediggers. Oder kurz The Diggers.

»What a beauty! Das hier ist das beste Guinness von ganz Dublin!«, sagt ein Mann, als er unser Bier sieht. Und fügt hinzu: »Die nächste Generation besteht nur aus Robotern, die kein Guinness mehr trinken. Alles nur Roboter!«

Eine Frau, die an der Tür mit ihren drei kleinen weißen Hunden sitzt, nickt ihm zu. So auch ein Mann mit einem Blumenstrauß. Man kennt sich. Nur das junge Paar am Kaminofen hat andere Sorgen.

Diese Stadt, in der man sich so frei und wohl fühlt, ist für alle da. Und dieser Pub auch. Für die Toten. Für die Lebenden. Für die Verlorenen und Liebenden. Genau wie es in dem Gedicht *Dublin, You Are* des zeitgenössischen irischen Dichters Stephen James Smith steht:

Dublin you are all of us,
and all who are yet to come
so let's go to the Gravediggers and have a pint

Das Guinness schmeckt wirklich hervorragend. Hana und ich sitzen an der Bar und schauen dem Barkeeper bei seiner Zapfkunst zu. In zwei Zügen wird ein Guinness gezaubert. Er nimmt ein Glas, das unten eher schmal und oben breit geöffnet ist. Zuerst füllt er das Glas zu etwa drei viertel, bis zu der kleinen goldenen Harfe, die jedes Glas der legendären irischen Biermarke schmückt. Dann unterbricht er das Zapfen, stellt das Bier auf den Tresen und lässt es für eine kleine Ewigkeit ruhen, bis sich die Tausenden kleinen Luftbläschen beruhigen und der Schaum sich langsam setzt. Nach einer Minute wird das Glas mit mehr Schaum als Bier sanft nachgefüllt. Cremig ist der Schaum und auch das Bier, das genauso schwarz ist wie die Raben, die man auf dem Friedhof in den Bäumen und auf Gräbern sieht. Und erst wenn das ganze Guinness im Glas schwarz geworden ist, sollte man es auch trinken. So wie alle Biere braucht auch ein Guinness seine Zeit.

Der Mann mit dem Blumenstrauß möchte seine Blumen an jemanden verschenken, doch niemand möchte seine Blumen haben. Der Barkeeper nicht, die Frau mit den drei Hunden nicht, das verliebte Paar in der Ecke nicht, Hana und ich auch nicht. Und nicht einmal der Mann, der in die Zukunft schauen kann. »Roboter, alles nur Roboter, die kein Guinness mehr trinken werden«, erzählt er immer wieder allen, die es noch nicht gehört haben. Und verwandelt sich langsam selbst in einen Roboter, der allerdings sehr viel Guinness vertragen kann.

Auch Leopold Bloom würde in dieses Lokal gut passen. Die weltberühmte literarische Figur aus *Ulysses* von James Joyce unternimmt am 16. Juni 1904 einen legendären Spaziergang durch Dublin, der ihn zu einer Beerdigung führt. Auf dem Glasnevin Cemetery denkt er viel über den Tod nach.

Tod, Leben, Verzweiflung, Hoffnung, Liebe. In The Gravediggers kann man auf alles auf einmal anstoßen.

»Habt ihr auch das Guinness Storehouse besucht?«, unterbricht der Mann mit dem Blumenstrauß das literarisch-philosophische Biergespräch zwischen Hana und mir.

Haben wir. Die Brauerei, gegründet 1759, ist eine Stadt in der Stadt. Das sieht man, wenn man nach der spektakulären multimedialen Führung durch das Guinness Storehouse in der Gravity Bar hoch über Dublin steht. Mit hundert, wenn nicht zweihundert anderen Menschen aus Großbritannien, Kanada, Italien oder Deutschland, die hier ihr Guinness, den wohl bekanntesten und beliebtesten Stout der Welt, genießen.

Viel gemütlicher ist es jedoch in den alten Pubs, wo es auch andere Biere gibt, obwohl wirklich überall vor allem Guinness getrunken wird. Etwa im Mulligan's in der Poolbeg Street, einer Kneipe, die auch bei Joyce vorkommt. Oder in The Long Hall, The Stag's Head und in The Palace Bar. In The Celt Bar singt die ganze Kneipe laut mit, wenn ein Gitarrist und Sänger *Dirty Old Town* anstimmt, bekannt von The Dubliners oder The Pogues.

Der Song ist schon 1949 von dem Briten Ewan MacColl geschrieben worden. Viele alte Städte haben sich darin wiedererkannt, und auch zu Dublin passt der Song ganz gut. Ein bisschen *dirty*, ein bisschen *old*, ein bisschen grau und oft verregnet und trotzdem unglaublich warm, cool, entspannt und offen ist diese Hafenstadt, in der es so viele Pubs gibt wie vermutlich nirgends auf der Welt. »Und überall wird Musik gespielt, gesungen und mitgesungen«, wie Hana sagt, der vor allem die alkoholfreie Variante des Guinness schmeckt.

Wenn wir in The Celt Bar an der Theke, über der eine riesige Eisenbahnuhr mit der Aufschrift »Railway Time« hängt, Bahnzeit, beides bestellt haben, ein Normales und ein Alkoholfreies, sagte der Barmann: »Zero and hero. Oder hero and zero? Man weiß nie, wer wer ist.«

Fast jeder Pub in Dublin ist eine Bühne. Und fast jede Bühne in Dublin ist auch ein Pub. Und nicht nur hier. Mit der Bahn sind Hana und ich entlang der Küste nach Bray gefahren. Eine Empfehlung von einem guten Freund aus Bamberg. In der alten The Harbour Bar, Hafenbar, war es so gemütlich, dass wir sofort die Geschichte glaubten, die der Freund uns erzählt hat. In der Hafenbar, gleich hinter dem Bahnhof, hat er sich so wohlgefühlt und so viel Guinness getrunken, dass er im Zug zurück nach Dublin eingeschlafen ist. So ist er erst wieder an der Endstation in Belfast, der Hauptstadt von Nordirland, aufgewacht.

In The Gravediggers wird nicht gesungen. Das ist hier verboten. Wenn nicht geredet und erzählt wird, herrscht kurz eine Ruhe wie auf dem Glasnevin Cemetery. Auch in der Lounge nebenan ist dem so, wo das Essen serviert wird. Ein Teller mit Irish Stew für Hana, zubereitet mit Guinness, und ein Teller mit Coddle für mich, ein Eintopf aus Kartoffeln, Zwiebeln, Wurst, Speck und Schweinefleisch.

Auf ein Bier gehen wir noch einmal hinüber in die Bar.

Der Roboter-Mann verschwindet gerade in die Nacht, und die Frau mit den drei Hunden auch. Wir trinken ein letztes Guinness und schauen auf die Blumen, die auf dem Tresen liegen. Der Mann im schwarzen Anzug ist weg. Wollte er die Blumen auf ein Grab legen? Oder hat er sie am Ende von seinem eigenen Grab mitgebracht? In The Gravediggers ist alles möglich.

Ein Bier in Helsinki

»Von wegen Mitteleuropäer. Ihr Tschechen seid die Finnen – die Finnen von Mitteleuropa«, sagt ein finnischer Freund von mir, der in Prag seit einem halben Jahrhundert zusammen mit einer Tschechin lebt. Wo er recht hat. Wir Tschechen lieben die Sauna. Dort reinigen wir uns. Und nach der Sauna gehen wir ins Wirtshaus. Dort machen wir uns wieder schmutzig und müssen dann wieder in die Sauna. In Prag oder auch im Böhmischen Paradies.

In Finnland allerdings trank ich mein erstes Bier nicht nach der Sauna, sondern in der Sauna. Das macht man dort so. Ich erinnere mich nur, dass es irgendwo in der Nähe von Lahti war. Ich kam in die Schwitzstube, und schon hatte ich ein Bier in der Hand. Und dann gab es noch einen Bieraufguss. Auch an die Biermarke kann ich mich nicht erinnern. Lapin Kulta? Karhu? Karjala? Oder war es doch die sehr starke und süße Hausbiersorte Sahti, die mit Wacholder zubereitet und oft sogar in der Sauna gebraut wird? Ich weiß es nicht mehr. Alle meine Erinnerungen an Finnland sind verschwommen. Alles nur einzelne Lichtblicke im Nebel. Ich weiß nicht, woran das liegt. An Finnland? An mir selbst? Am finnischen Bier?

Woran ich mich erinnern kann, ist, dass ich einmal nach Rovaniemi mit dem Zug gefahren bin und mich in den finnischen Speisewagen verliebt habe. Am Polarkreis ging ich in die Bahnhofskneipe und aß das berühmte Rentiergulasch und trank dazu ein Bier. Mit dem Nachtzug ging's dann gleich wieder zurück nach Helsinki. Ein anderes Mal bin ich über Nacht geblieben. In der Sauna habe ich einen Finnen kennengelernt, der aus dem Norden von der norwegischen Grenze kam und Urlaub im Süden am Polarkreis machte. In Helsinki war er noch nie gewesen. Zu weit weg. Er brachte zwei Flaschen Bier mit in die Sauna und fragte mich, ob die Prager und Münchner Kneipen tatsächlich so schön seien, so alt und immer voll, wie er es im Fernsehen gesehen hatte. Er wolle unbedingt einmal nach Prag und nach München zum Oktoberfest. Einmal mache er das ganz bestimmt. Und einmal werde er sicher auch nach Helsinki fahren, ganz in den Süden von Finnland. Danach hat er noch zwei Flaschen Bier in die Sauna geholt.

Wenn ich in Helsinki bin, kann ich mich immer nur an das erste Lokal erinnern, das wir besuchen. An das Vltava zum Beispiel, ein tolles Restaurant gleich am Hauptbahnhof, benannt nach der Moldau in Prag. Oder an das Zetor, benannt nach einem in Finnland beliebten Traktor aus Brünn. Danach kommt nur Nebel. *Helsinki*, wie wir Tschechen sagen. Wenn wir uns im Leben verloren fühlen und keinen Ausweg sehen, nennen wir diesen melancholischen Seelenzustand: Helsinki. Zumindest mit zwei guten Freunden mache ich das so, Michi und Micha, die zwar aus Dresden kommen, aber sämtliche tschechischen Bahnhofskneipen kennen und längst eher Böhmen als Sachsen sind. Und in Finnland sind sie auch schon verloren gegangen. So wie ich.

Das Kneipenleben in Helsinki. Im Nebel sehe ich vor mir Szenen wie aus einem Film von Aki Kaurismäki. An der Wand hängt ein Foto des verstorbenen Schauspielers Matti Pellonpää, der in vielen seiner Filme die Hauptrolle spielte. Das Bier wird an einer langen Bar sehr langsam gezapft und sehr langsam getrunken. Ich höre die finnische Bluesmusik von Juice Leskinen und beobachte die einsamen Trinker im roten Licht. Jeder hat schon mehrere leere Biergläser vor sich stehen. Alle sind still, und doch kann man hören, was diese Männer erzählen. Helsinki Blues.

Helsinki heißt auch die Bar in meinem Roman *Vom Ende des Punks in Helsinki*. Ole, der hier Bier ausschenkt, war als ostdeutscher Punk 1987 bei dem Konzert der Band Die Toten Hosen in Pilsen. Dort hat er seine erste Liebe kennengelernt, Nancy aus dem tschechischen Altvatergebirge, und gleich wieder auf tragische Weise verloren, als er mit ihr über die Grenze in den Westen wollte.

Jetzt hat er in Leipzig eine Kneipe, so wie ich auch immer eine Kneipe haben wollte, doch ich weiß, dass das gar nicht so einfach ist. Inspiriert hat mich ein realer Ort, an dem ich früher in Leipzig häufig war, das Café Cantona, an dem damals die alten tschechoslowakischen Straßenbahnen vorbeifuhren, die Tatras, die es auch in Leipzig gab und die mich mit ihrem warmen Licht an die Lichter von Prag und das Pilsner Bier erinnert haben. Und an die Lichter im Hafen von Helsinki.

Helsinki ist für Ole ein Sehnsuchtsort, wo Nancy vielleicht auf ihn wartet, um mit ihm in der Sauna ein Bier zu trinken. In der Zwischenzeit liest sie in dem finnischen Epos *Kalevala*. Einer Erzählung aus finnischen Sagen und Mythen, in der es viel um die Musik und auch um Bier geht:

Werd' ein gutes Lied nun singen,
Dass es wunderschön ertöne,
Hab' ich Roggenbrot gegessen
Und vom Gerstentrank getrunken;
Sollte man kein Bier mir bringen
Und kein Dünnbier mir hier reichen,
Singe ich mit magrem Munde,
Singe ich bei bloßem Wasser
Zu der Freude unsres Abends,
Zu des schönen Tages Zierde,
Oder zu der Lust des Morgens,
Zum Beginn des neuen Tages.

Ein Bier in Island

Wenn man die beste Brauerei in Island besuchen möchte, braucht man viel Zeit und ein Auto. Von Reykjavík sind es gute vierhundert Kilometer Richtung Norden. Man muss viele Gletscherflüsse überqueren und mehrere Bergpässe. Es ist eine Bierreise, die man nicht vergisst.

Am frühen Morgen fahren wir los, mein guter Freund Auðunn und ich. Wir kennen uns schon lange. Ein Jahr lang haben wir zusammen in Berlin Journalismus studiert und viele lange Abende beim Bier im Café Cinema verbracht. Dorthin gehen wir auch heute noch gern, denn dieses Lokal hat den Wandel in Berlin-Mitte wie durch ein Wunder überstanden. Außerdem haben wir gemeinsam Bier auf der Fähre zwischen Deutschland und Dänemark getrunken und in der Eiffel Bar, einer uralten Kneipe, die es seit 1737 in Kopenhagen gibt und die früher die Matrosen mit Bier aus dem Hafen versorgte.

Wenn mich Auðunn besucht, bringt er immer isländisches Bier mit. Zum Beispiel haben wir zusammen schon das Weihnachtsbier von Kaldi verkostet. Es hat so wunderbar und so böhmisch geschmeckt, dass ich mich sofort in Kaldi verliebt habe. Und mir war klar, dass ich irgendwann die dazugehörige Brauerei in Island besuchen muss.

Und nun sitzen wir in seinem italienischen Sportwagen, einem eleganten Alfa Romeo von 1981, Auðunn am Steuer, und er erzählt Geschichten, die aus den isländischen Sagen stammen. Wir fahren durch den Tunnel unter dem Hvalfjörður und dann auf der anderen Seite des Fjords weiter im Schatten der hohen schwarzen Berge. Es regnet. Wir fahren durch die Vulkanlandschaft und sehen achthundert Jahre alte Lavafelder, Pferde und Schafe. Wir überqueren Schluchten und steinige Gletscherflüsse. Kurz halten wir in einem einfachen Lokal und essen eine kräftige Lammsuppe. Und halten noch an einer kleinen Kirche, gebaut aus Torf, so wie früher die meisten Häuser in Island.

Am Vorabend unserer Fahrt haben wir in Reykjavík Hallgrímur Helgason getroffen, einen sehr bekannten Maler und Schriftsteller, dessen Bücher ich mag. Sein Roman *101 Reykjavík*, benannt nach der Postleitzahl für das Zentrum der isländischen Hauptstadt, ist ein Kultbuch, das sogleich verfilmt wurde. Der arbeitslose Hlynur wohnt zusammen mit seiner Mutter und ihrer neuen Partnerin und weiß nicht so richtig, wohin in seinem Leben. Ein wichtiger Ort der Geschichte ist die K-Bar, in der es nicht nur Kaffee, sondern auch Bier gibt, so wie im Café Cinema in Berlin.

»Ähnlich wie die Deutschen hatten auch wir eine Art Berliner-Mauer-Moment«, erzählte Hallgrímur bei unserem Treffen. »Bier mit mehr als 2,25 Prozent Alkohol war aus unerfindlichen Gründen in Island verboten. Wodka durften dagegen alle trinken. Doch dann kam der 1. März 1989. Das war unser Befreiungstag, denn plötzlich war es erlaubt, auch normales Bier zu kaufen. Über Nacht sind damals in Reykjavík viele Bierkneipen entstanden.«

Auch Auðunn kann sich an diesen Tag gut erinnern. Er arbeitete im staatlichen Alkohol-Monopolladen in Reykjavík und musste ein Sixpack nach dem anderen auf die Theke stellen, bis seine Finger von den Verpackungen ganz wund waren. »Es war wie eine tektonische Plattenverschiebung. Island ist plötzlich aus der Wodka- in die Bierzone gerückt«, erinnert er sich. Island steht, historisch bedingt, hauptsächlich in der dänischen Tradition. »Vor dem Prohibitionsgesetz von 1915 kannten die Isländer natürlich das Bier der dänischen Kaufleute. Das Verbot von Bier mit höherem Alkoholgehalt war ein Überbleibsel der Prohibitionsgesetze. 1922 war das Verbot von spanischem Wein und 1935 von Spirituosen aufgehoben worden. Das Bierverbot blieb aber bestehen bis 1989, bedingt durch den Einfluss der Abstinenzbewegung, die meinte, man müsse strikt zwischen Alkohol und Lebensmitteln trennen.«

Stärkeres Bier wurde während der Verbotsjahrzehnte auch in Island gebraut. »Es durfte aber nur im Duty Free, im amerikanischen Stützpunkt in Keflavík und an ausländische Botschaften in Reykjavík verkauft werden.«

Man kennt sich in Island, alle sind gleich per Du. Auðunn und ich haben ein kleines helles Bier in der Kaffibarinn getrunken, von der Hallgrímur sich für die K-Bar in seinem Roman inspirieren ließ, und ein kleines Dunkles in der Kaldi Bar, die in Reykjavík die Biere von Kaldi verkauft. Und dann noch eins im Plattenladen 12 Tónar, 12 Töne, einem Kultort, wo Konzerte stattfinden. In der Microbar ging es dann weiter mit Bieren aus der Brauerei Gæðingur, die am

Rande der Hauptstadt gebraut werden. Alles moderne Bierstile aus Übersee, denn von Island ist es nach Nordamerika nur ein Katzensprung.

Island ist ein kleines Land mit etwa vierhunderttausend Einwohnern. Dementsprechend klein ist auch die Bierwelt. Neben den zwei großen Brauereien Ölgerðin und Viking gibt es mehr als ein Dutzend Biermanufakturen. Die größte ist Bruggsmiðjan Kaldi, die Brauerei Kaldi, auf Deutsch Kalter Wind.

Wir fahren über eine steile Passstraße und sehen ein verlassenes Gasthaus. Von dem letzten Bauernhof hier, auf dem Menschen leben, bis zum nächsten Hof, auf dem wieder Menschen leben, sind es noch viele Straßenkilometer. Wir sehen schwarze steile Berge und Wasserfälle, Birken, Steine und Moos, Schnee und Gletscher. Und dann sehen wir nichts mehr. Unser Alfa Romeo fliegt durch den Nebel. Oder schon durch die Wolken. Passend zu der Musik von Sigur Rós, die wir hören.

Und dann sind wir da, in dem Fischerdorf Árskógssandur am Ufer des Eyjafjörður, dem Inselfjord. Mit sechzig Kilometern ist es der längste Fjord in Island. An seinem Ende liegt der Ort Akureyri, das Zentrum von Nordisland. Auch dort wird seit 1939 Bier in der Brauerei Viking gebraut.

Doch wir besuchen Kaldi, die älteste und bekannteste Craftbier-Brauerei Islands, gegründet 2006 von dem Ehepaar Agnes und Ólafur. Viele Jahre hat Ólafur als Fischer gearbeitet, dann hat er sich auf See schwer am Knie verletzt und musste aufhören. Er und seine Frau haben überlegt, was sie machen könnten, und irgendwann kamen sie auf die Idee, eine Brauerei, ein Bierspa und ein Restaurant zu gründen. Zuvor gingen sie auf eine Bierreise durch Europa und verliebten sich in die böhmische Bierkultur. Aus Tschechien brachten sie nicht nur die Ausstattung, sondern auch alle Brauzutaten zurück nach Island: Saazer Hopfen, Malz und Hefe. Und auch den Braumeister David Máša, der in der bekannten Brauerei in Krušovice aufgewachsen ist, heute in Böhmen seine eigene kleine Brauerei hat und vorher in der Kaldi-Brauerei die ersten Biere kreierte. Das helle und dunkle Lager sowie ein Festbier, das ganz Island in der Weihnachtszeit trinkt. »Vor Weihnachten fährt von hier ein Lkw nach dem anderen Richtung Süden«, erzählt der Braumeister Þorsteinn Ingi Ragnarsson. Er wuchs am Polarkreis auf, auf der kleinen Insel Grímsey, und pflegt hier im Norden die böhmische Biertradition.

»Für ein gutes Bier braucht man gute Zutaten und gutes Handwerk. Wir verbinden die tschechischen Zutaten mit dem sehr guten isländischen Wasser aus einem Brunnen unter dem Berg dahinten«, erzählt Þorsteinn und zeigt auf einen der verschneiten Hügel.

Auðunn und ich dürfen das Lager direkt aus dem Tank verkosten, in dem es mehrere Wochen reift. Ein rundes, goldgelbes Bier mit einem schönen Malzkörper, fein gehopft. Es ist der Höhepunkt unserer Reise in den Norden, denn das *bjór* schmeckt in der Brauerei am besten, auch in Island.

An der Zapfanlage bildet sich inzwischen eine Schlange. Eine Touristengruppe aus Deutschland ist angekommen. Manche nehmen vermutlich noch ein Bierbad im Spa, in dem man sich Bier in einer Badewanne zapfen und aus dem Fenster den Fjord sehen kann.

Wir stehen am Meer, Auðunn und ich, und schauen auf das ruhige Wasser, das wie ein *hladinka* aussieht, wie ein perfekt gezapftes Bier in Pilsen, Budweis oder Prag. Wir schauen auf die Fischerboote, die verschneiten Berge und auf die kleine Insel Hrísey, wohin sich der Schriftsteller Hallgrímur Helgason in sein Sommerhaus für mehrere Monate zurückzieht, wenn er schreiben muss. Sein Lieblingsbier? Selbstverständlich das Kaldi.

Wir schauen auf das Meer, und Auðunn erzählt von dem harten Leben im Norden. Von Windstürmen, Schnee und Treibeis, von Vulkanausbrüchen und Dunkelheit in den langen Wintermonaten. Und von den Walfischen, die man am Eyjafjörður beobachten kann – mit einem frischen Kaldi in der Hand, dieser böhmisch-isländischen Hopfenperle –, wie sie aus der Tiefe auftauchen, Luft holen und wieder im Ozean verschwinden. Das kann man nur hier erleben.

Bier in der Schweiz

Ein Bier in Zürich

Meine erste Stange habe ich an einem Apriltag 1994 in Zürich getrunken. Ich erinnere mich noch sehr genau, einen so historischen Tag vergisst man einfach nicht. Für mich und auch für Martina, eine gute Freundin von mir aus dem Böhmischen Paradies, ging es um eine große Premiere – um das erste kleine Bier in unserem Leben. Wobei wir gleich eine doppelte Premiere gefeiert haben. An dem Abend waren wir zum ersten Mal im Zürcher Schauspielhaus, wo wir uns *Der Besuch der alten Dame* von Friedrich Dürrenmatt anschauten. Ein Theaterabend, der mein Leben verändert hat. Doch es war auch ein sehr trauriger Apriltag. Auf MTV erfuhren wir, dass sich Kurt Cobain von der Band Nirvana das Leben genommen hatte, ein Held unserer Generation.

So haben wir in einer Bar im Zürcher Niederdorf auf Kurt Cobain angestoßen, Martina und ich. Mit Freunden, mit denen wir in Turnov in der gleichen Klasse im Gymnasium gewesen waren, hatten wir einige Nächte mit Nirvana und Bier durchtanzt. Später landeten wir an der Uni in Liberec, wo wir Germanistik und Geschichte studierten, obwohl wir noch nicht wussten, wohin im Leben. Martina und ich hatten Glück. Wir wurden für ein Stipendium in Zürich ausgewählt. Schon das war eine Premiere für uns: unser erster längerer Aufenthalt im Ausland. Der erste und zum Glück nicht der letzte.

Von Zürich aus lernten wir die ganze Schweiz kennen. Die Politik, die Geschichte, die Kultur. Und selbstverständlich auch die Eisenbahn und das Bier. Seitdem fühlen wir uns beide mit diesem Land eng verbunden und kommen immer wieder zurück.

Damals waren wir neu in Zürich, und eine Stange Bier war für uns etwas völlig Neues. Aus dem Böhmischen Paradies kannten wir keine kleinen Biere. Bei uns haben alle, egal ob Männer oder Frauen, Jung oder Alt, nur große Biere getrunken. Oder eben nichts. Wenn ich im Alcron in Turnov bei unserem Bierengel ein kleines Bierchen bestellt hätte, hätte mich dieser Engel, der Wirt Luboš, besorgt angeschaut und gefragt: »Junge, geht's dir nicht gut? Bist du etwa krank, Theaterfreundchen? Oder schwanger, du Leseratte? Oder bist du einfach nur irre und willst mich ein wenig nerven, du Punk?« Ähnlich besorgt schaute er die Gäste an, die ein alkoholfreies Bier bestellten, was damals nur selten vorkam.

Seitdem haben sich die Zeiten geändert. Alkoholfreies Bier ist viel besser geworden und wird oft bestellt. Nicht nur in Prag, auch im Böhmischen Paradies gibt es inzwischen fast überall Alkoholfreies vom Fass. Kleine Biere kann man mittlerweile auch verlangen, aber eigentlich macht man das nicht. Auch heute möchte man nicht auffallen und schief angeschaut werden. So ist es auch in Franken oder in München, wo mich neulich eine gutherzige alte Wirtin im Schlachthofviertel tatsächlich für einen Irren gehalten hat, als ich ein Kinderbier, wie sie es nannte, bestellen wollte. Als ich ihr sagte, dass ich ihr Bier nur probieren wolle, weil ich schon vorher mehrere Biere getrunken hätte und langsam an die sogenannte Bierprobiergrenze gekommen sei, machte ich alles nur noch schlimmer. Sie empfand meine Erklärung als pure Beleidigung. Ein Stammgast wollte sogar die Polizei rufen, da ich offenbar behauptet hatte, dass ihr Bier nicht gut sei. So musste ich ein Großes trinken. Naturgemäß war das Bier sehr gut.

In der Schweiz ist niemand beleidigt, wenn man ein kleines bestellt. In der Schweiz schaut einen niemand besorgt an und fragt, ob man krank, schwanger oder irre sei. Man bestellt eine Stange, und schon landet das Bier im schlanken Glas auf dem Tisch. Gut sieht es aus. Unbeschwert, leicht und modern. Rein optisch stellt sich ein Biermensch aus Mitteleuropa ein solches Glas in Paris vor, wo man von allem begeistert, aber vom Bier immer ein wenig enttäuscht ist. In Zürich passiert einem das nicht. Hier ist das Bier schmackhaft, gut gepflegt und gut gezapft.

Eigentlich haben sich die Schweizer das mit den Stangen sehr gut ausgedacht. Im kleinen Glas bleibt das Bier immer frisch. Was die Sorte angeht, wird meist ein Helles serviert, so wie man es aus Bayern kennt. Ja, manchmal muss man im Glas nach Malz und vor allem nach Hopfen ein wenig suchen. Doch das ist keine Kritik! Damit möchte ich nicht sagen, dass mir das Bier in der Schweiz nicht schmeckt, dass es fad oder langweilig wäre. So ist es nicht. Ganz im Gegenteil. Ich liebe diese feine Detektivarbeit. Diese Suche nach der Braukunst, nach den Zutaten im Brauwasser, nach Malz und Hopfen, der in die Schweiz vor allem aus Süddeutschland importiert wird.

Und weil das Glas schnell leer ist und man weiter Durst hat, muss man beim Barpersonal gleich eine neue Stange bestellen. So machen die Gaststuben ihren Umsatz. Klug sind die Schweizer. Selbstverständlich kann man statt der 0,33 Liter in der Stange auch gleich ein großes Glas bestellen. Oder auch ein noch kleineres Glas. 0,2 Liter mit dem schönen Namen Herrgöttli. Sogar ein noch kleineres Bier wird ausgeschenkt. 0,1 Liter mit dem noch schöneren Namen Engeli. Doch alle Schweizer, die ich kenne, bestellen eine Stange. Man sitzt in Zürich in einer schönen Bar, trinkt Stange für Stange, und ähnlich wie in Köln mit einem Kölsch oder in Düsseldorf mit einem Alt weiß man bald nicht mehr, wie viele Biere es eigentlich schon waren. So kann der Mensch in der Zeit, im Bier und in der Schweiz verloren gehen. Doch irgendwie findet sich immer ein Ausweg. Nicht ohne Grund ist die Schweiz eines der sichersten Länder auf der Erde.

Wenn ich heute nach Zürich komme, trinke ich meine erste Stange immer in der Brasserie Federal gleich in der Empfangshalle des Hauptbahnhofs. Ein großes, sehr klassisches Bahnhofslokal, das man unbedingt besuchen sollte, denn davon gibt es in Europa nicht mehr viele. Der Blick auf die Karte eröffnet dem Reisenden die Welt der Schweizer Biere, die überhaupt nicht klein und langweilig ist, wie manche vielleicht denken mögen. Von den großen Brauhäusern bis hin zu den kleinen handwerklichen Brauereien und ihren Bierspezialitäten – vieles kann man hier bei Ankunft oder noch schnell vor Abfahrt verkosten.

Ich wähle immer nur ein Bier, fast immer ein anderes, denn auch ich muss noch weiterfahren. In Zürich bin ich oft auf Durchreise. Von Berlin nach Milano oder Rom. Von Milano oder Rom nach Prag oder Wien. Meinen Koffer lasse ich kurz im Schließfach und gehe zu Fuß am Flussufer der Limmat entlang bis zum Bellevue. Von dort hat man nicht nur einen prächtigen Ausblick auf den Zürichsee und die Alpen, hier befindet sich zudem eine wahre Zürcher Institution: der Sternengrill.

Seit vielen Jahren bin ich Stammgast, und ich bin nicht der einzige. Am Sternengrill kann ich hören, wie sich die Zürcher über ihr Leben unterhalten, was sie beim schnellen Wurstessen schnell besprechen, weil sie gleich schon woanders sein müssen. Am liebsten sitze ich draußen, denn dann sieht man und hört man auch die eine oder andere Straßenbahn, die man hier Tram nennt. Ähnlich wie Prag oder Lissabon ist Zürich ein Tramparadies.

Nach wie vor schmeckt die St. Galler Bratwurst im Sternengrill einfach genial und bleibt zugleich genial einfach. Traditionell wird die Wurst aus Kalbfleisch, Schweinefleisch, Speck und auch Milch zubereitet, damit sie schön weiß bleibt, wie der Schaum des Bieres, das an der Bar ausgeschenkt wird und ein passender Begleiter zur Wurst ist. Nach wie vor ist das Gold-Bürli, wie man hier zu einem Brötchen sagt, schön knusprig. Nach wie vor ist der gelbe Senf so scharf wie beim ersten Mal, als ich hier war.

Die dritte Stange trinke ich im Karl der Große. Danach muss noch eine im Cabaret Voltaire folgen, in der Geburtsklinik des Dadaismus von 1916, denn als ich siebzehn war, habe ich ein paar dadaistische Liebesgedichte für Hana, Jana und auch Martina geschrieben. Nur ohne Erfolg. Liebe und Dada, das passt vermutlich nicht zusammen. Doch Bier und Dada, das schon, wie man im Cabaret Voltaire sieht. Unfassbar, dass es diesen kleinen Ort immer noch gibt. Leicht beschwipst nehme ich eine blau-weiße Tram und fahre zu Sphères, meiner Lieblingsbuchhandlung in Zürich.

Ich kenne sonst keinen Buchladen, in dem man in den Büchern stöbern und dazu ein frisches, gut gezapftes Bierchen trinken kann. Nicht einmal in Tschechien, wo es sich anbieten würde, weil wir so eine große Tradition an Bierliteratur haben. In der Buchhandlung Sphères gibt es für mich immer etwas zu entdecken – nicht nur, was die Literatur, sondern auch, was das Bier betrifft. Ganz vorn stehen die Biere der Zürcher Brauerei TurbinenBräu. Goldsprint ist ein klassisches Helles. In dieser Stange muss man nicht nach Malz und Hopfen suchen. Alles ist drin. Es ist eine perfekte und runde Geschichte. Das Bier ist genauso gut wie die Bücher von Friedrich Dürrenmatt, Max Frisch und Peter Bichsel, die ich gern lese. Allerdings waren diese drei Autoren keine großen Biertrinker so wie Jaroslav Hašek, Bohumil Hrabal oder Jean Paul. Sie waren keine Biermenschen, sondern Weinmenschen.

Und doch muss ich bei Peter Bichsel, Jahrgang 1935, an Bier und Wirtshaus denken, wenn ich ihn lese. Ich liebe seine kurzen Texte, in denen er oft mit der Eisenbahn fährt. Ich mag seine Kolumnen, in denen er sich aus einem Weintrinker in einen Biertrinker verwandelt, Menschen am Tisch zuhört, ein Bier mit ihnen trinkt und später das Erzählte und Beobachtete aufschreibt, so wie es auch Hrabal und Hašek gemacht haben. »Er drängte sich in Gespräche, ohne mitzusprechen. Ein Einsamer, der mithilfe von Bier ein bisschen Nähe sucht«, schreibt Peter Bichsel in seinem Kurztext *Lieber Egon, danke schön*, veröffentlicht in seinem Band *Kolumnen, Kolumnen*.

Bichsel hat recht. In jedem Lokal sitzt einer von diesen Einsamen, der Nähe, Vertrautheit und das Gespräch sucht und sich oft nicht traut, mit anderen ins Gespräch zu kommen.

Vielleicht sucht er stattdessen in seinem Glas Bier nach Antworten auf die vielen Fragen über Alkohol, die in dem bekannten Buch *Fragebogen* von Max Frisch stehen.

Es geht um Fragen wie diese: »Irritieren Sie die Leute, die nichts trinken?«

Oder: »Wem empfehlen Sie, sich zu betrinken?«

Oder: »Haben Sie schon einmal geträumt, dass Sie betrunken seien im Traum?«

Oder auch: »Möchten Sie unter Alkohol sterben?«

Alles mehr unangenehme als angenehme Fragen, die jeder Biertrinker, Weintrinker oder Schnapstrinker nur für sich selbst beantworten kann.

Vor vielen Jahren bin ich Peter Bichsel in einem Wirtshaus begegnet, kurz in der Beiz Kreuz in Solothurn. Ich war eingeladen zu den Solothurner Literaturtagen und saß in diesem alten Lokal mit den holzgetäfelten Wänden wie der Einsame aus seiner Geschichte. Erst nach drei Stangen habe ich mich getraut, ihn anzusprechen. Ich sagte ihm, dass ich seine Texte sehr mag. Er nickte freundlich und sagte auch etwas, doch ich habe es nicht verstanden, weil ausgerechnet in diesem Augenblick viele Literaturmenschen das Lokal stürmten und Bier, Wein und Pferdesteaks bestellten, die es dort als Spezialität gab. Ich grüßte Peter Bichsel noch kurz und verschwand in der Solothurner Nacht.

In der Buchhandlung Sphères wird zu Bichsel, Dürrenmatt und Frisch nicht nur gutes Bier, sondern auch gutes Essen serviert, darunter der Schweizer Klassiker schlechthin, den ich oft im Speisewagen der SBB bestelle: Ghackets mit Hörnli. Ein deftiges Rinderragout mit Pasta in Hörnchenform, das dem weltberühmten Ragù sehr nah kommt, wie es in Bologna serviert wird. In der Schweiz wird es mit einer Portion Apfelmus gekrönt. Ja, manche mischen auf dem Teller alles zusammen. Das würde in Bologna nicht unbedingt gut ankommen, aber es schmeckt köstlich. Zu diesem deftigen Essen passt ein schweres Bier ausgezeichnet, zum Beispiel ein Amber aus der Brauerei Amboss.

Nachdem die großen Industriebrauereien Hürlimann und Löwenbräu schon vor vielen Jahren geschlossen wurden, retten handwerkliche Brauereien wie Gottfried – benannt nach dem Dichter, Maler und Bierliebhaber Gottfried Keller –, Oerlikon, TurbinenBräu und eben auch Amboss die Zürcher Brautradition und Bierkultur, wobei Amboss-Biere heute nicht mehr in Zürich, sondern in Baar nach eigenen Rezepturen gebraut und abgefüllt werden. Das kann man gut nachvollziehen, wenn man bedenkt, dass es auch für eine erfolgreiche, aber weiterhin kleine Brauerei schwer sein muss, in Zürich einen bezahlbaren Standort zu finden. So tut man sich zusammen.

Baar ist keine schlechte Wahl. Die Baarer Brauerei kenne ich gut aus Zug. Aus der Stadt Zug wohlbemerkt, der Kantonshauptstadt an der Strecke der Gotthardbahn. Mehrere Monate habe ich in einem ehemaligen Kloster geschrieben und durfte am Zuger See mit Blick auf die Bergspitze des Rigi viele schöne Abende mit dem Bier aus Baar verbringen.

Vor ein paar Jahren habe ich, leicht angetrunken und in nostalgisch-melancholischer Stimmung, noch einmal die Bar im Zürcher Viertel Niederdorf gesucht, in der ich mit Martina meine erste Stange getrunken habe. Doch ich konnte die Kneipe nicht finden. Bis heute ist mir im Gedächtnis geblieben, wie nostalgisch-melancholisch wir wegen Kurt Cobain damals waren. Und zugleich waren wir glücklich, in Zürich zu sein. Wir waren begeistert von dem Theaterstück, das wir uns im Schauspielhaus angeschaut haben, *Der Besuch der alten Dame* von Friedrich Dürrenmatt, in dem auf Pump gelebt und nicht nur viel Schnaps, sondern auch Pilsner Bier als Luxusgetränk aus Böhmen getrunken wird.

Ich sehe uns immer noch spät am Abend am Fenster des Lokals sitzen. Wir bestellten eine letzte Stange, und irgendwann erzählte ich Martina, dass ich vielleicht schon wüsste, was ich im Leben machen möchte: Theaterstücke und Bücher schreiben, in denen das Bier fließt.

Ein Bier in Appenzell

Dieses Bier hilft gegen Höhenangst. Ich weiß, wovon ich rede. Einmal hat mir das Bier aus Appenzell das Leben gerettet. Seitdem bleibe ich ihm treu und habe es immer im Rucksack, wenn ich mit der Eisenbahn durch die Schweiz fahre. An vielen Bergstrecken fliegen die Schienen waghalsig über hohe Brücken, Täler und Schluchten. Im Engadin. Am Gotthard. Aber auch in der Ostschweiz. Jeder Zugvogel sollte ein Bier als Erste Hilfe im Rucksack haben.

Die Brauerei, in der das Bier gebraut wird, habe ich zum ersten Mal vom Himmel aus gesehen. Es war im Hochsommer, ich war Anfang zwanzig und arbeitete als Gehilfe in einer alten Dorfbäckerei in einem kleinen Ort auf halber Strecke zwischen St. Gallen und Appenzell. Dort habe ich nicht nur das Brotbacken im Holzofen und den dortigen Dialekt gelernt, sondern mich auch in das Appenzeller Bier verliebt. Der Backstubenbesitzer wiederum liebte nicht nur das Bier und seinen Job, den er als Berufung sah, sondern auch eine besondere Art des Fliegens – das Paragliding. Und er wollte es mir unbedingt beibringen.

So sind wir mit der Schmalspurbahn nach Wasserauen gefahren. Vom Bahnhof ging es mit der Seilbahn auf einen der Gipfel und von dort aus im Flug wieder hinunter zum Bahnhof. Es war mein erster und ganz bestimmt auch letzter Flug mit einem Gleitschirm. Ein Tandemflug, wie man sagt, denn ich war nur ein Passagier.

Wenn ich heute mit der Schmalspurbahn der Appenzeller Bahnen von Gossau nach Appenzell und Wasserauen fahre, kann ich kaum glauben, dass ich diesen Flug überstanden habe. Aus dem Zugfenster sieht man, was man vom Bieretikett der Appenzeller Brauerei kennt: Berge, Wasser, Wald, Kühe, Hunde, Bauern. Eine ländliche Idylle, die man so auch in Böhmen, Bayern oder Oberösterreich erleben kann. Zumindest in der warmen Jahreszeit, denn manchmal liegt hier schon im Oktober Schnee. Und im Mai auch noch. Doch selbst im tiefsten Winter bleibt die Landschaft malerisch. Die Gipfel sind ein wenig höher als bei uns im Riesengebirge, die Felswände steiler und die Täler enger. So wie das Tal in Wasserauen, wo der Zug seine Fahrt in absoluter Ruhe und Abgeschiedenheit beendet.

Außer mir steigt an diesem Tag niemand aus. Der Endbahnhof scheint mir ein wenig kleiner als damals, die Berge aber viel mächtiger. Schon vor dreißig Jahren habe ich eine Brille getragen. Schon damals war ich ein wenig schwanger. Bierschwanger wohlgemerkt, wie man im Böhmischen Paradies sagt – ich hatte einen kleinen böhmischen Bierbauch. Ich weiß noch, wie ich auf dem Berg gezittert habe. Und wie ich ein Bier trinken musste, bevor wir dann zusammen über eine steile Wiese gerannt sind und sich der Schirm über uns mit Luft füllte und wir geflogen sind.

»Da ist Appenzell. Und da die Brauerei«, rief mir der Bäckermeister zu und zeigte auf die Stadt.

Nach dem Flug über das Tal, der eine ganze Ewigkeit dauerte, obwohl es vielleicht nur ein paar Minuten waren, musste ich am Bahnhof wieder ein Bier trinken. Ich habe gezittert und gezittert und dachte, dass ich gleich sterben würde. Ich war nicht zu beruhigen. Erst das Bier aus Appenzell hat mir geholfen.

Nach ein paar Minuten, einer Zigarette für den Lokführer der Schmalspurbahn und einem Schluck Bier für mich fährt die Garnitur zurück. In Appenzell kann man in den Zug nach St. Gallen umsteigen. Oder aussteigen, um sich die Brauerei Locher anzuschauen.

In den Neunzigern war die Brauerei Locher in Appenzell, gegründet 1810, noch recht klein. Damals war das Bier ein regionales Bier, eine Rarität, eine Besonderheit, so wie das Ofenbrot aus der Bäckerei, in der ich gearbeitet habe, das in ein nobles Zürcher Lokal geliefert wurde. Heute gibt es das Appenzeller Bier überall. Von St. Gallen bis nach Genf und von Basel bis nach Lugano im Tessin.

Der Hopfen und das Malz für das Appenzeller Bier stammen aus Deutschland und der Schweiz, und das Wasser kommt aus den Bergen, die Appenzell umgeben. Aus dem Alpstein, wie dieser Teil der Appenzeller Alpen mit den drei wunderschönen Bergseen heißt. Das Brauwasser kann man in der Brauerei während einer Besichtigung auch verkosten, was nicht in jeder Brauerei möglich ist. So wie das Wasser gut ist, sind auch die Biere gut, die hier gebraut werden. Und auch der Whisky, der hier produziert wird und in Holzfässern aus anderen, nicht mehr existierenden Schweizer Brauereien reift.

Da ich ein Biermensch und kein Schnapsmensch bin, bleibe ich beim Bier. Und das schmeckt in der Brauerei einfach so gut, dass man gleich nachbestellen muss. Die Klassiker sind Quöllfrisch hell und Quöllfrisch naturtrüb, beide sehr süffig, rund und angenehm herb, ja fast böhmisch herb, doch auch die Spezialbiere sind vorzüglich. Ganz besonders schmeckt mir das würzige, bernsteinfarbene Amberbier, das mit Pilsner Malz und Karamellmalz zubereitet wird. Dazu passen gut die Chips aus Biertreber, den Rückständen des Braumalzes, die man hier verkosten kann.

Exportiert wird das Bier aus Appenzell kaum. Das gilt übrigens für alle Schweizer Biere und auch die Schweizer Weine. Wenn man Schweizer Bier verkosten möchte, muss man in die Schweiz fahren: Was in der Schweiz gebraut wird, wird auch in der Schweiz getrunken. Oder im Ausland von den Heimwehschweizern.

Dieses Wort lernte ich in der modern eingerichteten Brauereischenke in Appenzell. Die Heimwehschweizer bestellen das Bier aus Appenzell in die ganze Welt. Diese Form des Bierpatriotismus kenne ich gut aus Franken oder aus Böhmen. Viele Heimwehfranken und Heimwehböhmen, die im Ausland leben, lassen sich ihr Lieblingsbier zuschicken, damit sie im nahen oder fernen Ausland nicht verrückt werden, verloren gehen oder gar vor Kummer eingehen. In Berlin kenne ich einen Heimweheoberösterreicher, der das Leben in der deutschen Hauptstadt ohne Bier aus der Stiftsbrauerei in Aigen-Schlägl nicht ertragen könnte, weil seiner Seele, seinem Magen und seiner Leber das Berliner Bier nicht guttut.

Auch ich leide manchmal an dieser Art Heimweh. Das ist der Grund, warum ich ein altes Auto besitze. Viele glauben, dass ich nur Zug fahre, und das stimmt auch, ich bin ein überzeugter Eisenbahnmensch. Mein Auto, ein uralter weißer Saab 900, ist sozusagen mein Lieferwagen, mit dem ich Bier aus dem Böhmischen Paradies nach Berlin mitnehme, und zwar nicht nur für mich, sondern auch für meine

Freunde und den einen oder anderen Exiltschechen. Einen Kasten Bier kann man mit dem Zug nur schwer transportieren, obwohl ich auch das schon gemacht habe. So wie sicher die einen oder anderen Heimwehschweizer und Heimwehschweizerinnen, die sich das Leben im Ausland ohne Bier aus Appenzell nicht vorstellen können. Und sicher auch nicht ohne Appenzeller Käse, der genauso bekannt ist und zum Appenzeller Bier sehr gut passt, je reifer, desto besser. Auch daran muss ich denken, wenn ich in der Appenzeller Brauerei Locher die verschiedenen Biersorten probiere.

Manuel Stahlberg aus St. Gallen, dessen Musik und Humor ich sehr mag, fragt sich in seinem melancholisch-amüsanten Song *Heimat*, was ohnehin ein viel zu großes Wort ist, ob Heimat wirklich ein Ort sein kann oder nur ein Gefühl. In dem Lied taucht sogar eine steile Zahnradbahn auf, und es wird auch eine Stange getrunken.

Vielleicht versteckt sich ein Gefühl von Heimat in jedem vertrauten Biergeschmack. In einem Glas Bier aus Böhmen. Aus Oberösterreich. Oder aus Appenzell.

Ein Bier in St. Gallen

In St. Gallen habe ich schon viele Premieren verpasst, Theaterpremieren, weil mein Zug aus Deutschland Verspätung hatte. Zum Glück gibt es gleich am Bahnhof ein wunderbares Lokal mit Blick auf die Gleise: Perronnord. Hier warte ich dann bei einer Stange Bier auf meine Freunde. Auf die, die Theater spielen. Und auf die, die im Publikum sitzen und sich anschauen, was die anderen spielen.

Ich mag dieses Warten. Ich trinke eine Stange und lese in der Zeitung, was sich in der Schweiz verändert hat und was nicht. Und ich schaue aus dem Fenster des Lokals auf die Züge, wie sie in den Bahnhof einfahren und wieder abfahren.

Jeder Eisenbahnmensch braucht Orte wie das Perronnord. Die gemütlichen Lokale, in denen man nach all den Reisen ein wenig zur Ruhe kommt. Ganz ohne die Eisenbahn würde es nicht gehen mit der Ruhe, deshalb sitze ich immer am Fenster. Und ohne Bier auch nicht. Nicht alle Biermenschen sind Eisenbahnmenschen, doch alle Eisenbahnmenschen, die ich kenne, sind Biermenschen. Sie lieben Speisewagen, Bahnhofskneipen und Lokale mit Bahnblick wie das Perronnord.

Ich trinke eine Stange, schaue auf die Züge und höre mir die eine oder andere St. Galler Geschichte an. Auch Biergeschichten werden erzählt, denn der Wirt kennt sich in der Bierwelt gut aus. Auf der Getränkekarte kann man das ganze Bierland Schweiz bereisen und kommt doch immer wieder in St. Gallen an. Man ist zu Recht stolz auf das lokale Bier. Die Brauerei Schützengarten, Schüga, wie man hier sagt, wurde 1779 gegründet und ist die älteste funktionierende Brauerei in der Eidgenossenschaft.

Schade, dass Franz Kafka und Max Brod in St. Gallen nicht ausgestiegen sind, als sie vor mehr als hundert Jahren in der Schweiz unterwegs waren. Mit der Eisenbahn, anders ging es damals nicht. Ende August 1911 fuhren die Schriftstellerfreunde nach München und von dort in die Schweiz, dann weiter mit der Gotthardbahn in den Süden nach Mailand.

»Der Eindruck aufrechter, selbständiger Häuser in St. Gallen ohne Gassenbildung«, schrieb Kafka in sein Tagebuch. Bier wird erst in Mailand verkostet. »Mailänder Bier riecht wie Bier, schmeckt wie Wein.« Kafka und Brod hätten in St. Gallen aussteigen sollen, denn hier riecht Bier wie Bier, sieht wie Bier aus und schmeckt auch wie Bier. Wie ein richtig gutes Bier. Und sogar Gassen gibt es in der Altstadt von St. Gallen, wenn auch nicht so viele und nicht so enge wie in Prag.

Mich erinnert St. Gallen vor allem an Liberec, an das alte Reichenberg, wo ich studiert und gelebt und im Ratskeller beim Bier nach einem Konzert meine Theaterfreunde aus St. Gallen kennengelernt habe, auf die ich jetzt warte.

Beide Städte sind reich geworden dank der Textilindustrie. Man glaubte damals, dass es immer so weitergehen könnte, dass sie immer reicher und größer und wichtiger würden. Dementsprechend baute man die großzügigen Hauptbahnhöfe. Wegen der hohen Lage ist auch das Wetter in beiden Städten ähnlich. Wenn in St. Gallen Fußball gespielt wird, müssen die Spieler oft das Tor im Schneesturm suchen. So auch in Liberec. Nicht nur im Winter, manchmal auch im Frühjahr. Dann muss man im Stadion das Bier mit beiden Händen lange aufwärmen, bevor man es überhaupt trinken kann. Oder man lässt es gleich zum Biereis verfrieren.

Wenn es in Liberec und St. Gallen nicht schneit, dann regnet es. Die Bewohner müssen sich ihren Humor bewahren und viel Bier trinken, damit sie von dem schlechten Wetter nicht wahnsinnig werden. Kein Wunder, dass Liberec und St. Gallen heute Partnerstädte sind, nicht nur wegen der gemeinsamen Geschichte der Textilindustrie, sondern auch wegen des guten Bieres, das man an beiden Orten bekommt. Das klassische Helle von Schützengarten trinkt sich sehr gut. Ich bestelle es gern auch als Aperitivo vor dem Abendessen. Zum Cordon bleu, das ich hier immer esse, wird dann ein wahrer Bierschatz serviert: Klosterbräu.

Das Cordon bleu ist im Perronnord legendär. Wirklich »ein Wunderschnitzel«, wie es ein Eisenbahnmensch einmal beschrieben hat. Das angenehm schwere, naturtrübe, amberfarbene Bier, genannt Chlösti, schmeckt jedoch genauso köstlich. Im Glas sieht es aus wie flüssiger Bernstein. Mit dem Klosterbräu knüpft die Brauerei Schützengarten an eine sehr alte Tradition an, für die St. Gallen sogar in Japan bekannt ist – die Sankt Gallen Brewery in Atsugi braut dort verschiedene Craftbiere.

Heute findet sich im Zentrum von St. Gallen der Hauptbahnhof als eine Kathedrale der Moderne, doch es gibt noch ein zweites, altes geistliches Zentrum der Stadt: die ehemalige Fürstabtei St. Gallen der Benediktiner. In der Stiftsbibliothek lässt sich das erste geschriebene Dokument zum Thema Bier finden, ja die erste nachgewiesene Erwähnung in Mitteleuropa überhaupt. Am 6. August 754 verpflichtete sich ein wohlhabender alemannischer Bauer namens Rothpald aus der Gegend von Wil dazu, jährlich dreißig Eimer Bier an die Mönche im Kloster St. Gallen zu liefern. Als eine Art Bierzins, damit es seiner Seele auf Erden und später im Himmel gut gehe.

»Das will man hoffen, dass es Rothpald im Bierhimmel gut geht«, denke ich im Perronnord sitzend.

In der Bibliothek wird noch ein anderer Schatz aufbewahrt: der sogenannte Klosterplan von St. Gallen aus dem Jahr 820. Ein Entwurf für eine fast ideale Kleinstadt, die sich selbst versorgen sollte. Ich schaue mir sehr gern diesen detaillierten Plan an, nach dem in St. Gallen gebaut wurde. So auch jetzt, im Internet, während ich im Perronnord auf meine Freunde warte und noch ein Chlösti trinke, das mit jedem Schluck besser schmeckt.

Im Zentrum des Entwurfs steht die monumentale Klosterkirche, verbunden mit einer Bibliothek und einer Schreibstube. An die Novizen wurde ebenso gedacht wie an die Mönche. Und auch an die Kranken, Armen und Alten.

Der Friedhof ist verbunden mit einem Obstgarten. Man erkennt einen Schafstall, Ziegenstall, Hühnerstall, Gänsestall, Schweinestall und einen Kuhstall. Und eine Kornscheune, mehrere Mühlen und Stampfen und eine Darre findet man in dem Bauplan. Und dann nicht eine, nicht zwei, sondern gleich drei große Brauereien, die alle mit einer Bäckerei verbunden waren. Nicht ungewöhnlich, denn für das Bierbrauen benötigt man ja die gleichen drei Zutaten wie für ein Brot: Getreide, Wasser und Hefe. Daher wird Bier oft als flüssiges Brot bezeichnet. An einem Tag wurde vermutlich gebacken, am nächsten Tag gebraut. Die Wörter *Bier* und *Brot* klingen sogar ein wenig verwandt.

Jede der drei Brauereien im Kloster braute ein anderes *cervisa*. Ein starkes Bier für den Abt, die hohen Priester und Gäste. Ein schwächeres Bier für die Mönche. Und ein ganz schwaches Bier aus den Malzresten für die Armen. Und für die Pilger, die nach St. Gallen zum Grab des irischen Mönchs Gallus wanderten, dessen Überreste später Kaiser Karl IV. in eine andere wichtige mitteleuropäische Bierstadt brachte, nämlich nach Prag. In der Neuzeit wurde nach Gallus in der Brauerei Schützengarten eines der besonderen Biere benannt. Ein Ale, wie man es aus Irland und England kennt. Ein dunkles Special Brown Ale, das im Glas rotbraun leuchtet und Gallus sicher viel Freude bringen würde.

Die Biermenschen von St. Gallen streiten sich manchmal darüber, wie wohl die Biere im neunten Jahrhundert in St. Gallen, die bald sehr bekannt wurden, geschmeckt haben. So auch meine Freunde, die gerade aus dem Theater ins Lokal kommen, von der Premiere erzählen und eine Stange, ein Cordon bleu und ein Chlösti und dann noch eine Stange bestellen.

Ganz sicher hat das Bier damals anders geschmeckt als heute. Wahrscheinlich war es sehr trüb. Man braute aus Gerstenmalz, Weizenmalz und Hafermalz. Hopfen wurde zum Bierbrauen noch nicht verwendet, dafür verschiedene Kräuter. Und manchmal auch Honig, damit das Bier mehr Kraft hatte, um die Mönche während der Fastenzeit zu ernähren. Essen durfte man zwar nicht, doch Trinken war erlaubt, auch das Biertrinken. Bis heute wird von vielen Brauereien ein Fastenbock angeboten, wobei die Klosterbiere insgesamt wahrscheinlich eher schwach als stark waren. Man musste sie frisch und auch in kurzer Zeit trinken, denn lange haltbar waren sie nicht.

»In unserem Kloster lebte man damals wahrscheinlich im leichten Dauerrausch. Die Mönche haben ja sehr viel Bier am Tag trinken müssen, zwischen fünf bis zehn Litern. Bier war Nahrungsmittel wie das Brot. Bier war gesund, Wasser war damals ungesund, zu unsicher, ja fast zu gefährlich, weil oft verseucht. So haben auch Kinder Bier bekommen«, sagt einer der Freunde und bestellt noch eine Stange.

Auch er ist stolz auf die lange Biertradition und die Biere von Schützengarten. »Eine lokale Brauerei muss man unterstützen und beschützen«, sagt er. Er hat recht. So wie der St. Galler Punkbarde Jack Stoiker in seinem sehr lauten Song recht hat, wenn er mehr schreit als singt: »Die Brauerei isch e Burg!« Man kann nur zustimmen. Die Brauerei ist tatsächlich eine Burg. Eine Festung. Ein geheimnisvolles Schloss, wie bei Kafka. Ein heiliger Ort, wie das Kloster in St. Gallen.

Irgendwann werden wir aus der Kneipe geworfen. Es ist schon spät. Wir stehen vor dem Lokal, jeder mit einer Flasche Chlösti in der Hand. Wir schweigen und schauen auf die letzten Züge des Tages, die im Bahnhof St. Gallen ankommen und wieder abfahren. Wie ein perfekt inszeniertes Theaterstück.

Bier in Deutschland

Ein Bier in Regensburg, Nürnberg und anderswo

Am 13. Januar 845 war es vermutlich sehr kalt in Regensburg. Trotzdem war es einer der wichtigsten Tage in der Geschichte von Böhmen und Mitteleuropa, denn in Regensburg ließen sich vierzehn Fürsten aus Böhmen taufen – und zwar freiwillig. Seit diesem Tag ist Böhmen mit Mitteleuropa und auch mit Regensburg historisch verbunden. Die Region und die Stadt sind ohnehin nicht weit voneinander entfernt: Regensburg liegt auf halbem Weg zwischen den Biermetropolen München und Pilsen.

Vor Ort in Regensburg wird sehr gutes Bier gebraut. Schon 1469 wurde der Stadt, die damals eine Freie Reichsstadt war und nicht zu Bayern gehörte, verordnet, aus welchen Zutaten man Bier als Naturprodukt brauen darf: Gerstenmalz, Hopfen und Wasser. Es sind die gleichen Zutaten, die später in dem Reinheitsgebot fürs Bierbrauen am 23. April 1516 genannt wurden, einem der ältesten Lebensmittelgesetze der Welt, das die Bierqualität sichern und die Biertrinker von den variierenden, zuweilen nicht ungefährlichen, manchmal sogar giftigen Zutaten schützen sollte. Zuerst galt das Reinheitsgebot nur für das Herzogtum Bayern, verbreitete sich von dort aus jedoch weiter und gilt in Deutschland bis heute. Später kam noch eine vierte Beigabe dazu: Hefe.

Eigentlich geht die Biergeschichte von Regensburg noch viel weiter zurück. Beim Bau einer Siedlung hat man 1978 am Ufer der Donau nicht nur die Reste eines römischen Kastells gefunden, sondern auch eine gut erhaltene Brauerei aus derselben Zeit – etwa dem dritten Jahrhundert nach Christus. Als ich die Bilder einem Freund in Bamberg gezeigt habe, der Braumeister ist, wusste er sofort, was dort abgebildet war. Tatsächlich ist alles, was man zum Bierbrauen braucht, in der römischen Anlage zu erkennen. Ein tiefer Brunnen, der noch heute Wasser führt. Ein Becken, in dem man wahrscheinlich das Getreide mit Wasser bespritzte und keimen ließ. Eine Darre mit einem Ofen, in der man das Grünmalz trocknete. Eine Grube, in der man ein Feuer machen und dann in einem offenen Bottich den Sud köcheln lassen konnte.

Regensburg war die erste größere Stadt im Westen Deutschlands, die ich nach der Samtenen Revolution besuchte, damals im Juli 1990. Im Biergarten am Dom habe ich gleich ein Bier getrunken. In einem Zug, weil es so heiß war. Es hat mir so gutgetan, dass ich gleich noch eins bestellen musste. Nach dem dritten Glas hatte ich zum Glück kein Geld mehr, sonst säße ich dort noch heute.

Eigentlich wäre das gar nicht so schlimm. Ich mag diese alte Stadt sehr und bin immer wieder dort. Ich habe Freunde in Regensburg gefunden, Carsten Lenk und Peter Geiger, die sehr viel über Bier wissen. Es war Peter, der mir einmal drei Flaschen vom Weltenburg Asam Bock schenkte und sagte: »Ich glaube, das ist eines der besten Biere der Welt.« Und es war Carsten, mit dem ich dann das Kloster Weltenburg oberhalb des romantischen Donaudurchbruchs besucht habe, wo man dieses Bier im Sommer im Biergarten im Klosterhof verkosten kann. Schwarz wie die Nacht ist das Asam Bock, süß, kräftig und unvergesslich. Wenn man im Kloster nach dem Bier die spätbarocke Kirche besucht, die die Brüder Asam gebaut haben, hat man das Gefühl, dass der Innenraum wie ein Bierkrug gestaltet wurde, mit einer leichten Schaumkrone, die über den Betenden durch das Lichtspiel der Kirchenfenster entsteht.

Peter hat recht. Das Asam Bock ist eines der besten Biere der Welt und das Kloster Weltenburg einer der schönsten Bierorte. Und einer der ältesten. Schon seit 1050 wird in der Benediktinerabtei zum heiligen Georg Bier gebraut. Mit Blick auf die Felsenwände des Donaudurchbruchs und auf den mächtigen, langsam fließenden Fluss denkt man auch an andere Brauorte, die die Donau verbindet. An der Donauquelle in Donaueschingen etwa wird gutes Bier gebraut. So auch in Linz, Wien, Bratislava, Budapest oder Belgrad, wo im Sommer immer ein riesiges Bierfestival stattfindet. Und natürlich in Regensburg, wo ich mein erstes Bier immer im Kneitinger trinke und gleich den nächsten Ausflug plane.

Denn von Regensburg kann man nicht nur das Kloster Weltenburg bequem erreichen, sondern auch andere wunderbare Orte. Mit Carsten war ich bei seinen Freunden in der Schlossbrauerei Eichhofen. Ein ruhiges Örtchen im Tal mit einer kleinen handwerklichen Brauerei, in der man beim Gerstensaft lange meditieren kann. So ruhig und schön ist es hier. So gut das Bier. Nicht mehr weit ist es bis in die nördliche Oberpfalz, in der man an fünf Orten bis heute das Zoigl-Bier nach altem Braurecht braut, das immer noch bei den Häusern liegt. Jede berechtigte Familie braut im Kommunbrauhaus ihr eigenes Bier und schenkt es dann an bestimmten Tagen zu Hause aus. Dann hängt an dem Haus der Zoiglstern. Ein Sechsstern, der auch das Zunftzeichen dieser Brauer und Mälzer ist.

Auch nach Kelheim ist es von Regensburg nicht weit, wo Schneider Weisse herkommt, eines der besten Weißbiere. Und auch nach Amberg ist es mit der Bahn nur ein Katzensprung. Hier habe ich mit Peter einmal den Schriftsteller Eckhard Henscheid getroffen. Allerdings nicht beim Bier im Wirtshaus der Brauerei Winkler, sondern auf einen Eisbecher und einen Espresso im Eiscafé Firenze. Henscheid, Jahrgang 1941, hat mit seinem Debüt *Vollidioten* einen Kultroman geschrieben. Die ganze Geschichte des Romans dreht sich um die Gastwirtschaft Mentz in Frankfurt. Und um die Liebe. Und natürlich um Bier. Ich mag auch sein ruhiges Buch *Maria Schnee*, das in Amberg spielt. Es handelt davon, dass in einem Gasthaus überraschend nur Flaschenbier getrunken wird. Warum, das weiß niemand. Nun, auch das Bierleben braucht Geheimnisse.

Früher hat Henscheid gern Bier getrunken. Darüber schreibt er auch in seiner Biografie, wie er schon als Ein- oder Zweijähriger nach Bier schreit. Im Café Firenze hat er Peter und mir erzählt, wie er einmal Bohumil Hrabal durch Regensburg führte und dessen Lesung moderierte. Und wie Hrabal in Regensburg dann Bier trank. Vielleicht war Hrabal auch in der Spitalbrauerei, gegründet 1226, mit dem vielleicht schönsten Biergarten in der Stadt. Man sitzt an der Donau und schaut auf die Steinerne Brücke und auf den

Dom. Ein Traum: Die Spitalbewohner erhielten früher jeden Abend ein Bier als Schlaftrunk. Und vielleicht war Hrabal auch im Kneitinger am Arnulfsplatz. Die Brauerei ist heute eine Stiftung, die mit jedem verkauften Bier unter anderem ein Kinderheim unterstützt.

Von Regensburg fahre ich oft weiter nach Nürnberg. Im DB Museum erfährt man so einiges: Von Nürnberg nach Fürth führte 1835 die erste deutsche Eisenbahn. Schon bald wurden auch Frachtgüter befördert. Und am Anfang des Schienengüterverkehrs in Deutschland stand: das Bier. Am 11. Juli 1836 wurden mit dem Zug zwei Fässer Bier der Brauerei Lederer aus Nürnberg nach Fürth gebracht und im Gasthof Zur Eisenbahn ausgeschenkt. Die Marke Lederer gibt es noch heute, gebraut wird es von Tucher. Der Gasthof existiert mittlerweile leider nicht mehr. Dafür wurde nach Deutschlands erstem Güterzug in Karlsruhe ein Braugasthaus gegenüber vom Hauptbahnhof benannt. Es heißt Erste Fracht.

In der Bibliothek des Museums kann man sich über die ersten Bierkühlwagen der Brauereien informieren. Einer dieser Kühlwagen steht sogar im Depot. Im Archiv erhält man dann Einsicht in die Gleispläne der Brauereien, denn einen Bahnanschluss zu haben war für eine Brauerei nicht unwesentlich. Aus einer lokalen Brauerei wurde durch die Anbindung oft schlagartig eine Exportbrauerei.

Stefan Ebenfeld, Leiter der Sammlungen und der Bibliothek, erzählt mir die wunderbare Geschichte vom Personalbier. Die Schaffner der Bundesbahn bekamen es als Feierabendbier für ihre Reisen nach Ostberlin und tranken es dann in Berlin-Rummelsburg heimlich mit den Rangierern der Deutschen Reichsbahn der DDR. Eine Biervereinigung mit dem Bier aus der Hamburger Brauerei Holsten, noch lange vor der politischen Wende und Wiedervereinigung. Eine Flasche vom Personalbier wurde an das Museum verschenkt.

Nach dem Besuch im DB-Museum kann man entlang der ersten deutschen Eisenbahnstrecke reisen. Ein Zug fährt nicht mehr, aber auf derselben Trasse verbindet eine U-Bahn Nürnberg mit Fürth. Wenn man im Bahnhof Bärenschanze aussteigt, kommt man direkt in die Schankwirtschaft Schanzenbräu, die einen schönen Biergarten hat. Unbedingt sollte man das unfiltrierte, vollmundige und weiche Rotbier aus dieser Brauerei probieren.

Das Rotbier hat in Nürnberg überhaupt schon lange Tradition, man hat es hier bereits im Mittelalter gern getrunken. Wenn man es sich im Glas anschaut, hat man gleich Nürnberg vor Augen, denn das Bier hat dieselbe Farbe wie die alten Häuser, Brücken und Mauern oder wie die Burg, die aus rotbraunem Sandstein gebaut wurde. Wenn man in Nürnberg ein Rotbier trinkt, trinkt man immer ein wenig von der Stadt mit.

Darüber denke ich nach, als ich spätabends wieder in Regensburg ankomme und vom Bahnhof durch die leere Stadt zum Kneitinger gehe, um mit Peter und Carsten noch ein Bier zu trinken. Eine Presshalbe, wie man hier zum letzten Bier sagt, das man kurz vor Schluss bestellt und es dann doch gar nicht so schnell trinken muss.

So wie immer hat Peter ein Biergeschenk für mich. Drei Bierflaschen von Prösslbräu aus Adlersberg. »Die Biere musst du probieren. Sie gehören sicherlich auch zu den besten auf dieser Welt.«

Wir stoßen an. Im Kneitinger bekommt man das Helle immer perfekt gezapft serviert, ja wie ein Sakrament. Ich reibe mir ein wenig von dem sahnigen Schaum in die Haare, wie ich es in dem Roman *Sanfte Barbaren* von Bohumil Hrabal gelesen habe. Böhmische Biertaufe in Regensburg, wo vierzehn Böhmen am 13. Januar 845 zu Christen geworden sind.

Ein Bier in Mallersdorf

»Glocke kräftig ziehen!« steht an der Tür. Und wenn man es tut, läutet es so laut wie die Glocke eines Kirchturms an einem Sonntag vor dem Gottesdienst. Das passt gut, denn wir sind in einem Kloster, im malerischen Mallersdorf in Niederbayern.

Während wir uns noch umschauen, kommt Schwester Doris Engelhard durch die Tür und bittet uns in ihr kleines Büro. Sie setzt sich und steht sofort wieder auf, um Bier zu holen. Schwester Doris ist die einzige Nonne in Deutschland, die als Braumeisterin in einer Brauerei arbeitet. Sie gehört der Ordensgemeinschaft der Armen Franziskanerinnen von der Heiligen Familie zu Mallersdorf an, bekannt auch als Mallersdorfer Schwestern, die seit 1869 als Ordensgemeinschaft hier zu Hause sind.

Schwester Doris macht zwei Flaschen auf und gießt das Bier in die Gläser. Wir stoßen an. Und sie beginnt zu erzählen. Nur diese zwei Biersorten werden in der Klosterbrauerei das ganze Jahr über nach Münchner Brauart gebraut: ein Vollbier und ein Zoigl, das ebenfalls ein Vollbier ist, aber trüb und mit Hefe. Dadurch ist es gesünder, denn die Hefe enthält viel Vitamin B.

Schwester Doris muss man nicht überzeugen, dass Bier an sich ein frisches und gesundes Getränk ist. Und ein reines Naturprodukt. Außer zum Frühstück wird im Kloster zu allen Mahlzeiten Bier getrunken, natürlich vom Fass und in Maßen. Beim Bierkonsum geht es immer um die richtige Menge. Übertreiben sollte man es nicht. Ja, genau wie meine Mutter es formulieren würde, formuliert es auch Schwester Doris: »Ein Glas Bier hat noch niemandem geschadet.«

Ein gutes Bier braucht viel Zeit. Und schmecken soll es frisch und spritzig. Besonders das Zoigl schmeckt unglaublich voll, mild und erfrischend zugleich – man bekommt gleich Lust auf das nächste.

Weißbier und dunkles Bier werden in Mallersdorf nicht gebraut. Dafür kommen vor Weihnachten und im Mai noch die starken Bockbiere auf den Tisch. Und ein Doppelbock in der Fastenzeit.

Oft wird Schwester Doris zum Thema Frauen, Bier und Bierbrauen gefragt. Dann verweist sie auf die Geschichte: »Früher haben Frauen Bier gebraut, so wie sie auch Brot gebacken haben.« Sie erwähnt Katharina von Bora, die Frau des Kirchenreformators Martin Luther, eine ehemalige Nonne, die Bier gebraut hat, so wie sie.

In der Backstube schwebte Hefe durch die Luft, das tat dem Bier bei der Gärung gut. Man nutzte zudem die Wärme, die während des Backens entstand. So wurde an einem Tag gebacken und am nächsten Tag gebraut. Genau wie es in dem Märchen der Gebrüder Grimm steht: »Heute back ich, morgen brau ich, übermorgen hol ich der Königin ihr Kind; ach, wie gut, dass niemand weiß, dass ich Rumpelstilzchen heiß!«

Wir schauen uns die Brauerei an. Auf einem Schrank stehen Dutzende Biergläser und Glaskrüge. Viele weitere befinden sich im Flur. »Was schenkt ein Brauer, wenn er zu Besuch in eine Brauerei kommt? Ein Bierglas«, scherzt Schwester Doris.

Im Sudhaus schwebt eine Jesusfigur aus Holz über den Braukesseln und wacht über das Geschehen, das schon lange mit modernster Technik gesteuert wird.

Es gibt mehrere Heilige, die als Schutzpatrone der Bierbrauer und Bierbrauerinnen gelten. Wenn man Schwester Doris fragt, erzählt sie von der heiligen Dorothea, einer der vier heiligen Jungfrauen. Dorothea ist Schutzpatronin nicht nur der Bierbrauer, sondern auch der Blumenhändler und Gärtner. Und auch der Neuvermählten und Wöchnerinnen.

Die Anlage aus Edelstahl läuft vollautomatisch. So ist die Arbeit nicht mehr so schwer wie früher. Die alte Anlage mochte sie trotzdem ein bisschen lieber, erzählt Schwester Doris. Man konnte selbst in den Bierprozess eingreifen, hier und da etwas beeinflussen.

Begeistert erzählt sie davon, wie das Bier jedes Jahr anders schmeckt und auch anders schmecken muss, weil jedes Jahr ein anderes Jahr ist und die Ernte anders ausfällt. So ist der Hopfen anders, vor allem aber auch die Gerste für das Malz, die Seele des Bieres, wie der alte Herr Klusáček von der barocken handwerklichen Mälzerei in Mittelböhmen immer so poetisch erzählt. Manchmal ist es im Frühjahr lange kalt, manchmal ist es zu trocken, manchmal regnet es die ganze Zeit. Das alles beeinflusst die Braugerste, das Malz und damit das Bier.

Schon als Kind wusste Schwester Doris, geboren 1949, dass sie in ein Kloster gehen wollte. Dass sie allerdings Bier brauen würde, das war damals noch nicht klar. Schwester Doris stammt aus Herrieden in Mittelfranken. Ihr Vater trank kein Bier, sondern Most. Auch sie hat kein Bier getrunken. Es hat ihr lange nicht geschmeckt. Das erste Bier, das sie trinken musste, war das Bier während ihrer Ausbildung zur Brauerin und Mälzerin. »Die Eltern waren nicht begeistert«, erzählt Schwester Doris. Die Mutter habe sich gewünscht, dass aus ihrer Tochter eine Krankenschwester wird. Sie selbst habe eher in der Landwirtschaft arbeiten wollen. Doch im Kloster wurde eine Nachfolgerin für die Brauerei gesucht. Und so ist Schwester Doris Braumeisterin geworden.

Das Vollbier und das Zoigl, die man auch im Brauereilokal vor dem Kloster verkosten kann, sind über die Jahrzehnte so perfektioniert worden, dass sie längst Kult sind. Ich kenne viele Biermenschen aus Deutschland und Tschechien, die nur wegen dieser beiden Biere eine Reise nach Mallersdorf unternehmen und dabei nicht ohne Grund von einer Pilgerreise sprechen. Wenn sie die Biere dann hier trinken, möchten sie für immer in Mallersdorf bleiben. Das Bier wird nur vor Ort verkauft, rund um den Schornstein, wie man sagt. Pasteurisiert wird es nicht – und ist deshalb nur wenige Wochen haltbar.

Wenn jemand in Mallersdorf Bier abholen möchte, muss er kräftig die Glocke läuten. Nachdem wir uns verabschiedet haben, ziehe ich noch einmal an der Schnur. Ganz leicht, damit es niemand hört, vielleicht nur Jesus im Sudhaus, der kurz die Augen öffnet und schaut, ob alles in Ordnung ist. In der Brauerei, im Kloster, auf dieser Welt.

Ein Bier mit Richard Wagner und Jean Paul in Bayreuth

Mein Freund Winterberg ist nicht nur von der mitteleuropäischen Geschichte, der Eisenbahn und gutem Bier besessen, sondern auch von Literatur und klassischer Musik. Er ist sogar Wagnerianer, ein Verehrer von Richard Wagner. Ein Bierwagnerianer, wie er immer betont. Die meisten anderen Wagnerianer sind Wein- und Champagnerwagnerianer.

Das hält er für ein Missverständnis, ja für einen groben Fehler. Zum Opernzyklus *Der Ring des Nibelungen* passt ein Bier viel besser als Wein oder Champagner. »Das ganze Gemetzel und die großen Gefühle kann man ohne Bier nicht vertragen«, sagt er. »Wagner hat auch Bier getrunken, obwohl er viel Champagner nach Bayreuth liefern ließ.«

In Bayreuth, in der Stadt Richard Wagners, war Winterberg nie. Dafür trifft man ihn in Berlin am Richard-Wagner-Platz an, wo man in der U-Bahn ein sehr ungewöhnliches Richard-Wagner-Museum besuchen kann.

An den Wänden hängen Aufnahmen alter Opernaufführungen. Einmal habe ich Winterberg dort abgeholt. Er saß auf einer Bank mit Kopfhörern und hörte sich gerade *Siegfried* an. Links von ihm saß eine Frau mit einem Hund. Rechts von ihm ein Mann, der schlief. Alle drei hatten ein Bier vor sich. Ein Bayreuther Hell. Winterberg hat es ihnen als Wegbier spendiert, denn als Wegbier ist das Bayreuther Hell in Berlin sehr populär. Ein unkompliziertes, echtes Helles, das jedem schmeckt. Wie es bei einem guten Hellen sein soll. Ein paar Flaschen haben wir gleich für später gekauft, dazu noch ein paar Weizenbiere vom Maisel's, auch aus Bayreuth, dann sind wir mit der U-Bahn zu mir gefahren.

Winterberg und ich waren zum Kochen und zu einem Richard-Wagner-Bier-Abend verabredet. Wir wollten Gulasch zubereiten und uns im Radio live aus Bayreuth die *Götterdämmerung* anhören, das Finale vom *Ring des Nibelungen.* Das Gulasch hatte ich vorgeschlagen. Es passt gut, nicht nur thematisch, sondern auch von der Zubereitungszeit her. Gulasch ist ein ebenso komplexes Werk wie eine Oper oder ein Bier. Für die *Götterdämmerung* braucht man genauso viel Zeit wie für ein gutes Gulasch, das ich sehr langsam mit schwarzem Bier koche. Etwa fünf Stunden lang.

Das Rindfleisch schneide ich in grobe Stücke. Ich kaufe immer das durchwachsene Beinfleisch mit Knochen. Ich schneide das Fleisch, und Winterberg gießt das Bayreuther Bier ein. Ich erzähle ihm, wie ich einmal in Bayreuth war, denn er kennt ja Bayreuth nur aus dem Radio und aus dem Bierglas.

Die Reise fing in Leipzig an, in der Gosebrauerei am Bayerischen Bahnhof, dem ältesten erhaltenen Kopfbahnhof Deutschlands. Einige Quellen sprechen sogar von dem ältesten Kopfbahnhof der Welt. Hier werden für alle Eisenbahnmenschen stilechte Biere mit Namen wie Schaffner, Kuppler, Heizer und Prellbock serviert. Ein Pils, ein Weizen, ein Schwarzbier und ein Bock. Alles wunderbar handwerklich gebraute Biere, die nicht nur Eisenbahnern munden. Diese schöne Sammlung wird von einer Bierspezialität gekrönt, die der Brauerei den Namen gab: Gose. Ursprünglich kommt die Biersorte aus Goslar, der Name bezieht sich auf den kleinen und kurzen Fluss Gose, aus dem die Brauer das Wasser schöpften. Der Sage nach kam Gose 1837 nach Leipzig. Man hat sich schnell verliebt in diese neue Biersorte, und doch wurde Gose später vom Lagerbier verdrängt. Heute wird das obergärige Bier, das ein wenig salzig und fein säuerlich schmeckt, wiederentdeckt und zelebriert, so wie zum Beispiel am Bayerischen Bahnhof in Leipzig.

Die Zwiebeln für mein Gulasch schneide ich sehr klein. Im großen Topf lasse ich Schweineschmalz zergehen und brate die Zwiebeln leicht an, dann gebe ich das Rindfleisch mit den Knochen dazu. Das Fleisch brate ich scharf an. Danach kommen ein wenig Tomatenmark, ein wenig Knoblauch und sehr viel Paprika, scharf und süß, in den Topf. Die entstandene Masse lösche ich anschließend mit einem schweren dunklen Bier ab, heute mit dem belgischen Westmalle.

Dann gieße ich Wasser hinzu und lasse die Gulaschoper lange kochen beziehungsweise sanft ziehen. Irgendwann gebe ich noch zwei Tomaten in den Topf. Salz, Pfeffer und ein bisschen Majoran kommen erst ganz zum Schluss.

Ich erzähle Winterberg, dass ich von Leipzig nach Hof gefahren bin. Entlang der malerischen Bahnstrecke kann man an vielen Orten sehr gutes Bier trinken. Aus Bad Köstritz etwa kommt das berühmte Schwarzbier, und die Brauerei, gegründet 1543, zählt zu den ältesten und bekanntesten in Deutschland. Doch auch in Pößneck wird in der Rosenbrauerei seit 1866 Bier gebraut, und in Saalfeld steht das Brauhaus gleich hinter dem Heizhaus, der Lokremise. Ob ein Glas Rosenbräu oder eine Flasche Ur-Saalfelder – in Thüringen merkt man die Biernähe zu Franken und den Einfluss der fränkischen Braukunst.

Und dann ist man schon in Hof. Hier, in diesem schönen alten Bahnhof, kamen im Herbst 1989 die Züge aus Prag mit den DDR-Bürgern aus der Prager Botschaft der Bundesrepublik an. Viele von ihnen tranken in Hof ihr erstes Bier im Westen. Wie hat es ihnen wohl geschmeckt? In Hof habe ich mit Peter, einem guten Freund von mir, die Familienbrauerei Meinel-Bräu besucht, gegründet 1731. Heute wird sie von zwei Schwestern geführt, Moni und Gisela Meinel-Hansen, die sich um das Brauen und den Vertrieb kümmern. Das Brauhaus liegt in einem aufgelassenen Steinbruch, in den steilen Berg führt ein Felsenkeller. Zur Verkostung sind ein Bio-Kellermärzen, ein Pils oder ein Helles, im Frühjahr auch ein Blümla, ein fruchtiges Bayerisch Pale Ale, sehr zu empfehlen. An Johann Wolfgang Goethe wird mit dem feinrauchigen Mephisto gedacht. Auf seiner Reise in die nahen Kurorte in Westböhmen legte Goethe, der allerdings in Weimar mehr Wein als Bier getrunken hat, in Hof einen

Zwischenhalt ein und fertigte eine anmutige Zeichnung vom Steinbruch am Sand an.

Im Radio läuft schon lange die *Götterdämmerung* aus Bayreuth, und ich erzähle Winterberg, dass wir unbedingt einmal zum Schlappentag nach Hof reisen müssen. Dort wird das starke und süffige Schlappenbier ausgeschenkt, das die Brauerei Scherdel nur für diesen einen Tag im Jahr braut. Das alte Volksfest erinnert an die Ereignisse am 25. Januar 1430, als die Hussiten aus Böhmen Hof stürmten und alles zerstörten. Damit es nicht wieder vorkommt, sollten die Männer in Schlappen, also in Holzschuhen, einmal im Jahr für den Notfall das Schießen üben. Heute übt man sich in Hof im Biertrinken, so wie es in Böhmen die Nachfahren der Hussiten tun. Bier scheint Frieden zu stiften.

Und dann war ich in Bayreuth. Winterberg kennt sich nicht nur mit Richard Wagner aus, er liebt zudem die Bücher von Jean Paul, der dort gelebt hat. »Jean Paul war ein Titan, wie ja auch ein Buch von ihm heißt. Ein richtiger Biermensch, so wie ich«, sagt er und macht sich noch ein Helles aus Bayreuth auf.

Ich erzähle ihm, wie ich das Jean-Paul-Museum besuchte, gleich neben der Villa Wahnfried, in der Wagner residierte. An dem Tag war ich der einzige Gast. Winterberg findet es schade, dass man sich heute weniger für Jean Paul als für Richard Wagner interessiert. »Er hatte Humor und war ein echter Bierliterat, wie Jaroslav Hašek oder Bohumil Hrabal. Oder der polnische Autor Paweł Huelle, der ein sehr schönes Buch über Hrabal geschrieben hat.« Das Buch kenne ich gut, *Mercedes-Benz*. Ich liebe Gdańsk und besuche häufig das Café Balsam, in dem Huelle oft war und in dem es vermutlich das beste Pilsner Urquell außerhalb von Tschechien gibt.

»Schade, dass alle schon verstorben sind. Schade, dass man sie alle nicht zum Gulaschessen und Bier zu dir einladen kann. Hrabal, Hašek, Huelle und Jean Paul. Das wäre ein wahres Gulaschbierfest. Ist das Essen schon fertig?«

Doch mein Gulasch ist noch nicht fertig. Es braucht Zeit, so wie ein gutes Bier und die *Götterdämmerung.* Die Stadt Bayreuth kannte ich lange nur aus dem Zug und aus dem Radio. Und aus dem Kühlschrank, denn von hier kommt eins der bekanntesten Weizenbiere, Maisel's Weisse, das mittlerweile auch die tschechischen Supermärkte erobert hat, als eines der wenigen deutschen Biere. Ich mag auch das alkoholfreie Weizen. Winterberg schätzt das Kristall sehr. Das »Champagner-Weizen«, wie es auch genannt wird und für das man die Hefe aus dem Bier filtriert.

Die Brauerei Gebr. Maisel, gegründet 1887 in Bayreuth, ist bis heute ein Familienunternehmen, zu dem auch die Braumanufaktur Maisel & Friends, ein modernes Hotel, ein Wirtshaus und zu großen Teilen die Bayreuther Bierbrauerei gehören, in der das erfolgreiche Bayreuth Hell entsteht, das Winterberg als Wegbier so liebt. Nach dem Besuch der Brauerei kann man sich die tiefen historischen Felsenkeller, die Katakomben genannt werden und in denen man früher das Weizenbier lagerte, anschauen.

Im Hochsommer wird Bayreuth zur Pilgerstätte der Wein- und Champagnerwagnerianer, die wegen der Festspiele aus der ganzen Welt in die fränkische Stadt kommen. Die Straßen sind voll, die Lokale ebenso. Erst recht das Festspielhaus.

Wenn sich der Sommer dem Ende zuneigt, leert sich die Stadt. Ein paar verwirrte Wagnerianer trifft man auch dann noch. Offenbar überwintern manche in Bayreuth und besuchen jeden Tag Wagners Grab, das sich gleich hinter dem Haus Wahnfried befindet.

Das Gulasch kocht vor sich hin, im Radio läuft noch die *Götterdämmerung*, und ich erzähle Winterberg, wie ich in Bayreuth das Grab von Jean Paul besuchte. Es war schon dunkel, als ich den Friedhof betrat. Ein Mann führte mich an sein Grab, an dem ich in aller Ruhe ein Bier von Becher Bräu, auch eine wunderbare Bayreuther Brauerei, trank. Meine zweite Flasche Bier bot ich dem Mann an. So standen wir da, tranken Bier, und dann war der Mann weg.

Jean Paul nannte das Bier »Weihwasser«, »Seelentrank« und »die vorletzte Ölung«. Und litt immer dann, wenn er an einem Ort leben musste, wo es kein gutes Bier gab. Wie gut Winterberg das verstehen kann. Und ich auch. »Bin ich erst mal in Bayreuth, Himmel, wie werde ich trinken!«, rief der Schriftsteller in die große Welt hinaus. Wie glücklich muss er dann 1804 gewesen sein, als er nach Aufenthalten in Weimar, Berlin oder Coburg zurück nach Bayreuth kam. Ähnlich wie für Hašek oder Hrabal war für Jean Paul Bier viel mehr als nur Bier. Ein Kulturgut, ein philosophischer Treibstoff für das Schreiben und das Leben. Über seine Bierleidenschaft ist sogar ein Buch entstanden, eine Dokumentation: *Bier, Bier, Bier, wie es auch komme. Jean Paul und das Bier*, herausgegeben von Wolfgang Hörner.

Die Friedrichstraße, in der Jean Paul gelebt hat, ist die Prachtstraße von Bayreuth. Alle Häuser sind aus hellem Sandstein gebaut. In der Abendsonne erstrahlt der Sandstein in einem satten Gelb. Ähnlich wie das Bier, das ich an dieser Straße im Biergarten vor dem Wirtshaus Manns Bräu trank. Es war ein Kräußen Pils, ein ganz besonderes Bier, leicht trüb und fein bitter, was Jean Paul sicher geschmeckt hätte. Ich musste es am Stehtisch trinken, weil alle Sitzplätze belegt waren. »Richtig so. In Bayreuth trinkt man das Bier im Stehen«, rief mir ein Mann zu. Auch er war offenbar ein

Bierwagnerianer, so wie Winterberg. »Ich bin Bayreuther, aber im Festspielhaus war ich noch nie. Warum auch? Mir reicht es hier zuzuhören, was die Wagnerianer über die Aufführungen erzählen. Und wie sie sich untereinander streiten. Sie erzählen vom *Ring*, und ich zähle dabei die Ringe, die der Schaum beim Trinken im Bierglas hinterlässt.« Das macht jeder erfahrene Biermensch so. Jeder Bierphilosoph, also auch Winterberg. »Wagner lebte in der Villa Wahnfried, doch ich würde hier leben, in dieser Villa, bei Manns Bräu«, sagte der Mann noch.

Kein Wunder. Manns Bräu ist ein wunderschönes altes Lokal, in dem man stundenlang sitzen kann. Zur Brauerei Becher Bräu bestehen familiäre Beziehungen. Auch hier findet man ein gemütliches altes Wirtshaus. Zum Bier sollte man unbedingt die gegrillten Schweinshaxen mit Sauerkraut bestellen, die Spezialität des Hauses. Dazu passt wieder ein Kräußen Pils, eine Bierspezialität der Brauerei. »Als Student habe ich oft bei der Hopfenernte ausgeholfen. Wenn man zwischen den Fingern die Hopfendolden zerdrückt, duftet es wie dieses Bier, das auch so frisch, so angenehm, fast zitronig schmeckt. Und fein trüb ist«, erzählte mir einer der Gäste am Tisch.

Am Abend wird Manns Bräu zum Festspielhaus. Aufgeführt werden Festspiele der bodenständigen fränkischen Bierkultur und Küche. Schäufele, Sauerbraten, Schweinshaxe. Und sehr viel Bier, das aus einem alten Ausschank an die Tische gebracht wird.

Während ich erzähle, schaut Winterberg verträumt auf sein Bierglas und auf die Ringe, die das Bier auf dem Glas wie Spuren der Geschichte hinterlässt. Unsere Gulaschoper ist fertig. So auch die *Götterdämmerung* im Festspielhaus in Bayreuth. Die begeisterten Wein- und Champagnerwagnerianer klatschen aus dem Radio, ein Bierwagnerianer sitzt in meiner Küche und klatscht mit. Wir essen das Richard-Wagner-Gulasch und trinken das Bayreuther Bier, Winterberg und ich.

Ein Bier in Düsseldorf

Am 15. September 1987 spielten Die Toten Hosen aus Düsseldorf in der tschechischen Bierhauptstadt Pilsen. Zwei Jahre vor dem Zusammenbruch des sogenannten Ostblocks war die Band eingeladen zu einem Friedensfestival für ein Europa ohne Atomwaffen. Doch alles lief schief. Hunderte von Fans der Band reisten aus der DDR an – obwohl neben Bands wie Die Toten Hosen oder Einstürzende Neubauten auch sozialistische und regimetreue Popstars auftraten, deren Musik den Punks so gar nicht gefiel. Entsprechend endete der Abend mit einem Desaster.

Die Toten Hosen wurden backstage von der Volkspolizei zusammengeschlagen, vor der Bühne viele ihrer Fans. Die Band wurde mit einem Bus an der Grenze nach Furth im Wald gebracht und dort mitten in der Nacht einfach rausgeschmissen. Mehrere Kilometer mussten sie zu Fuß laufen, bis sie ein Gasthaus fanden. Die Tür machte eine junge Frau auf, die erschrocken begriff, wer da vor ihr stand. Ihre Lieblingsband. So wurde es mir erzählt, als ich zwei Musiker der Band in Düsseldorf nach einer Lesung kennenlernte.

Das tschechoslowakische Fernsehen brachte einen kurzen Beitrag über das Konzert. Man sieht, wie der Sänger Campino auf der Bühne Pogo tanzt, Pilsner Bier trinkt und mit diesem das immer durstige Punkpublikum vor der Bühne versorgt.

Die Genossen wollten uns zeigen, wie schlimm und dekadent die Punks waren und wie schrecklich die Punkmusik. Wie so oft erreichten sie genau das Gegenteil – sofort verliebten sich viele der tschechoslowakischen Teenager in Die Toten Hosen. Seitdem ist die Band bei uns Kult. Alle wollten sofort nach Düsseldorf fahren, so wie ich. Doch das war damals noch nicht möglich. Das Konzert von Die Toten Hosen in Pilsen spielt eine wichtige Rolle in meinem Roman *Vom Ende des Punks in Helsinki*, in dem viel Bier getrunken und viel Punkrock gehört wird.

Zum ersten Mal war ich in Düsseldorf in den Neunzigern im Auftrag der Brauerei Staropramen aus Prag. Mit meinem Freund Ladislav organisierte ich dort Bierverkostungen. Anders als in Leipzig, Dresden oder Stralsund lief das Geschäft in Düsseldorf nicht so gut. Bald wussten wir auch, warum. An Staropramen lag es nicht, wir konnten beobachten, dass auch die bayerischen Biere sich nicht gut verkauften. Als wir dann in einem Lokal das erste dunkle Altbier unseres Lebens verkosteten, verstanden wir sofort. Es schmeckte einfach großartig. Angenehm herb und doch leicht und süffig. Und so schön frisch.

Dieses Bier war nicht nur unser erstes Altbier, sondern auch unser erstes Ale, ein obergäriges Bier. Der Name Altbier hängt damit zusammen. Es geht um Bier, das nach alter Braukunst hergestellt wird. Altbier nennt man eigentlich ein obergäriges Bier. Neubier dagegen ist ein untergäriges Bier wie das bayerische Helle oder das Pils aus Pilsen und anderswo. Auch Staropramen ist in diesem Sinne ein Neubier. Offenbar war es dem Düsseldorfer Bierpublikum damals zu »neu«, auch wenn es sich um eine alte, traditionsreiche Marke handelte.

Das erste Altbier in der Brauerei Uerige haben wir damals in der Innenstadt getrunken. Ein kräftiges Bier, das so dunkel war wie die Wände des Lokals. Oder war es vielleicht in der Brauerei Im Füchschen? In der Hausbrauerei Zum Schlüssel? Oder doch in der Brauerei Schumacher, in der es das vermutlich hellste Altbier gibt? Oder woanders? Wir waren überall, denn wir waren begeistert vom Altbier.

Immer, wenn ich in Düsseldorf bin, bringe ich meinem Freund Ladislav zwei, drei Flaschen Alt mit. Dabei sollte man Alt eigentlich frisch vom Fass trinken. Und vor Ort. Also in Düsseldorf oder an den anderen Orten, wo es gebraut wird – zum Beispiel in Münster im Schankraum der Brauerei Pinkus Müller, die nicht nur bekannt ist für eine hellere Variante des Altbieres, sondern auch für ihre sehr gute Altbierküche.

Eine ganze Woche verbrachten wir damals in Düsseldorf, und es war eine der schönsten Bierwochen meines Lebens. Wenn ich heute nach Düsseldorf komme, freue ich mich, dass es die Lokale, Bars und Brauereien immer noch gibt, in denen wir damals unser ganzes Geld, das wir mit der Staropramen-Verkostung verdient hatten, gleich für Altbier und Frikadellen wieder ausgaben. Und für den Halven Hahn bei Schumacher. Die schlichte, fettarme, aber intensive Käsesorte, die in Österreich oder Tschechien als Olmützer Quargel bekannt ist, wird mit einem Roggenbrötchen serviert und passt hervorragend zu einem Glas Altbier. In der Brauerei Schumacher wird der Käse sogar in Altbier eingelegt.

Das Einzige, worüber wir uns ein wenig wunderten, waren die kleinen Gläser. Das kannten wir so aus Böhmen nicht. Als wir ein großes Alt bestellten, wurden uns zwei kleine gebracht. Klar, wir haben auch das bald verstanden. Im großen Glas kann das Bier schnell schal werden. Also trinkt man Alt immer aus einem kleinen Glas.

Um Nachschub muss man sich dabei keine Sorgen machen. Strich für Strich vermerkt der Köbes, wie man in Düsseldorf zum Kellner sagt, mit seinem Stift die Gläser auf einem Bierdeckel. Das ist gefährlich. Denn das Bier ist überall so gut, dass sich der Kreis entlang des Deckelrandes bald schließt. Ja, in Düsseldorf kann man sehr schnell »den Deckel rundsaufen«, wie man vor Ort sagt. Und dann sitzt man mit dem letzten Bier im Schumacher und schaut auf die Striche und auf das Bild, das auf dem Deckel abgebildet ist. Es stammt vom Maler Richard Bloos und zeigt einen heiligen Trinker, der mit einer Hand den schweren Kopf hält und mit der anderen noch ein allerletztes Alt bestellt.

Richard Bloos war ein wichtiger Vertreter der Düsseldorfer Malerschule, einer Gruppe von Malern, die etwa von 1819 bis 1918 aktiv war. Für die Brauerei Schumacher hat Bloos die Motive für die Bierdeckel und Speisekarten gestaltet. Man findet die Bilder hier bis heute.

Wenn ich in Düsseldorf bin, bin ich oft hier im Schumacher in der Oststraße. Vielleicht auch deswegen, weil es vom Hauptbahnhof nur ein paar Schritte bis ins Lokal sind. So kann ich beim Umsteigen schnell ein Alt in der Schwemme trinken. Das ist sowieso mein Lieblingsplatz. Ich mag es, dem Zapfer dabei zuzusehen, wie er einen sauberen Zapfhahn nimmt, das Holzfass mit einem einzigen sicheren Schlag seines Holzhammers einschlägt, während sein Kollege von oben mit einem Stachel entlüftet, damit das Bier besser fließen und gleich in die Gläser gefüllt werden kann. Stundenlang kann ich diese kleine Schankzeremonie beobachten und dabei alle Züge vergessen, die ich eigentlich nehmen wollte.

Das Stammhaus der Brauerei Schumacher, die schon in der dritten Generation von Frauen geführt wird, ist nicht nur ein toller Ort, wo man die Zeit und Sorgen bei gutem Bier und Essen vergessen kann, sondern auch eine Kunsthalle. Wahrscheinlich ist es die größte Gemäldegalerie in einem

Wirtshaus überhaupt. Man findet viele Motive aus der Stadt und viele Bilder der Düsseldorfer Malerschule wie eben von Richard Bloos. Und irgendwo, ein wenig versteckt, steht eine kleine Plastik der Heiligen Jungfrau Maria, die alles sieht und hört und manchmal über uns Biermenschen den Kopf schüttelt.

Die Brauerei, die älteste in der Stadt, befindet sich gleich im Hinterhof. Grundsätzlich werden drei Sorten produziert: das traditionelle bernsteinfarbene Schumacher Alt und das rotschwarze, etwas stärkere 1838, was sich auf das Gründungsjahr bezieht, und ein moderneres Altbier, bei dem die klassische Variante mit australischen und amerikanischen Hopfensorten neu interpretiert wird. Mit dem Latzenbier braut man zudem dreimal im Jahr ein Starkbier.

In der Brauerei wird nach wie vor handwerklich gearbeitet. Dabei wird im Sudhaus zuerst das Wasser in der Kupferpfanne mit dem geschroteten Malz vermischt und auf verschiedene Temperaturen erhitzt.

»Bei uns ist das eine Malzmischung aus hellem und dunklem Malz. Für Altbiere benutzt man immer eine Mischung aus verschiedenen Sorten. So kommt der klassische Bernstein- und Kupferton ins Bier. Man kann zum Beispiel verschiedene Münchner Malze mischen, man kann Karamellmalze und Röstmalze verwenden. Oder man nimmt als Basis ein sehr helles Pilsner Malz und erhöht den Anteil an Röst- und Karamellmalzen. Da wir versuchen, weitgehend auf gebranntes Malz zu verzichten, ziehen wir ein dunkleres Basismalz dem Pilsner Malz vor«, erklärt mir der Braumeister Christian Lastowski.

Im Läuterbottich wird dann die Würze vom Treber getrennt. Man kann sich diesen Prozess wie in einem Kaffeefilter vorstellen. Am Boden bildet sich eine dicke Filterschicht aus den Malzresten, durch die eine sehr süße Flüssigkeit zurück in die Pfanne fließt, in der sie mit Hopfen vermischt und verkocht wird. Dann geht's ab in das breite, lange und sehr niedrige Kühlschiff, in dem sich der sogenannte Trub absetzt und die Würze heruntergekühlt wird.

Wenn das geschieht, bekommt es die ganze Oststraße mit und der Fahrdienstleiter am Hauptbahnhof auch. Überall duftet es nach Malz und Hopfen. Solche Kühlschiffe gab es früher in vielen Brauereien, auch in den ganz großen wie in Pilsen. Heute verwenden die meisten Brauereien für die Würzeklärung stattdessen eine mechanische Zentrifuge namens »Whirlpool«.

Die Würze rieselt beim Schumacher dann über einen hohen und langen Kühler aus Kupfer, dessen Farbe sich im Bier widerspiegelt. Man muss dabei an einen kleinen Wasserfall irgendwo im Riesengebirge denken. Von hier aus geht es in den Gärkeller: Die dicke Schaumschicht bewegt sich, das Bier wird zu einem sehr lebendigen Organismus und fängt an zu atmen. Man kann dieses Atmen sogar hören, die unruhige und hungrige Hefe, die sich oben sammelt, sich schnell vermehrt und den Malzzucker in Alkohol verwandelt. Da die Hefe oben am Werk ist, spricht man beim Alt wie bei jedem anderen Ale von obergärigem Bier.

Vier Wochen braucht man in der Brauerei Schumacher für ein Altbier. Acht Stunden verbringt man im Sudhaus, zwei Tage dauert die Hauptgärung im Bottich, drei bis vier Wochen reift das Bier bei null Grad im Keller. »Abschließend wird es filtriert und abgefüllt«, sagt der Braumeister Lastowski. Und dann kann man es im Schankraum, wo ich immer so gern bin, an einem der Stehtische genießen.

Mehrmals habe ich in Düsseldorf im Kulturzentrum zakk aus meinen Büchern gelesen, im Zentrum für Aktion, Kultur und Kommunikation, im alten Arbeiterviertel Flingern. Gleich gegenüber vom zakk befindet sich auf einem Industriegelände die hochmoderne Brauerei Kürzer. Hier in Flingern werden neben Alt auch weitere Biere gebraut, die alle ganz wunderbar schmecken. Zum Beispiel das Rotbier, das Weißbier, das Helle oder auch das englische Pale Ale.

Die Toten Hosen haben sogar einen Song über das Altbier geschrieben. *Das Altbierlied*. Es ist auf dem Album erschienen, das sie damals in Pilsen vorgestellt haben: *Damenwahl*. Im Internet kann man sich nicht nur ein paar Videos von dem legendären Konzert anschauen, sondern auch die Setlist finden. Leider wurde die Liebeserklärung an das Altbier damals in Pilsen nicht gespielt. Dafür als Prophezeiung das Lied *Disco in Moskau* mit den Zeilen »Das Ende ist nah/Für Lenin und Marx/Das Ende ist nah/Disco in Moskau«. Zwei Jahre später war es tatsächlich so weit, und alle Punks im Osten konnten auf die Freiheit anstoßen.

Falls Die Toten Hosen aus der Bierstadt Düsseldorf irgendwann noch einmal in die Bierstadt Pilsen kommen sollten, müssen sie *Das Altbierlied* unbedingt nachholen. Die Tschechen würden diese Bierhymne lieben und die Zeilen »Ja, sind wir im Wald hier, wo bleibt unser Altbier/Wir haben in Düsseldorf die längste Theke der Welt« vermutlich mitsingen.

Nach dem Konzert würde ich die Band in die legendäre Fußballkneipe Zum nassen Ellbogen auf ein Pilsner Bier einladen. Ich glaube, der Ort würde ihnen gut gefallen. Zum Amphitheater in Lochotín, wo Die Toten Hosen am 17. September 1987 Rockgeschichte geschrieben haben, sind es nur ein paar Schritte.

Ein Bier in Köln

Einmal wurde ich in Köln von einer Flut mitgerissen. Gerade so habe ich meinen Rucksack und den Rollkoffer im Strom noch retten können.

Eigentlich wollte ich von Berlin nach Brüssel, doch ich habe den Anschluss verpasst. Allerdings freue ich mich über jede Verspätung in Köln, denn dann kann ich die Kathedrale besuchen. Ich meine nicht den Kölner Dom, sondern die Kathedrale des Bieres gleich nebenan, das Früh am Dom – nach dem Münchner Hofbräuhaus die zweitgrößte Bierhalle in Deutschland, aus der man dann die ganze Schönheit des gotischen Doms bewundern kann.

Ich hatte an diesem speziellen Tag nicht in den Kalender geschaut, sonst hätte ich mit diesem Hochwasser gerechnet, dieser Flut der Freude, dem Beginn der Karnevalszeit in Köln am 11. November um 11 Uhr und 11 Minuten. So wurde ich von dieser fröhlichen Flut mitgenommen und durch Köln getragen, mit meinem Rucksack und Rollkoffer. Vergeblich versuchte ich, einen guten alten Freund von mir anzurufen, der gerade in Köln war. Ich hatte keinen Empfang und konnte nur eine SOS-Nachricht absetzen.

Irgendwann spülte mich die Karnevalswelle in die Brauerei Päffgen. Für einen Moment saß ich allein in diesem wunderschönen alten Brauhaus, das ich früher schon einige Male besucht hatte. Seit 1884 wird in der Friesenstraße Bier gebraut, bis auf den heutigen Tag in traditioneller Handarbeit, so wie es sich für ein gutes Bier gehört.

Der Ausschank befindet sich gleich hinter der Eingangstür, in der Schwemme. Früher sind hier die Fuhrwerke durchgefahren, die Malz und Hopfen in die Brauerei gebracht haben. Heute kann hier jeder sehen, wie der Zappes, der Zapfer, Bier direkt aus dem Holzfass ausschenkt. Eins nach dem anderen, in hohem Tempo. Ein Kölsch, das Bierwunder von Köln. Ein helles obergäriges, klares, strohblondes Bier mit leichtem Schaum, im Geschmack angenehm trocken und im Körper so schlank wie die Stangen, aus denen es getrunken wird.

Das Kölsch ist mit dem englischen Ale verwandt und natürlich mit dem dunkleren Altbier aus Düsseldorf. Auch in Bonn wird ein verwandtes Bier gebraut, das Bönnsch, eine unfiltrierte Bierspezialität aus der ehemaligen Hauptstadt der alten Bundesrepublik. Auf Bönnsch ist man in Bonn genauso stolz, wie man in Düsseldorf auf das Altbier stolz ist und in Köln auf das Kölsch. Wir sollten uns darüber freuen, dass es in Deutschland und Europa so besondere Bierinseln gibt. In vielen Kölner Lokalen hängt eingerahmt die sogenannte Kölsch-Konvention. Sie bestimmt zum Beispiel, dass nur ein Bier, das in Köln und Umgebung gebraut worden ist, sich Kölsch nennen darf.

In Berlin ist Kölsch mein Theaterbier. Wenn wir mit Freunden im Deutschen Theater oder Berliner Ensemble sind, gehen wir nach der Vorstellung in die Ständige Vertretung, ins Köln an der Spree, wie dort neulich jemand sagte. Das erste Kölsch trinke ich immer schnell, nur in einem Zug, und ich freue mich vorher auf diesen Festakt. Die zweite Stange wird ebenfalls schnell getrunken. Das Prinzip ist dasselbe wie beim Altbier in Düsseldorf: Es sind kleine Gläser, damit das Bier immer frisch bleibt.

Als mir an jenem Karnevalstag der Köbes, wie man auch in Köln zum Kellner sagt, das dritte Glas brachte und es mit einem scharfen Strich auf meinem Deckel notierte, stand plötzlich mein Retter in der Tür. Martin Becker, ein alter

Freund, der meine Nachricht doch noch bekommen hatte, ein Schriftsteller und Radiomacher, der in Halle wohnt, aber oftmals in Köln für den WDR arbeitet. Kurz saßen wir allein am Tisch. Zwei Sekunden oder zwei Minuten, vielleicht waren es auch zwei Stunden. Bald stürmte das Karnevalsvolk das Brauereilokal, und die Köbesse bewegten sich mit leuchtenden Kränzen voller Kölsch durch die Räume wie Balletttänzer. Der Bierverkehr wird in einem Kölner Lokal vom sogenannten Beichtstuhl aus geregelt, einem verglasten Büro, das an ein Stellwerk bei der Eisenbahn erinnert. Von hier hat man Übersicht, wer wo sitzt, wer Durst und wer Hunger hat.

Martin ist im Sauerland aufgewachsen, in der Gegend von Veltins und Warsteiner. Gleich ums Eck wird dazu noch Krombacher gebraut. Drei Biermarken also, die man aus jedem deutschen Supermarkt und vielen Kneipen kennt. Später lebte Martin für ein Jahr in Bochum, so wie sein Vater. Dort lernte er den Ruhrpott und die dortige Bierkultur kennen. Martin erzählt viel von seinem Vater, der immer wieder auch in seinen Geschichten auftaucht. Zuerst war der Vater Bergmann, danach arbeitete er in einem Stahlwerk. Nach der Schicht trank er mit den anderen Arbeitern in einer Trinkhalle sein »Pilsken«, wie man im Ruhrpott zum Pils sagt. Oder ein Export. Ein Vollbier, das, zuerst in der Biermetropole Dortmund hergestellt, für die langen Handelswege stärker eingebraut und von den Bergmännern geliebt wurde.

Martin und ich haben schon an vielen Orten zusammen Bier getrunken. Im Ruhrpott, aber auch im Schatten der Stahlwerke im tschechischen Ostrava, das sehr an den Ruhrpott erinnert. In Leipzig in der alten Eckkneipe Frau Krause, die früher Marienburg hieß und in der man sich wie in einer Kneipe im Böhmischen Paradies fühlt. In Prag, wo sich einmal der in Köln geborene Schriftsteller Heinrich Böll mit Bohumil Hrabal im Wirtshaus beim Bier getroffen hat. Böll hat fast nichts von seinem Bier getrunken, und so musste schließlich Hrabal sein Glas leeren, wie er in einem seiner autobiografischen Bücher beschreibt.

Wir lesen gern Böll und Hrabal und glauben, dass Hrabal Kölsch im Päffgen genauso schmecken würde wie das Pilsner Bier im Goldenen Tiger in Prag. Und dass er sich in die derben Sprüche der Köbesse und in deren Humor verlieben würde und in die Art und Weise, wie sie das Bedienen zu einem immer gleichen und doch immer anderen Theaterstück machen. Auch ich mag es sehr, diese großartigen Spieler zu beobachten, und suche oft ein kleines Gespräch, wenn die nächste Stange auf dem Tisch landet.

Martin und ich haben zusammen nicht nur mehrere Abende in Prag, sondern auch in Köln verbracht, in der Stadt der großen Kirchen und Brücken und der wahrscheinlich kleinsten Biergläser der Welt, die mit 0,2 Litern noch ein wenig kleiner sind als die Gläser für das Altbier in Düsseldorf. Es war Martin, der für mich die Türe zum Kölsch aufgerissen hat. Ich glaube, wir haben zusammen schon alle Sorten verkostet, die in Köln gebraut werden, und alle Lokale besucht, die es in Köln gibt. Mehrmals haben wir im Bier-Esel zum Sünner Kölsch Muscheln im Biersud gegessen. Dieses Gericht passt zu einem Kölsch noch besser als der Rheinische Sauerbraten oder Himmel un Ääd, Himmel und Erde, das traditionelle deftige rheinische Gericht aus Stampfkartoffeln, Äpfeln, gebratener Blutwurst und gerösteten Zwiebeln, das ich einmal für meinen Vater im Böhmischen Paradies gekocht habe.

Im Lederer, einem Kultlokal gegenüber vom Funkhaus, haben wir mal die Aufnahmen für die Radioadaption von meinem Kneipenroman *Nationalstraße* gemacht, der in Prag spielt. Martin hat das Buch für den WDR bearbeitet und Regie geführt. So saßen wir da, tranken Kölsch, zeichneten die Soundkulisse auf und waren zugleich in Prag, wo wir uns vor zwanzig Jahren beim Bier im Ausgeschossenen Auge kennengelernt hatten und wo Martin später länger gelebt hat. Martin mag Prag, und ich mag Köln, wir beide mögen Kölsch und die Kölner Bierkultur. Lokale wie das Päffgen erinnern mich sehr an die Prager Lokale. Man kommt schnell ins Gespräch, man vergisst die Zeit und die vielen Striche auf dem Deckel, und man kann sich darüber unterhalten, was früher da war: Kölsch als Bier oder Kölsch als Dialekt? Vielleicht kann man es nicht trennen. Vielleicht ist beides in einem Fass zusammen entstanden.

Als Martin und ich das Päffgen verließen, nach vielen Stunden, war die Party in Köln schon vorbei. Die Stadt war sehr müde. Und ein wenig verkatert.

Ein Bier in Wuppertal

Was kann man machen, wenn man in Düsseldorf am Carlsplatz steht und plötzlich Lust auf ein Kölsch hat? Oder wenn man in Köln vor dem Dom steht und vom Altbier-Durst übermannt wird? Zum Glück sind Köln und Düsseldorf nicht weit voneinander entfernt. Oder man fährt gleich nach Wuppertal.

Im urigen Wirtshaus mit dem Namen Wagner am Mäuerchen, in dem gutbürgerlich gekocht wird, kann man sowohl Alt als auch Kölsch bestellen. Und sogar laut aussprechen, dass einem beides schmeckt. Dafür würde man in Köln von der Eisenbahnbrücke in den Rhein gestürzt werden und in

Düsseldorf sicher auch. Wuppertal hingegen ist die toleranteste Bierstadt in ganz Deutschland.

Genau das findet auch ein Freund von mir, der Köln und Kölsch und Düsseldorf und Alt liebt. Da er deswegen ein wenig zerrissen ist, lebt er in Wuppertal und mischt die beiden Biersorten, die biertechnisch, aber nicht bierphilosophisch verwandt sind, zusammen. Ja, manchmal auch in einem Glas. Wenn ihm mehr nach Köln ist, nennt er das Bier Kölschalt. Wenn mehr nach Düsseldorf, heißt es Altkölsch.

Es hört sich vielleicht ein wenig schräg an, doch ich kann den Freund von mir, der Dirk heißt und ähnlich wie Hana auch Hamburg, Hamburger Bier und die Bands der Hamburger Schule mag, gut verstehen. Auch ich fühle mich in Düsseldorf in der Brauerei Schumacher wohl, genauso wie ich mich in Köln in der Brauerei Päffgen wohlfühle. Wenn ich mich zwischen den beiden Großstädten entscheiden müsste, würde ich vielleicht, so wie er, nach Wuppertal ziehen und im Wagner am Mäuerchen Kölschalt oder Altkölsch trinken. Wenn Dirk nicht nach Kölsch oder Alt ist, bestellt er ein Pils, das es hier auch gibt. Oder ein Landbier.

Wir treffen uns oft in Wuppertal und fahren dann mit der Schwebebahn. So kann man in dieser Talstadt die Bahnzeit mit der Bierzeit gut verbinden. Die Strecke der Hängebahn von 1901 ist etwa dreizehn Kilometer lang. Über der Wupper und über ein paar Straßen schweben die Züge an einer massiven Stahlkonstruktion hängend, die grün erstrahlt. Früher gab es an allen der zwanzig Stationen zwischen Vohwinkel und Oberbarmen ein Lokal oder einen Kiosk. Heute sind es nur noch einige wenige. Bier wird in Wuppertal in der handwerklichen Barmer Brauerei gebraut, nicht nur Pils, sondern auch Spezialbiere, und auch ein Gasthaus gibt es dort. Das Bierbrauen hat in Wuppertal eine lange Tradition. Irgendwann gab es hier dreiundachtzig Brauereien, die bekannteste von ihnen ist die Marke Wicküler, die es zwar bis heute gibt, die aber nicht mehr in der Stadt gebraut wird.

Das macht meinen Freund traurig und noch zerrissener. So schweben wir über der Wupper, steigen aus, trinken ein Bierchen im Wagner am Mäuerchen, steigen wieder ein und wieder aus und gehen ins Café du Congo im Luisenviertel, in dem wir uns über das legendäre Wiener Schnitzel freuen. Dazu passt ein Pils von Rothaus aus dem Schwarzwald sehr gut, das in Wuppertal viele Freunde hat. Das kann man gut verstehen. Man kann sich sehr leicht ins Tannenzäpfle verlieben, mir ist es schon vor Jahren passiert, als ich im Schwarzwald wandern oder eher Zugwandern war. Ich kann mich noch daran erinnern, wie ich vor der Brauerei stand und traurig war, dass alles zu war.

Wie sich das perfekt gezapfte Pils aus dem Schwarzwald und das ähnlich perfekt zubereitete Schnitzel aus Wien nach Wuppertal verirrt haben, bleibt mir ein Rätsel. So wie die Geschichte eines Franzosen und einer Polin, die vor hundert Jahren das Café du Congo in Wuppertal gründeten und kurz danach die Stadt für immer verließen. Doch das Leben braucht solche Geheimnisse.

Irgendwann bringt uns die Schwebebahn nach Vohwinkel ins Lokal Locke. Die wunderschöne Eckkneipe, die der Besitzer Klaus Steinbeck seit 1989 führt, ist eine der letzten ihrer Art im Tal, wie man zu Wuppertal sagt, wenn nicht die letzte überhaupt. Und dazu ist es noch eine Eckkneipe mit Bahnblick. Deshalb kommen viele Eisenbahnmenschen auf ein Bierchen hierher, stehen dann vor dem Lokal und stoßen auf die Bahn und den Fahrer an. Wenn die Schwebebahn vorbeirollt, zittern drinnen leicht die Wände. »So weiß man, dass man noch am Leben ist«, sagt ein Stammgast. Und es kommen auch Filmmenschen. Unmittelbar vor der Tür des Lokals hat Tom Tykwer, der aus dem Tal kommt, die berühmte Szene für seinen dramatisch-poetischen Wuppertal-Film *Der Krieger und die Kaiserin* gedreht. Franka Potente wird nach einem Verkehrsunfall von Benno Fürmann dort gerettet, verliebt sich dabei in ihn und sucht ihn dann in der ganzen Stadt. Im ganzen Tal.

Klaus ist nicht nur Wirt im Locke, sondern auch Musiker. Sein Kopf mit dem Irokesenschnitt ist als Gag auch auf die Biergläser gedruckt. Keine Massenware fließt hinein, sondern nur ausgewählte Biere. Sehr gute Biere, nämlich aus Bayreuth, Hamburg und natürlich aus Wuppertal von der Barmer Brauerei. Und auch aus Schottland. In so einem Lokal darf ein Bier wie das Punk-IPA der Brauerei BrewDog aus Aberdeen nicht fehlen. Ein absolutes Kultgetränk der Craftbier-Szene.

Locke liegt an der Ecke Nietzschestraße und Kaiserstraße. Die Nietzschestraße ist deutlich kürzer als die Kaiserstraße, obwohl sich im Locke viel mehr Menschen für Friedrich Nietzsche und Philosophie interessieren als für den einen oder anderen Kaiser. Nicht selten hat jemand ein Buch von Nietzsche dabei und liest beim Bier aus dem Werk des Philosophen, obwohl Nietzsche kein Freund des Bieres und Alkohols war und sich Sorgen darüber gemacht hat, was der Bierkonsum mit dem Denken und den Denkern anstellt. Ganz anders als Karl Marx, der dem Alkohol offenbar sehr zugeneigt war, wie mir hier erzählt wird. Nach Marx wurde in Chemnitz, das zu DDR-Zeiten Karl-Marx-Stadt hieß, jetzt ein Bier benannt.

Nach drei Bier wird jeder zum Philosophen und Denker, das lernt man schon im ersten Semester, wenn man Wirtshausleben studiert, wie ich es in Liberec, Prag, Zürich und

Berlin getan habe. So ist es im Schwarzen Ochsen in Prag, im De Pilsener Club in Amsterdam und auch im Locke in Wuppertal.

Beim Bier werden existenzielle Fragen besprochen: Wer sind wir? Wohin gehen wir? Warum trinken Menschen, die sich prügeln wollen, nicht besser ein Bier zusammen? Gibt es ein Leben nach dem Bier? Warum hat das Bier früher besser geschmeckt? Ist nicht alles eine große Täuschung? Sind wir Menschen nicht längst im Bier zerflossen?

Früher oder später werden aus Bierphilosophen dann Experten für Weltpolitik, Klima, Fußball, Autobahn, Eisenbahn, Schwebebahn, Krieg, Frieden und für die Liebe. Und selbstverständlich auch für Bier. Als mein Freund Dirk erzählt, dass er manchmal Kölsch und Alt mischt, weil er eben ein zerrissener Mensch sei und nicht wisse, wohin er in diesem Leben gehöre, ob in die Kölschwelt, in die Altwelt, vielleicht auch doch nach Wuppertal, verspricht ihm ein Stammgast zu helfen. »Ich muss nur kurz austreten«, sagt er.

Als er zurückkommt, schläft er ein. So ist es immer. Das letzte Bier, das uns helfen könnte, alle Fragen und Probleme dieser Welt zu lösen, fehlt immer. Man muss am nächsten Tag zurück an den Tresen und wieder von vorn anfangen mit der Bierphilosophie.

Wenn man spät am Abend Dirk nach seinem Lieblingsbier fragt, ist es überraschenderweise kein Kölsch oder Alt, sondern ein Bier aus Crailsheim im Nordosten von Baden-Württemberg, wo die fränkische Bierkultur schon in der Luft liegt. Ein Kellerbier aus der kleinen Brauerei Engel. Ja, auch diesen naturtrüben Schatz, der ganz fein nach Hefe schmeckt, kann man entdecken, wenn man in Wuppertal unterwegs ist. »Prost, mein Engel« steht auf der Flasche. Das Engelbier ist so gut, dass es sogar als das einzige Bier im gut sortierten

Weinladen EstEstEst angeboten wird, in dem Dirk arbeitet und als DJ auflegt. Und dabei immer dieses Bier trinkt, bevor ihn dann die erste Schwebebahn nach Hause bringt.

Wein, Bier und Techno – auch diese Mischung funktioniert. Zumindest in Wuppertal.

Ein Bier in der Lausitz

Einmal bin ich in Rosenheim gestrandet. Die Bahnzeit hat gestreikt, alle Züge haben angehalten. So musste ich einen Tag und eine Nacht länger als geplant in Oberbayern bleiben. Mich stört so etwas nicht. Es gibt immer etwas zu erleben. Statt der Bahnzeit habe ich in Rosenheim eine sehr schöne Bierzeit mit Bieren aus der Brauerei Flötzinger verbracht.

Ganz besonders ist mir das kräftige Flötzinger 1543 Hefeweißbier in Erinnerung geblieben. Die Zahl bezieht sich auf das Jahr, in dem die Familienbrauerei in Rosenheim gegründet wurde. Auch das Helle war wie erwartet süffig und gut. Perfekt für einen schönen Nachmittag im Alpenvorland.

Später machte ich mich mit zwei Flaschen Bier auf den Weg zum Rosenheimer Friedhof. Ich nutzte die mir geschenkte Zeit, um das Grab von Otfried Preußler zu besuchen. Mit seiner Frau wohnte er in Stephanskirchen, auf der anderen Seite des Inn, nachdem er aus der Gefangenschaft in Russland endlich hatte zurückkehren können.

Ein Bier aus Böhmen an sein Grab zu bringen wäre vielleicht passender gewesen. Preußler kommt aus Liberec, aus Reichenberg, wo ich Germanistik, Geschichte und vor allem Wirtshausleben studiert habe. Oder ein Bier aus der Lausitz, aus der Brauerei Wittichenau, das in seinem Roman *Krabat* getrunken wird, während sich die Mühlknappen in Pferde oder Ochsen verwandeln und dann wieder in Menschen. Die Oberlausitz, die Region, in der *Krabat* spielt, ist mir vertraut. Immer, wenn ich aus Böhmen nach Berlin reise und Bier, Bücher oder Kursbücher mitnehmen muss, fahre ich über Zittau, Bautzen und Hoyerswerda.

Auf der Trasse liegen gleich mehrere ausgezeichnete Brauereien. Wenn man aus Nordböhmen kommt, kann man an der Grenze eine kleine Bierpause einlegen, und zwar im tschechischen Varnsdorf, das schon in der Lausitz liegt. Am Rand der Stadt steht eine kleine Brauerei, die mittlerweile bis nach Prag und Dresden bekannt ist. So gut sind die Biere, die hier in einer alten Kupferanlage zubereitet werden. Kocour heißt das Brauhaus, Kater auf Deutsch, was womöglich mit einem Brauereikater, der hier lebt, oder mit dem Spitznamen einer Diesellok zu tun hat.

Das würde gut passen, denn viele Eisenbahnmenschen aus Böhmen und Sachsen kommen direkt mit dem Zug hergefahren, weil es die einzige Brauerei in ganz Tschechien ist, die einen eigenen Haltepunkt hat. Ich erinnere mich, wie ich einmal zu einer Lesung mit dem Zug aus Wien in die Brauerei gekommen bin. Wenn die Bahnzeit nicht streikt, ist die Brauerei in Varnsdorf auch heute noch sehr unkompliziert zu erreichen, mit nur ein paar Umstiegen. Im Sommer kann man sogar in ausrangierten Schlafwagen auf dem Brauereigelände übernachten.

Von Varnsdorf ist es nicht weit nach Eibau, wo seit 1810 das in der Region sehr bekannte und zu Recht beliebte Schwarzbier gebraut wird, eines der ältesten Schwarzbiere in ganz Deutschland. Von hier aus ist es nicht mehr weit nach Bautzen, in das historische Zentrum der Obersorben aus der

Oberlausitz. Direkt am Spreeufer kann man im vielleicht schönsten Biergarten von ganz Sachsen ein Craftbier von Frenzel-Bräu verkosten. In diesem Teil der Oberlausitz wird viel Hopfen angebaut, mit dem in der Brauerei gearbeitet wird. Das Anbaugebiet Elbe-Saale zieht sich von hier bis nach Thüringen und Sachsen-Anhalt. Es handelt sich dabei um die zweitgrößte Hopfenregion in der Bundesrepublik, gleich nach der Hallertau in Bayern.

Von Bautzen ist es nach Wittichenau nur ein Katzensprung.

Mein alter Saab 900, Baujahr 1992, passt gut zu *Krabat*, meint meine Freundin Hana, die Preußler so gern mag. Und sie mag auch Gerhard Gundermann, einen Liedermacher aus dem Tagebau. In den Gruben sind viele Dörfer der Gegend, in denen Sorbisch gesprochen wurde, verschwunden.

»Der Saab sieht wie ein Sarg aus«, sagt Hana. Schade nur, dass der alte Schwede weiß und nicht schwarz ist. Das würde noch besser passen. Zu *Krabat*, zum Ton des Buches. Zu unserem Ausflug in die Lausitz und zu dem Bier, das hier gebraut wird. Denn in dem düsteren und atmosphärischen Buch spielt die Farbe Schwarz eine große Rolle. Das Buch handelt von einer Schwarzen Mühle, die die Einheimischen weiträumig umgehen. Es handelt von schwarzer Magie, die dort der seltsame Meister den Mühlknappen beibringt, und es handelt von schwarzen Raben, in die sich Tonda, Michal, Krabat und andere Burschen verwandeln. Am Ende des Jahres muss immer einer von ihnen sterben.

»Auch das Bier, das im Roman getrunken wird, muss ein schwarzes Bier sein«, meint Hana. »Trüb, dunkel und schwer, wie das Wasser im Dubringer Moor.« Nur die Liebe zur Kantorka, die Krabat am Ende rettet und den bösen Meister in die Hölle stürzt, trägt keine schwarze Farbe.

Als ich Wittichenau zum ersten Mal mit Hana besuchte, lag die ganze Oberlausitz im Nebel. Wir mussten sehr langsam fahren. Hana las aus *Krabat* vor, und es hörte sich wie eine Geisterbeschwörung an. Auch die Stadt Wittichenau, Kulow auf Sorbisch, versteckte sich vor uns im Nebel. Die menschenleeren Straßen, der menschenleere Marktplatz, der menschenleere ehemalige Bahnhof.

Im Nebel konnten wir die Brauerei beinah nicht finden. Wir sahen nur grobe Umrisse, denn der dichte Nebel lag über allem. Auch über dem Kirchhof und der Pfarrkirche, in der tatsächlich ein Mann namens Krabat begraben liegt, der einst in der Gegend zwischen Hoyerswerda, Wittichenau, Königswartha und Groß Särchen gelebt hat. Ein »Croat aus Agram«, ein Kroate aus Zagreb, soll er sein, so steht es auf seinem Grab. Ein Soldat, der zur Leibkompanie der Kroaten zu Ross des sächsischen Kurfürsten gehört haben soll.

Irgendwann wurde aus dem Kroaten, der reich war und sich mit schwarzer Magie auskannte und zaubern konnte, der Krabat. Preußler ist nicht der einzige Autor, der sich von dieser sorbischen Sage, die in vielen Versionen erzählt wird, inspirieren ließ. Freunde von mir aus Bautzen, die dort am Theater arbeiten, lieben die Bücher des sorbischen Schriftstellers Jurij Brězan, der sogar eine Trilogie über Krabat schrieb.

Nebel lag auch über dem Getränkemarkt der Brauerei, wo Hana und ich uns ein paar Biere kauften. Eine Wirtschaft haben wir im Nebel nicht gefunden. So saßen wir im Auto, das sich auch schon mit diesem sehr dichten Oberlausitzer Nebel füllte, und haben auf dem Parkplatz das Bier getrunken. Die Biere haben uns sehr gut geschmeckt. Hana trank ein Krabat Pils, ich trank ein Alkoholfreies.

Es war Hana, mit der ich irgendwann auf die Biere der Familienbrauerei aus Wittichenau gestoßen bin, in einem

Bio-Supermarkt in Berlin. Dort gibt es auch die Spitzenbiere der Brauerei Lammsbräu aus Neumarkt in der Oberpfalz, die seit 1984 ausschließlich aus Bio-Zutaten braut und heute im Bio-Segment die führende Marke auf dem deutschen Markt ist. Genauso gern trinke ich die Biere aus der Riedenburger Brauerei aus dem Altmühltal. Oder die Biere der Brauerei Störtebeker in Stralsund. Und eben auch die Biere von Quartiermeister aus Wittichenau.

Zuerst dachte ich, dass es sich um eine der neuen Berliner Brauereien handelt. Denn ich wusste damals noch nicht, dass Quartiermeister ein großartiges gemeinnütziges Bierprojekt ist, das mit jedem verkauften Schluck viele Projekte im sozialen oder kulturellen Bereich unterstützt. Und dass die Biere aus Wittichenau kommen, aus der Gegend von Krabat und Gundermann. Darauf hat mich erst Hana gebracht.

Die Stadtbrauerei, seit 1940 im Besitz der Familie Glaab, war an jenem nebligen Tag geschlossen. Ich konnte sie erst einige Monate später besichtigen. In den alten Räumlichkeiten befindet sich eine hochmoderne Anlage. So wie in der Schwarzen Mühle in *Krabat* gibt es auch in dieser Brauerei unter dem Dach ein altes Mühlwerk. Hier wird Malz zerdrückt und zerkleinert, bevor es mit Wasser gemaischt und anschließend mit dem Hopfen verkocht wird. Zu fein gemahlen darf das Malz nicht sein, dann würde es beim Läutern das Sieb im Läuterbottich verstopfen.

Dank *Krabat* und Otfried Preußler wissen wir, dass Bier über magische Kräfte verfügt. Als Werber in der Schwarzen Mühle auftauchen und den Mühlknappen aus dem Koselbruch drohen, in den Krieg ziehen zu müssen, werden die Männer mit Bier unter den Tisch getrunken. Doch dies ist kein gutes Bier, wie man es aus Wittichenau kennt, sondern ein Trunk, nach dem man am nächsten Morgen einen sehr schweren und schwindeligen Kopf hat. Die Mühlknappen hatten das brackige Traufwasser aus einer Regentonne in Bier verwandelt. Am nächsten Tag geht es den Werbern nicht gerade gut.

Keine Angst. Mit Traufwasser wird in Wittichenau nicht gebraut und beim Brauen auch keine schwarze Magie angewendet. Wie in jeder anderen Brauerei ist hier der Zeremonienmeister ein Braumeister, der aus Malz, Hopfen, Wasser und Hefe das perfekte Bier zaubert. Unter anderem ein schwarzes Bier.

Im Buch von Preußler verwandelt der Meister der schwarzen Magie seine Lehrlinge immer wieder in schwarze Raben, und bald erlernen auch sie selbst diese Kunst. Ich kann mir nicht vorstellen, dass es einfach ist, jemanden in einen Raben zu verwandeln. Ich glaube, dass man zuvor mindestens ein Glas von diesem schweren Bier trinken muss, das genauso schwarz ist wie der Nachthimmel über der Lausitz. So schwarz wie das Holz der morschen Bäume im Moor, die ich mit Hana gesehen habe. So schwarz wie das Federkleid der Raben. So schwarz wie das Bier aus Wittichenau, das sich auf die Sage von Krabat bezieht und Schwarzer Müller heißt. Doch man muss keine Angst vor diesem Bier haben. Nicht einmal nach zwei Gläsern beginnen einem Federn zu wachsen, ich habe es selbst ausprobiert. Aber nach fünf… wer weiß! Hana sagte, ich solle es lieber nicht versuchen.

Mir scheinen die Biere aus der Lausitz sehr böhmisch, was vielleicht mit der geografischen Nähe zusammenhängt. Und vielleicht noch mehr mit der gemeinsamen Geschichte, denn die Lausitz hat bis zum Jahr 1635 mehrere Jahrhunderte zu den sogenannten Ländern der Böhmischen Krone gehört und wurde von Prag aus regiert. Die sorbische Sprache, ganz besonders das Obersorbisch, kann ich als Tscheche ziemlich gut verstehen.

Mit dem Niedersorbischen, das im Norden der Lausitz, in Cottbus und im Spreewald gesprochen wird, ist es für uns Tschechen ein wenig schwieriger. So auch mit dem Bier. Im Vergleich mit der Oberlausitz gibt es in der Niederlausitz nicht viele Orte, die heute gutes Bier anbieten. Man kann aber ins Kloster Neuzelle fahren, in dem alles an klassischen Biersorten bis zu den Spezialbieren geboten wird, darunter sogar Kartoffelbier oder Spargelbier. Oder ein kräftiges dunkles Bier unter dem Namen Mord und Totschlag.

Auch dieses kräftige Bier, das Mord und Totschlag, das schon im siebzehnten Jahrhundert in Kyritz in der Prignitz gebraut wurde, würde zu *Krabat* passen. Denn die Mühlknappen müssen einmal im Jahr in der Osternacht an einer Stelle übernachten, wo irgendwann einmal jemand gewaltsam zu Tode gekommen ist, wie am Kreuz »Bäumels Tod«. Viele Orte aus den Geschichten um Krabat lassen sich tatsächlich in der Landschaft finden. So auch Bäumels Tod. Das kleine Kreuz befindet sich unter einem Felsen im Isergebirge, von wo es Preußler in die Lausitz brachte. An diesem magischen Ort, wo es tatsächlich zu einem Unglück kam, war ich nur einmal. Auch dort habe ich ein Bier getrunken. Im Dickicht der Wälder würde ich es heute vermutlich nicht wiederfinden.

In Cottbus lebt ein Mann, der an die magische Kraft der Bierdeckel glaubt. Matthias Körner, ein bildender Künstler, der viel mit Glas arbeitet. Als die letzte Pandemie in der Welt tobte, hat er mit den Bierdeckeln gegen die Vereinzelung und Einsamkeit gekämpft und sich mit Künstlern aus der ganzen Welt ausgetauscht. Hana und ich haben uns im Dieselkraftwerk, wo sich das Brandenburgische Landesmuseum für moderne Kunst befindet, seine Ausstellung angesehen. Jeder Bierdeckel erzählt eine kleine Geschichte. Ich kenne viele Biermenschen, die Bierdeckel sammeln, aber so eine Kollektion habe ich vorher und nachher nie wieder gesehen.

Von Wittichenau sind wir weiter durch den Nebel gefahren. Hana wollte sich noch ein paar Orte anschauen, die sie aus *Krabat* kennt. So haben wir auch die Mühle Schwarzkollm besucht, einen Nachbau der Schwarzen Mühle aus dem Buch, und dort Plinsen gegessen, zu denen das schwarze Bier aus Wittichenau gut passt.

Später haben wir am Dubringer Moor gehalten. Wir stiegen aus und liefen zu Fuß weiter. Wir nahmen ein paar Biere mit, mit und ohne Alkohol, und gingen mit diesem Bier und einer zerlesenen Ausgabe von *Krabat*, aus der Hana vorgelesen hat, irgendwann im Nebel verloren. Wir hatten uns im Moor verlaufen. Vergeblich suchten wir den Rückweg. Stattdessen sahen wir zwölf Raben, wie sie auf einem Ast saßen und uns anschauten.

Als wir unser Auto nach ein paar Stunden endlich gefunden hatten, war es schon dunkel. Hana hatte recht. Der alte Saab sah jetzt tatsächlich wie ein Sarg aus. Ein weißer Sarg im dunklen, nebeligen Moor, irgendwo in der Lausitz. In Łužica, wie man auf Obersorbisch sagt. In Łužyca, wie man auf Niedersorbisch sagt. Zum Glück lag drinnen im Wagen keine Leiche, wie wir befürchtet hatten, sondern es waren nur unsere Sachen da und der Kasten Bier aus Wittichenau. Alles im Nebel verhüllt.

Übernachtet haben wir in Hoyerswerda, in Wojerecy, wie die Stadt auf Sorbisch heißt. Wir besuchten das legendäre Lokal Broilerbar, in dem man zum Wittichenauer Bier einfach Broiler mit Salat und Pommes bekommt. Und sich dabei viele Geschichten anhören kann über diese einst so modern angelegte Stadt der sozialistischen Zukunft mit ihren breiten Chausseen und Plattenbauten. In jedem Karree befand sich eine Gaststätte wie die Broilerbar. Das ist alles schon lange her. Heute werden die Plattenbauten abgerissen, und viele ziehen aus der Gegend weg.

Überall in der Lausitz und nicht nur dort sieht man den Leerstand. Vielleicht könnte uns Preußler helfen. Neben Krabat hat er auch andere literarische Figuren erschaffen. Darunter einen gewissen Räuber Hotzenplotz. Irgendwann überlegt der Räuber, dass er brav und anständig sein möchte. Warum also sollte er nicht als Wirt im Wirtshaus Zur Räuberhöhle im Wald arbeiten?

»Wir brauchen mehr Räuber, die gut sein möchten«, sagt Hana. Im ländlichen Raum gibt es so viele Wirtshäuser und Gasthäuser und Kneipen, die in einen Dornröschenschlaf gefallen sind und die man mit neuem Leben füllen könnte. Dann würden vielleicht weniger Menschen weggehen. Vielleicht könnten die Räuber sogar ein paar Brauereien gründen. Das Brauen mit der Hopfensau, wie ich es in Bamberg kennenlernen durfte, scheint sehr einfach zu sein. Das könnte jeder ehemalige Räuber einmal versuchen.

Auch über die Autorin Brigitte Reimann haben wir an unserem Abend in der Broilerbar erfahren, dass sie in Hoyerswerda gelebt und gearbeitet hat. Und selbstverständlich auch über Gerhard Gundermann, den singenden Baggerfahrer aus dem Tagebau.

»Die Lunge ist wie n Sack mit Kohlebrocken voll/Im Herzen Asche in den Adern Alkohol«, singt der früh verstorbene Gundermann, der allerdings mehr Wein als Bier getrunken haben soll, wie uns erzählt wird, in seinem Song *Brigitta*. Der Name bezieht sich nicht auf eine Frau, sondern auf einen aufgegebenen Tagebau.

Am nächsten Tag lichtete sich der Nebel. Die Sonne strahlte, und der alte weiße Saab strahlte nach dem Besuch der Waschanlage auch wieder. Wir fuhren noch einmal nach Wittichenau und hörten dabei Gundermann, weil wir vorher noch sein kleines Museum, die sogenannte »Schaltzentrale« in Hoyerswerda, und auch sein Grab auf dem Waldfriedhof besucht hatten: »Hier bin ich geborn/Wo die Kühe mager sind wie das Glück«, singt der Liedermacher.

Auch Wittichenau strahlte in der Sonne. Von Nebel keine Spur. Wir gingen zur Brauerei und schauten auf den Schornstein und sahen Vögel in ihrem Nest stehen. Es waren keine schwarzen Raben, sondern zwei Störche. Sie beziehen jedes Jahr ihr Nest in der Brauerei. Vielleicht ist es der Duft von Malz und Hopfen aus dem Sudhaus, der sie anzieht.

Auch darüber musste ich nachdenken, über die Störche und Raben, die Brauerei und den Nebel, als ich auf dem Friedhof in Rosenheim das Grab von Otfried Preußler besuchte und mit ihm dort ein Bier trank. Am nächsten Tag hatte die Göttin der Eisenbahn die Bahnzeit repariert. In Rosenheim kaufte ich noch ein paar Biere vom Flötzinger Bräu zum Mitnehmen, dann stieg ich in den Zug und fuhr zurück nach Berlin.

Ein Bier in Hamburg. Und an der Elbe und der Küste entlang

Es soll eine Tradition in Hamburg gegeben haben, die mir sehr gefällt. Wenn die Schiffe in See stachen, rief man ihnen bei der Ausfahrt aus dem Hafen nach: »Kehr wieder!« Den Schiffen und vor allem den Matrosen.

Ich dachte, so etwas sagt man nur bei uns im Böhmischen Paradies. Denn genau diese Worte ruft meine Mutter meinem Vater nach, wenn er wie ein einsames Schiff in die Dämmerung aufbricht. Er geht nicht auf eine Seereise, sondern ins Wirtshaus. Doch hohe Wellen oder Sturm können einen Matrosen überall überraschen. An der Nordsee und im Böhmischen Paradies.

Kehrwieder ist auch der poetische Name einer Biermanufaktur aus Hamburg, deren Biere wie ein Stück Poesie sind. Die Brauerei hat mir schon vor Jahren Hana empfohlen, die so gern Otfried Preußler liest, dabei mit seinem *Krabat* durch die Lausitz wandert und von einem Bad im Milchschaum von Pilsner Urquell träumt. Hana mag zudem Hamburg. Sie hat dort studiert und die Bands der Hamburger Schule gehört: Tocotronic, Die Sterne oder Die Regierung.

»Warum wohnst du denn in Berlin und nicht in Hamburg?«, fragte ich sie neulich.

»Dann hätte ich nicht die Sehnsucht nach Hamburg, nach all den Kneipen im Schanzenviertel, wo ich früher so oft unterwegs war. Und nach einem Astra.«

Einmal sind Hana und ich zusammen nach Hamburg gefahren. Entlang der Elbe gibt es mehrere Brauereien, da kennt sich mein guter Freund Atom aus Nymburk sehr gut aus, für den der Strom ein wahrer Bierfluss ist. In Tschechien und auch in Deutschland wird an der Elbe Bier gebraut. Das Schmilkaer Brauhaus, in dem man sich auf Bio-Biere konzentriert, findet man in der Sächsischen Schweiz direkt an der Grenze.

In Dresden, der sächsischen Landeshauptstadt, wird nicht nur an mehreren Orten gebraut, sondern auch ordentlich getrunken. Biere von Watzke oder von Lohrmanns Brew sind sehr beliebt, und das Bautzner Tor gehört zu den Lokalen, in die ich immer gehe, wenn ich in Dresden bin. Eine sehr schöne Spelunke in der Neustadt für alle Nachtgestalten, mit böhmisch-sächsischem Bier und sächsisch-böhmischer Küche. Und mit zwei guten Freunden von mir, die in der Stadt leben, falls sie nicht gerade Zug fahren. Wenn ich ins Bautzner Tor komme, ruhen vor Michi und Micha auf dem Tisch wie auf einem Altar immer ein Bier und eine Literflasche Dresdner Worcestersauce, die man hier zum Würzfleisch als Schnaps Dresdner Art trinkt. Man sagt Sarglack dazu. Manche Nachtgestalten schmücken mit ein paar Tropfen der dunklen Soße sogar die weißen Haare der Schaumkrone. Die Tränen der Nacht, so nennt es hier ein Bierpoet, der aus der nahen Bergmannstadt Freiberg kommt und mir von dort immer zwei Flaschen Freiberger Bier mitbringt, das ebenfalls böhmisch-sächsisch schmeckt.

Auch in Meißen wird gutes Bier gebraut. Ich weiß noch, wie mir Atom begeistert vom Schwerter Pils aus der ältesten Privatbrauerei in Sachsen erzählte, das auch in Nymburk an dem legendären Brauerei-Kiosk unter den heiligen Trinkern sehr gut ankam, als er es dort einmal ausschenkte. Und das ist wirklich eine Auszeichnung.

In Magdeburg ist von der einst so großen Brauerei Bodenstein nur das alte Sudhaus geblieben, das als Baudenkmal in die Höhe ragt und etwas von einem Kirchturm hat, ja vom Magdeburger Dom. Die Biermarke gibt es immer noch, sie wird jedoch an anderer Stelle gebraut. Empfehlenswert vor Ort ist das Brauhaus im Stadtteil Sudenburg.

Und irgendwann kommt Tangermünde, eine ruhige Stadt in der Altmark, ein überraschender Höhepunkt der Bierreise entlang der Elbe. Die Altmark verbindet mit Böhmen mehr, als man denken würde. Hoch über der Elbe findet man in Tangermünde im Park nicht nur einen gemütlichen Biergarten der Brauerei Schulzens, sondern auch eine Statue des Kaisers Karl IV., der von Prag aus über die Altmark regierte. So gesehen war ein Biermensch wie Atom wenig überrascht, dass es in der Altmark mehrere gute Brauereien gibt. Die Brauerei Schulzens kann man in Tangermünde an jedem Arbeitstag besuchen und dabei dem Brauer über die Schulter schauen. Das feinherbe Altmarkgold wird als Pilsner »nach böhmischer Brauart gebraut«.

Tangermünde ist auch für ein dunkles Bier bekannt, das Kuhschwanzbier, das früher bis nach Hamburg verschifft wurde. Das Brauwasser holte man aus dem Fluss Tanger, in dem die schwarzen Kühe mit ihren langen Schwänzen badeten – so ist der Name für dieses in der Altmark beliebte Bier entstanden.

Und dann sind wir in Hamburg, Hana und ich. Hana hat recht. Wenn man an Bier und Hamburg denkt, denkt man sofort an das Viertel St. Pauli und sieht vor Augen das Ankerherz, das die kleinen Flaschen von Astra schmückt. Die Biermarke strahlt etwas leicht Rebellisches und trotzdem sehr Beschützendes aus. Das Urtyp ist ein einfaches Pils, das jeder trinken kann. Ein ideales Wegbier und Fußballbier. Das Bier wurde einst in der Hopfenstraße gebraut, heute wird es vorwiegend zusammen mit der zweiten großen Marke, Holsten, am Rande von Hamburg hergestellt. Vor ein paar Jahren kehrte Astra zudem nach St. Pauli zurück und eröffnete dort ein Brauhaus mit einem Lokal, in dem auch andere Sorten gebraut werden.

Im fünfzehnten und im sechzehnten Jahrhundert war Hamburg eine Bier-Metropole. Ja, man sprach sogar von der Stadt als »Brauhaus der Hanse«. Hamburger Bier wurde in die anderen Hansestädte gebracht und auf Schiffen weiter nach England, Frankreich und bis nach Island.

Über die große Biergeschichte der Hafenstadt erfährt man viel während der Führung durch die Brauerei Ratsherrn im Schanzenviertel, deren Biere sehr beliebt sind. Die Brauerei betreibt gleich mehrere Lokale, darunter auch eins bei mir in Berlin-Kreuzberg, wo ich oft hingehe. Einer der Orte, von dem ich weiß, dass ich dort immer ein perfekt gezapftes und gepflegtes Bier bekomme. Das ist in Berlin leider keine solche Selbstverständlichkeit wie in Prag, Bamberg oder in München. Mein Lieblingsbier von Ratsherrn ist vielleicht das extra gehopfte Hoppy Pilsener.

Hanas Lieblingslokal in Hamburg ist die Oberhafen-Kantine, die tatsächlich einmal eine sehr beliebte Kantine in diesem Hafen war. Das kleine Häuschen steht ziemlich schief und schräg da. Mehrmals wurde es vom Hochwasser überflutet und von der Strömung unterspült. Doch es wurde immer wieder gerettet.

In der Kantine, die wie ein Märchenhaus aussieht, gibt es nicht mehr als fünfzig Plätze. »Nach einem Bier weiß man nicht, was hier schief geraten ist. Der Mensch. Das Haus. Oder sogar die ganze Welt? Das gefällt mir gut«, sagt Hana und zitiert kurz einen Song der Band Die Sterne: »Kannst du nicht richtig laufen? Oder was lief schief?«

Hier kann man eine sehr schöne Bierzeit verbringen und sehr viel Bahnzeit, denn über dem Lokal rattern auf einer Brücke die Züge. Und weil die Kneipe im Hafen liegt, freut man sich hier auch über die Schiffzeit. Man kann sich vorstellen, wie die Schiffe aus Böhmen vorbeiziehen, für die es einmal einen eigenen Hafen in Hamburg gab, den Moldauhafen.

In der Oberhafen-Kantine kann man sehr gut Matjes und Labskaus essen. Dazu passt das herbe Pils von Jever. So wie oft am Meer wird es auch hier entlang der Küste getrunken. Zudem gibt es Bier von der Brauerei Mahn & Ohlerich aus

Rostock. »Beim ersten Schluck denkt man an ein Helles, dann schmeckt es wie ein Pils«, sagt Hana. Vielleicht ist genau dieses Bier das ideale Getränk für einen Mitteleuropäer, der an die Nordsee oder Ostsee fährt.

In Hamburg haben wir auch die Biere der Brauerei Störtebeker aus Stralsund verkostet, die mit der Brauerei Ratsherrn verbunden ist. Sowohl in Hamburg als auch in Stralsund setzt man auf die Zeit als Qualitätszeichen für gutes Handwerk. Von Stralsund wiederum ist es mit dem Zug nur ein Katzensprung nach Rambin zur Inselbrauerei auf Rügen, die nicht nur tolle Biere von Pils über Baltic Ale bis zum Stout braut, sondern die Bierspezialitäten zudem wie Kunstwerke verpackt.

Alle diese Biere von der Nordsee und Ostsee kann man trinken, wenn man nach Hamburg fährt. In die Stadt, »wo am Hafen die Fische und die Schiffe schlafen«, wie die Band Die Lassie Singers singt, die allerdings, wie Hana, nicht aus Hamburg, sondern aus Berlin-Kreuzberg kommt.

Auf den ersten Alben von Hanas Lieblingsband Tocotronic singt Dirk von Lowtzow viele melancholische Lieder über das verregnete Hamburg. In einem der frühen Songs geht es ums Verlassenwerden und ein Trostbier in einem Bus nach Hamburg-Bahrenfeld. Da war ich noch nie. Hana wollte mich nicht dorthin begleiten. Eine Reise nach Bahrenfeld mit einer Flasche Bier müssen alle allein machen, sagte sie.

So habe ich mir eine Flasche Kehrwieder gekauft und bin am Bahnhof Altona in den Bus eingestiegen. Mit dem Bier in der Hand und dem Song von Tocotronic im Ohr fuhr ich nach Bahrenfeld. Dort bin ich ausgestiegen und habe das Bier getrunken. Ein sehr gutes Bier, wie alle Biere der Brauerei Kehrwieder, da hat Hana recht. Ich wartete, ob nicht etwas passieren würde. Es hätte nicht gleich ein Wunder sein müssen, nur irgendetwas. Doch es ist nichts, absolut gar nichts passiert. So wäre es vermutlich in diesem Moment auch an den anderen Orten entlang der Elbe gewesen. Ich musste an das kurze Gedicht denken, das ich einmal in Nymburk auf einen Bierdeckel geschrieben habe:

Nymburk
Magdeburg
Hamburg

Ein Fluss, drei Orte, so viele Biere.

Vielleicht hing die Ereignislosigkeit in Bahrenfeld damit zusammen, dass ich ein alkoholfreies Bier gewählt hatte. Ein köstliches IPA mit dem Namen ü.NN (überNormalNull), das erste deutsche alkoholfreie India Pale Ale. Ich legte die leere Flasche neben eine Mülltonne. Und dann passierte doch etwas: Ein Paar lief über die Straße. Zwei Hunde. Sie schnüffelten an der leeren Bierflasche und liefen weiter der Nacht entgegen.

Irgendwann kam der Bus, und ich fuhr wieder zurück zum Bahnhof Altona. Hana wartete auf mich in einer Bar. Wir haben zusammen noch ein kleines Jever getrunken und dann ein kleines Flensburger und konnten uns nicht einigen, welches Bier herber ist. Beide waren herber als das Leben. Dann hat mir Hana erzählt, dass es für Kehrwieder in Hamburg noch ein anderes weniger poetisches, vielmehr bodenständiges, sehr deutsches Wort gibt: Sackgasse.

Das muss ein Irrtum sein. Die Hafenstadt Hamburg ist natürlich keine Sackgasse. Man kann hier wie ein Schiff in See stechen. Oder entlang der Elbe bis ins Riesengebirge zurückwandern. Vorbei an Magdeburg und Nymburk.

Ein Bier in Bremen

Ich weiß nicht, wie es andere Musiker machen, wenn sie auf Tour gehen. Aber wenn wir mit der Kafka Band spielen, steht bei uns auf der Wunschliste für die Backstage: eine Kiste Bier. Und zwar sollen es möglichst verschiedene Biere aus den lokalen Brauereien sein. So haben wir on the road schon viele großartige Biere entdecken können, wie das Pils von Stauder aus Essen, eins der besten Pilsner jenseits vom Bierparadies Böhmen, oder das Helle aus der Landbrauerei Schönram in Bayern. Und auch das wunderbare Jazz-Bier, das die Brüder Roman und Julian Wasserfuhr, weltbekannte Jazzmusiker, in ihrer Hausbrauerei Schnaff brauen.

Das Sudhaus befindet sich gleich neben dem Studio. Ein Traum. Denn Musik und Bier kann man nur schwer trennen. Es gibt einen alten böhmischen Spruch: Ein Böhme, ein Musiker. Eigentlich sollte er eher heißen: Ein Böhme, ein Musiker, ein Biertrinker. Meine Mutter erzählt oft von meinem Urgroßvater, wie er zu Hause Bier gebraut hat und als Musiker mit einer Kapelle aus dem Böhmischen Paradies bis in die östlichsten Teile der alten Donaumonarchie gezogen ist, bis nach Galizien, wo sie dann in den Lokalen spielten. In der Kafka Band sind wir sieben Musiker, sieben Tschechen, sieben Bierexperten. Auch wir waren schon in Galizien. In einem alten Theater in Lwiw, in Lemberg, spielten wir *Das Schloss* nach Franz Kafka und tranken danach Biere aus der Brauerei Pravda in der Kultbar Dzyga.

Das Schloss von Kafka ist nicht nur ein Winterroman, sondern auch ein Bierroman. In keinem anderen Buch von Kafka wird so viel Bier getrunken. Es war das erste Romanfragment des Prager Schriftstellers, das wir musikalisch umgesetzt haben. Musik, Kafka und Bier haben uns auch nach Bremen gebracht, wo wir *Das Schloss* am Theater Bremen als szenisches Konzert mit allen Kneipenszenen aufgeführt haben, die im Roman vorkommen.

Ein ganzes Jahr haben wir als Bremer Stadtbiermusikanten in dieser sich endlos lang erstreckenden Straßenbahnstadt entlang der Weser verbracht und kommen auch heute noch regelmäßig dorthin. Denn wir haben unser Herz an Bremen verloren. An die Stadt, an das Bier und an die vielen gemütlichen Lokale »im Viertel«, wie das Szeneviertel am Weserdeich heißt, wo man auch das Bermudadreieck findet. Hier ist Vorsicht angebracht: In den vielen tollen Bars wie dem Heartbreak Hotel, der Bermuda Bar oder dem Eisen kann man für immer verloren gehen. Viel ruhiger ist es in der Eckkneipe Pauls Kloster, in der sich Theatermenschen und Matrosen beim Bier an den alten runden Holztischen treffen und von ihren Weltreisen erzählen.

In Bremen wird vor allem Pils getrunken. Ein norddeutsches Pils, das sich, wie es heißt, deutlich vom böhmischen Pils unterscheidet. Je nördlicher man in Deutschland kommt, umso kleiner werden die Biergläser und auch die Bierflaschen. Je nördlicher man kommt, umso herber und schlanker im Körper wird das Pils. Das böhmische Pils hat einen runden Malzkörper und wird feiner gehopft, ähnlich wie das Pils, das man aus Süddeutschland kennt. Doch wir haben unser Herz auch an das herbe Pils aus Norddeutschland verloren.

Ähnlich wie Hamburg war auch Bremen früher eine große Bierstadt mit vielen Brauereien, die ihr Bier zum Teil exportiert haben. Heute ist es nicht anders, wenn auch die Anzahl der Brauereien inzwischen stark zurückgegangen ist. Aus Bremen kommt das Beck's, eines der weltweit bekanntesten Pils-Biere und ein Exportschlager, der in der Stadt selbst allerdings wenig getrunken wird. Das ist keine Überraschung, denn es war schon ganz früh so. Die Brauerei Beck, gegründet 1873, zielte von Anfang an auf den großen internationalen Markt. Für den Export wollte man den Hafen und die Nähe zum Meer nutzen. Ikonisch sind die kleinen grünen Flaschen mit dem Bremer Schlüssel auf dem Etikett, dem Stadtsymbol. So kennt man Bremen auf der ganzen Welt, und wenn jemand in Amerika heute »German beer« sagt, ist damit zumeist ein Beck's gemeint. Wenn man dann an der Weser vor der dampfenden Bierfabrik steht, die ein Wahrzeichen von Bremen ist und wegen der Führungen auch eine große Touristenattraktion, denkt man an die modernen, nie schlafenden Fabriken, die Kafka in seinem Romanfragment *Amerika* beschreibt. Das Buch haben wir mit der Kafka Band am Theater Bremen als ein sehr musikalisches Stück auf die Bühne gebracht.

In Bremen, wo es schon im elften Jahrhundert die ersten Braustätten gab und 1748 ganze fünfunddreißig Brauereien miteinander konkurrierten, fließt das Bier überall. Das Theater selbst befindet sich auf dem Gelände der ehemaligen St. Pauli-Brauerei. Die kleinste Spielstätte des Theaters heißt Brauhauskeller. Wenn man eintritt, bekommt man automatisch Lust auf ein Bierchen. Zum Glück wird man in der gut sortierten Theaterbar schnell versorgt.

Ein ganzes Jahr haben ich und die anderen Bierexperten aus der Kafka Band in Bremen verbracht. Geprobt haben wir in Hemelingen am Stadtrand. Zur Inspiration haben wir immer Hemelinger Bier aus den kleinen und bauchigen Steinie-Flaschen getrunken, die wie Granaten aussehen und in Norddeutschland tatsächlich so – »Granaten« oder sogar »Bomben« – genannt werden. Viel wird in Bremen auch das

Haake-Beck getrunken. Ein klassisches, gutes Bier, das heute auch in der Brauerei Beck produziert wird.

Richtig verliebt haben wir uns in die Biermanufaktur Bremen aus der Überseestadt in Walle, die in ihrem eigenen Biergarten den Hopfen zum Brauen der Biersorten Nordisch Hell und Übersee Ale selbst anbaut. Und ebenso in die Biere der Brauerei Union, die man ebenfalls im Stadtteil Walle besuchen kann. Ganz besonders hat uns der schwere Stout gemundet, bei dem man sofort an die alten Pubs in Dublin denken muss. Doch auch das schlanke, leicht trübe Kellerpils schmeckt wunderbar. Nach einer Brauereibesichtigung kann man an einer Theke die Biere direkt aus dem Tank verkosten. Frischer geht es nicht.

Union wurde 2015 gegründet – oder besser gesagt: wiederbelebt. Denn schon zuvor gab es am selben Standort für lange Zeit eine Brauerei, etabliert unter diesem Namen 1907 von Bremer Wirten. Was für ein Glück für die Stadt an der Weser, dass es diese Brauerei heute wieder gibt. Beim zweiten Bier wird am Tresen die Geschichte von den Pferden und Bierkutschern erzählt, die früher das Bier ausgefahren haben. An manchen Tagen sind die Pferde allein mit dem Wagen in die Brauerei zurückgekommen – die Bierkutscher hatten sie in der einen oder anderen Bremer Kneipe vergessen. Die Pferde kannten den Weg in die Brauerei. Die Stallungen gibt es noch immer, und vielleicht sitzen die Bierkutscher heute noch im Bermudadreieck.

Während unserer Proben mit der Kafka Band habe ich in der Nähe der Brauerei Beck gewohnt. Es war Sommer, und ich liebte es, bei geöffnetem Fenster zu schlafen. Der wohlige Duft von Hopfen und Malz, der von der Brauerei herüberwehte, wiegte mich in meine Träume. In der Stille der Nacht konnte ich auch das pulsierende Herz der großen

Brauerei hören. Ein bisschen Jazz, ein bisschen Kafka und ein bisschen Amerika. Die Biersymphonie der Großstadt Bremen.

Ein Bier im Speisewagen zwischen Berlin-Spandau und Berlin Südkreuz

Wir Böhmen leiden an einer schrecklichen Krankheit. Sie heißt Heimweh. Wenn ich es nicht mehr aushalte, fahre ich in Berlin mit der U-Bahn nach Spandau und warte am Bahnhof auf Herrn Peterka. Er arbeitet als Oberkellner im tschechischen Speisewagen. Ich steige ein, und Herr Peterka sieht sofort, was mir fehlt.

»Ich bin nicht nur Oberkellner, sondern auch Oberzugarzt«, lacht er und serviert mir ein frisch gezapftes Pilsner Urquell. Ein guter Wirt versorgt seine Gäste nicht nur mit guten Speisen und Bier, sondern auch mit Trost.

Ich fahre mit ihm bis Südkreuz. Danach geht's mir deutlich besser. Natürlich bin ich mit ihm auch unzählige Male bis nach Prag gefahren oder zurück nach Berlin. Und nach Hamburg, Kiel oder Flensburg. Zu all diesen Orten ist Herr Peterka unterwegs mit seinem Wirtshaus auf Schienen, wie er zu seinem Speisewagen sagt. Dort überall habe ich mit ihm auch nach der Schicht schon Bier getrunken.

Die Fahrt durch Berlin führt durch einen Tunnel. Darüber liegt eine Brauerei, Brło. Herr Peterka war noch nie dort, kennt das Brauhaus am Gleisdreieck aber sehr gut, denn ich bringe ihm immer einige Biere mit, die er gemeinsam mit mir oder nach seiner Schicht verkostet. Wenn ich Besuch in Berlin habe, führe ich meine Gäste gern zu dieser Brauerei, und wir sitzen dann im Biergarten und schauen auf die Züge der U-Bahn, die hier – im Gegensatz zu Herrn Peterkas Zug – oberirdisch fahren.

Der Name Brło bezieht sich auf die altslawische Bezeichnung für Berlin. Und tatsächlich, auf Tschechisch hört sich Brło wie *brloh* an, Bärloch. Vielleicht war Berlin einmal so ein Ort, ein Loch, in dem im Sumpf nur Bären gelebt haben. Man kennt den schwarzen Bären noch aus dem Stadtwappen.

Brło ist kein Bärloch, sondern ein modernes Brauhaus, das für das coole und moderne Berlin steht und moderne Biere für ein cooles urbanes Publikum braut. Und das bereits seit 2017, als hier unter den Schienen der U-Bahn aus achtunddreißig Überseecontainern die sehr originellen Räume der Brauerei gebaut wurden. Aus Übersee kommen auch viele der Bierstile: Nach dem Genuss von zwei oder drei fruchtigen IPAs können den Namen Brło alle aussprechen, verspricht die Brauerei, nicht nur ein Tscheche wie ich. Es funktioniert auch mit alkoholfreiem Bier, das Brło Naked heißt.

Während der Fahrt von Spandau nach Südkreuz erzähle ich Herrn Peterka, dass ich manchmal in Berlin etwas unternehme, was ich sonst nirgends machen würde. In einem Späti kaufe ich mir ein Bier und lasse mich mit der Flasche in der Hand durch die Nacht treiben. »Wegbier« nennen Berliner dieses Bier, das sie von Club zu Club und von Party zu Party tragen. In meinem Fall von einem Lokal zum anderen.

Meine Odyssee beginne ich in der Möwe im Felsenkeller in Schöneberg, in der vielleicht schönsten Altberliner Kneipe überhaupt. Dann gehe ich weiter auf ein Bier ins Diener Tattersall, in eine alte Kneipe in Charlottenburg. Und auf das nächste in den nahen Zwiebelfisch am Savignyplatz. Das Lokal Zum Schusterjungen in Prenzlauer Berg versuche ich wie ein leicht angetrunkenes Schiff anzusteuern, denn hier kann man gut und deftig berlinerisch essen. Irgendwann komme ich in der Madonna Bar in der Wiener Straße und in der Franken Bar in der Oranienstraße an, wo ich schon oft war und wo es auch heute noch so schön laut ist wie früher. Hier trinke ich dann ein alkoholfreies Bierchen.

Das Wegbier ist ein demokratisches Bier. Ein Bier für alle. Ein Bier, das weiblich, männlich, divers ist. Mit und ohne Alkohol. Das günstigste Bier der Stadt, die sich jede Nacht in ein einziges großes Lokal verwandelt, in dem alle ihren Platz finden. Die vielen Spätis sind gut sortierte Bierotheken. Es gibt dort Berliner Biere, aber auch tschechische und polnische Marken, manchmal auch Bierschätze aus Franken.

Als Soundtrack zu so einer Nachttour durch Berlin passt wieder ein Song von der Band Die Lassie Singers: *Leben in der Bar.* Mit einem Wegbier in der Hand hat man »alle Zeit der Welt«, wie Christiane Rösinger hier singt. Und dann habe ich auf meinem Berliner Biersoundtrack auch mehrere Songs von Element of Crime. »Dass das Bier in meiner Hand alkoholfrei ist, ist Teil einer Demonstration/Gegen die Dramatisierung meiner Lebenssituation«, singt Sven Regener im Song *Kaffee und Karin* von 2009, in dem es auch um »Birgit und Bier« und »Jammern und Picheln im Gartencafé« geht. Das kann man in Berlin an mehreren Orten tun, wie auch in einem Tanzlokal mit Namen Birgit und Bier, in dem es Pilsner Bier gibt und eine Terrasse zum Landwehrkanal.

Sven Regener ist nicht nur ein großartiger Musiker, sondern auch ein Bier- und Kneipenliterat, ja ein Bierpoet böhmischer Prägung, auch wenn er eigentlich aus Bremen stammt. Denn nur einer, der die Kneipen und Biermenschen wirklich liebt, kann ein so wunderbar amüsant-trauriges

Buch schreiben wie *Herr Lehmann* von 2001. Die Handlung spielt kurz vor der Wende in Kreuzberg, wo man mehr mit seiner inneren Zerrissenheit, Liebeskummer und Verlorenheit beschäftigt ist als mit dem Weltgeschehen. Als man die aufregende Nachricht erfährt, dass gerade die Mauer gefallen ist, trinkt man auf eine sehr schwejkische Art erst einmal in aller Ruhe sein Bier zu Ende. Jaroslav Hašek hätte es kaum besser schreiben können.

Herr Lehmann war ein Bestseller. Der Roman wurde von Leander Haußmann verfilmt und ist auch auf Tschechisch erschienen. Herr Peterka hat das Buch gelesen, denn er ist nicht nur ein Biermensch und Eisenbahnmensch, sondern auch ein Kulturmensch. »Bier und Kultur kann man nicht trennen«, sagt er. In Prag nicht und in Berlin nicht. »Bier bringt Menschen zusammen, daher sind Wirtshäuser wichtig, auch solche auf Schienen, wie mein Speisewagen.«

Zugleich ist Herr Peterka ein Saunamensch. Ich erzähle ihm, dass ich in der Nähe vom Gleisdreieck regelmäßig in die Sauna gehe und anschließend ein Bier mit dem Schriftsteller Joseph Roth trinke, in der Joseph-Roth-Diele in der Potsdamer Straße. Herr Peterka kennt den Roman *Radetzkymarsch*. In dem Haus in der Potsdamer Straße hat Roth gelebt und geschrieben, bis er 1933 vor den Nationalsozialisten endgültig nach Paris flüchtete.

Ich liebe dieses Lokal. Ganz still mit Bier und Gulasch habe ich hier sogar meinen fünfzigsten Geburtstag gefeiert. Die Joseph-Roth-Diele hat etwas von einem Wiener Beisl, einer Prager Kneipe und ein ganz kleines bisschen auch etwas von einem *bruin café* in Amsterdam und einem Literaturmuseum.

Natürlich gibt es noch andere gute Kneipen, in die ich in Berlin gehe. Es ist ja die Stadt, in der ich seit vielen Jahren lebe. Der Heidelberger Krug am Chamissoplatz ist vielleicht die älteste und schönste Kneipe in unserem Bergmannkiez. Auch wenn sie sich nicht an einer Häuserecke befindet, ist es eine typische Berliner Eckkneipe mit gut gezapftem Bier, einem schönen alten Ausschank und vielen Stammgästen aus dem Kiez. Auch der alte Winterberg aus meinem Roman *Winterbergs letzte Reise* fühlt sich hier wohl. Kaum zu glauben, dass es gleich in der Nähe früher eine große Bockbierbrauerei gab. Leider haben sich die großen Brauereien schon vor Jahrzehnten aus dem Zentrum verabschiedet. Manchmal verweisen die Ortsnamen noch auf die Biergeschichte der Stadt: so wie beim Kulturzentrum »Kulturbrauerei« in Prenzlauer Berg.

Wenn sein Zug nach Prag über die Stadtbahn umgeleitet wird, fährt Herr Peterka an einer aktiven Brauerei vorbei. In den Bögen der S-Bahn und Fernbahn in der Nähe vom Alexanderplatz wird in der Brauereimanufaktur Lemke seit 1999 Bier gebraut – nachdem sich der Braumeister Oli Lemke und seine Freunde entschieden hatten, dass Berlin gutes Bier braucht, und ausgerechnet diese unwirtlichen Räumlichkeiten im runtergekommenen Osten der Stadt als idealen Ort für ein neues Brauhaus erkoren. Es war eine gute Entscheidung. Herr Lemke ist einer der Braupioniere der Craftbier-Szene in Deutschland, und seine Brauerei ist mittlerweile eine Institution, deren Biere weit über Berlin hinaus bekannt sind.

Zur Brauerei gehört eine schöne Gastwirtschaft, in der ich oft im Vorbeigehen, wie ich es aus Böhmen kenne, am Tresen ein Bier trinke. Hier stimmt alles. Die Biere und die Art und Weise, wie sie gezapft werden. Und auch die Atmosphäre. Sogar die Züge hört man alle zwei, drei Minuten vorbeirollen. Eine schöne Soundkulisse für alle Eisenbahnmenschen.

So kann ich bei Lemke ein wenig mein Heimweh nach Böhmen stillen, wenn Herr Peterka gerade nicht in Berlin unterwegs ist. Das Bohemian Pilsner, das man hier serviert bekommt, ist eine der besten Variationen des böhmischen Ur-Bieres. Auch Herr Peterka war von dem Pils sehr begeistert. Und er ist wirklich ein Kenner!

Doch Lemke ist nicht nur für Pils bekannt, sondern auch für die internationalen Bierstile. Ich freue mich immer auf das West Coast IPA, das Spree Coast heißt. Oder auf das Berlin Pale Ale. Und auch auf ein Glas Berliner Weisse, auf den »Schaumwein des Nordens«, wie einem bei der Brauereiführung erzählt wird. Ein leichtes und sehr erfrischendes Sauerbier, ohne das man sich keinen Sommer in Berlin vorstellen kann.

Mit Herrn Peterka habe ich im Zug schon viele Biere von Brło und Lemke verkostet. Und auch die Biere von Schneeeule, wie eine Biermanufaktur heißt, die ausschließlich auf Berliner Weisse setzt und Biere mit Namen wie Marlene, Irmgard oder Dietrich anbietet. Der Name der Brauerei gefällt Herrn Peterka gut, denn manchmal muss er bis spät in die Nacht arbeiten und verwandelt sich dann in eine Schieneneule, wie er sagt.

Nur dreißig Minuten dauert die Fahrt mit Herrn Peterka in seinem Wirtshaus von Spandau nach Südkreuz. In dieser Zeit trinke ich ein Bier, esse ein Schnitzel, trinke schnell noch eins und steige wieder aus. Der Oberkellner und Oberzugarzt Peterka fährt weiter und grüßt von mir die Elbe, die Moldau und das eine oder andere Lokal in Prag. Und auch das schöne und nebelige Altvatergebirge, wo er herkommt.

Ein Bier in München und in der Umgebung

Einmal im Jahr besuchen Michi, Micha und ich unseren Freund in München, den wir die Seele nennen. Die Seele ist eine gute Seele, aber manchmal auch eine traurige. Wenn wir uns Sorgen machen um die Seele dieser Seele, gehen wir mit ihm in München Bier trinken.

Weil wir alle nicht nur Biermenschen sind, sondern auch Eisenbahnmenschen, treffen wir uns im Bufet, gleich am Münchner Hauptbahnhof. Es ist ein kleines Lokal, das mit vielen Bahnhofsuhren und Stehtischen an ein »Bufet« erinnert, an einen Imbiss, wie man es von den alten Bahnhöfen in Böhmen kennt. Der Name wird auch in München tschechisch geschrieben. Das alles ist kein Zufall, denn das so beliebte Lokal, das sich vor allem auf gutes Bier und gute Wurst konzentriert, wurde vor ein paar Jahren von einem Böhmen und einem Bayern gegründet. Ja, Bayern und Böhmen sind viel enger miteinander verbunden, als man im ersten Moment vielleicht denkt.

So ist es gewissermaßen folgerichtig, dass das Bier von der Schlossbrauerei Maxlrain geliefert wird, einer der besten in Oberbayern, die sich noch heute im Besitz des bayerischen Zweigs der Familie Lobkowicz befindet, eines alten böhmischen Adelsgeschlechts. Das Brauhandwerk wird dort sehr gepflegt, und das schon seit 1636. Man erkennt es gleich, wenn man sich das Helle Schlossbrauerei Maxlrain im Glas anschaut, daran riecht und es dann verkostet: die strohgelbe Farbe, der runde und doch so leichte Malzkörper, die feine Hopfennote, die man aus Böhmen kennt. Sehr langsam entsteht so ein Bier, langsam und in aller Ruhe. Im Bufet in München wird das Bier, wie oft in Böhmen, direkt aus einem

Edelstahltank ausgeschenkt. Unpasteurisiert, frisch und nur mit der natürlichen Kohlensäure, die bei der Gärung in der Brauerei entsteht. Und nur ganz kurz haltbar. Wie in einem Prager Wirtshaus sieht man hier an der Wand den genauen Bierfahrplan, auf dem notiert wird, wann der eine oder andere Tank befüllt und auch angezapft wurde. Nicht nur an welchem Tag, sondern auch um wie viel Uhr das Bier zu den Gästen abgefahren ist – wie ein Biergüterzug.

Vom Bufet gehen Micha, Michi, die Seele und ich in die Augustiner Bräustuben. An den langen Tischen wird zum Bier deftiges Essen serviert, doch wir wissen, dass die besten Plätze direkt am Schankpult sind. Hier kann man dabei sein, wenn die schweren Holzfässer aus dem Keller in das Wirtshaus gebracht und angestochen werden. Alles funktioniert wie vor hundert Jahren. Das flüssige Gold fließt aus dem großen Fass direkt in die Gläser, eins nach dem anderen. Der Wirt arbeitet schnell und sieht dabei wie ein Schwimmer aus: Ein Glas in der einen Hand, das andere in der anderen, das volle Glas reicht er nach hinten, dreht sich dabei ein wenig, schnappt sich das nächste leere Glas, schiebt es unter den Zapfhahn und füllt es mit Bier. Linke Hand, rechte Hand. Alles schnelle, eingeübte Bewegungen. Der Zapfer schwimmt und schwimmt und schwimmt und bleibt dabei an seinem Platz hinter dem Pult und vor dem Fass. Er schwimmt mit den leeren und vollen Biergläsern, und schon ist das große Fass leer, nach nicht einmal zwanzig Minuten. Das nächste Fass muss gleich angestochen werden.

Schon 1328 haben die Augustinermönche in ihrem Kloster Bier gebraut. Seit 1884 wird es in der großen Brauerei in der Landsberger Straße gebraut, wo sich auch die Augustiner Bräustuben befinden. Für mich war das Augustiner Helle das erste Bier, das ich in München getrunken habe. Es war im

Augustiner Stammhaus, und ich saß unter zwei Affen aus Holz, die an der Wand hingen und den Rausch symbolisieren sollen. Damals kam ich für zwei Stunden mit einem Zug aus Prag. Mehr Zeit hatte ich nicht, denn ich musste am selben Tag noch nach Prag zurückfahren. Doch ich wollte endlich dieses heilige Bier in München verkosten, von dem ich schon so viel gehört hatte. Ich weiß, dass ich zwei Helle und ein starkes und zugleich weiches und sanftes helles Edelstoff getrunken habe, dieses goldene Prachtstück der Münchner Braukunst. Dazu gab es eine Breze mit Obazda als Vorspeise und Schweinsbraten mit Kartoffelknödeln, Specksauerkraut und Dunkelbiersoße im Hauptgang. Dann musste ich zum Zug.

Auch vom Oktoberfest hatte ich schon gehört, dem größten Bierfest überhaupt. Und später habe ich die Wiesn dann tatsächlich besucht. Allerdings kann ich mich nicht genau daran erinnern, und Michi, Micha und die Seele, die auch dort waren, ebenso wenig. Vielleicht geht es den meisten Gästen so. Was bleibt, sind die nebligen Erinnerungen an die riesigen Bierzelte, an schwere Maßkrüge, massive Holzbänke und das frische süffige Bier, das die Münchner Brauereien für das Oktoberfest extra stark einbrauen, an die Lederhosen, Dirndl, an laute Musik und fröhlich tanzende und trinkende Menschen und ein Karussell. Bereut habe ich den Besuch auf dem Oktoberfest aber nicht. Alle, die Bier lieben, kommen nicht daran vorbei. Früher oder später muss man auf die Wiesn. Tradition ist Tradition.

In München ist auch das über vierhundert Jahre alte Hofbräuhaus legendär, das zuerst nur den bayerischen Hof mit Bier versorgen sollte. Heute ist es ein Bierpalast, in dem Musik gespielt wird und wo viele Touristen einkehren. Doch das Helle schmeckt uns sehr gut und der Wurstsalat auch.

Wir sitzen in der Schwemme, wo früher das Bier gebraut wurde, bevor die Brauerei selbst umgezogen ist. An die 1300 Biermenschen finden allein hier einen Platz. Über den Köpfen schwebt ein Eisenbahner mit Engelsflügel, Bierbauch, Schnurrbart und roter Mütze, der auf alle Biermenschen aufpasst, egal, welche Sprachen sie am Tisch sprechen. Er heißt Aloisius, Alois also, so wie mein Großvater, der auch Eisenbahner war.

Der älteste Stammgast im Hofbräuhaus ist bekannt aus der kurzen und amüsanten Erzählung *Der Münchner im Himmel*, die Ludwig Thoma 1911 schrieb. Eifrig geht darin Alois seiner Arbeit am Hauptbahnhof nach. So eifrig, dass ihn schließlich der Schlag trifft. Nach seinem Tod kommt er in den Himmel über München, wo er als Engel Aloisius auf einer Wolke musizieren soll. Doch für den Himmel ist Alois nicht gemacht. Er wird zurück auf die Erde geschickt und soll der bayerischen Regierung nun die göttlichen Ratschläge überbringen. Alois hat aber Durst und geht zuerst ins Hofbräuhaus, in dem er eine Maß bestellt. Und dann noch eine und noch eine, bis er, schon ein wenig derangiert, seinen Auftrag vergisst. So steckt dieser bayerische Švejk bis heute in einem der vielen Zimmer im Hofbräuhaus. Die Seele, die seine Geschichte auswendig kennt, kann ihn gut verstehen. Und Michi, Micha und ich auch.

Was ich im Hofbräuhaus sehr mag, ist die riesige Sammlung von Maßkrügen der Stammgäste, die in dem Maßkrugtresor auf ihre Benutzer warten. Und die Holztische, viele über hundert Jahre alt, die unzählige Geschichten erzählen könnten. Immer wieder hat hier jemand etwas mit dem Taschenmesser ins Holz geschnitzt. Ein Herz, eine kurze Botschaft, einen Namen, ein Liebesgedicht für Hana, Jana oder Ivana.

Vom Münchner Hauptbahnhof, auf dem Alois gearbeitet hat, kann man wunderbare Bierausflüge in die Umgebung von München unternehmen. So sind wir irgendwann einmal nach Augsburg zur Brauerei Riegele gefahren. Und nach Aying, wo in der Ayinger Privatbrauerei so wunderbare Biere gebraut werden, dass wir fast die letzte S-Bahn zurück nach München verpasst haben. Oder nach Herrsching, von wo ich einmal mit der Seele zum Kloster Andechs gewandert bin. Hier, auf dem Berg, findet man den schönsten Biergarten in Bayern. Und wirklich köstliche Biere. Allerdings ist Vorsicht angebracht. Die Biere sind verblüffend stark – man wird im Wirtshaus darauf hingewiesen, dass man auch an den Rückweg denken soll.

Bayern hat mehrere gefährliche Bierberge. Auch in Freising, das an der Bahnstrecke zwischen München und Regensburg liegt, muss man einen hohen Berg erklimmen, wenn man gutes Bier trinken möchte. Doch es lohnt sich. Man findet in Freising die älteste noch bestehende Brauerei der Welt, in der seit 1040 Bier gebraut wird. Einmal habe ich hier bei der Brauereiführung drei junge Männer aus Tel Aviv kennengelernt, die nur wegen des Weißbieres nach Freising gekommen waren, weil sie so verrückt danach waren. Das Hefeweißbier schmeckt aber auch wirklich großartig, und das direkt in der Bayerischen Staatsbrauerei Weihenstephan hoch über Freising.

Einmal musste ich Michi, Micha und der Seele auch die Pflugbrauerei in Hörvelsingen zeigen. Dorthin braucht man von München etwas länger – die Brauerei ist ein echter Geheimtipp. Zum ersten Mal war ich mit einem Freund dort, und das im tiefsten Winter, weshalb wir im Schneesturm die Brauerei nicht finden konnten. Wir sahen die Lichter aus der Ferne, und dann sind sie wieder verschwunden. Alles eine einzige Täuschung. Wir mussten an Kafka und an den Landvermesser K. denken. Wir waren erschöpft und konnten nicht mehr weiter, und dann waren wir plötzlich da, in dieser alten Brauerei, die tatsächlich aussieht wie das Dorfschloss in dem Romanfragment *Das Schloss* von Kafka. In der warmen Stube wurde uns Bier serviert, und es war eines der besten Biere, das ich je getrunken habe. Bodenständig, ehrlich, echt.

Ich erzähle meinen Freunden davon, und sie nicken und freuen sich schon auf das nächste Bier. Die Seele möchte uns ein paar Boazn zeigen, wie man in München zu den kleinen Kneipen sagt. Überall wird unser Freund als Stammgast begrüßt. Bei Dagmar, im Ungewitter und auch im Bierschuppen, einer ganz kleinen Kneipe, in der drei Männer beim Bier sitzen, wie sie hier schon vor vierzig Jahren zu dritt saßen und sicher auch in vierzig Jahren noch zu dritt sitzen werden. Die alte Dame, die das Lokal betreibt, kennt alle ihre Sorgen und tröstet sie, so wie sie auch unseren Freund tröstet, die Seele, wenn er traurig ist.

Die letzte Station unserer Biertour durch München ist eine Kneipe mit dem Namen Pilsdoktor in der Leopoldstraße. Jemand erzählt uns von der Ersten und Zweiten Münchner Bierrevolution, von den Revolten gegen die Bierpreiserhöhungen 1844 und 1889, als die aufgebrachten Biermenschen die Brauereien stürmten. Solche Revolutionen gab es auch in anderen Städten, in Bamberg oder in Frankfurt. Ein Mann sagt, es sei Zeit für die nächste Bierrevolution, weil die Bierpreise immer wieder steigen. »Bier ist doch ein Grundnahrungsmittel. So wie Brot. Und noch viel mehr, Bier ist ein Kulturgut. Das Bier hält uns Menschen zusammen. Wir müssen wieder auf die Barrikaden!«, ruft er und schläft dann gleich auf dem Tisch ein. Wie ein Uhrmacher, mit dem Kopf auf seinem Handgelenk.

Auch Michi, Micha und ich sind nicht mehr fit genug für die nächste Bierrevolution. Uns hat die Bierschwere erfasst – wir nicken ebenfalls kurz am Tisch ein und träumen von einer Modelleisenbahn, die in diesem Lokal, das an einen alten, überfüllten Eisenbahnwagen der dritten Klasse erinnert, die Getränke zu den Gästen an den Tisch exportiert.

Nur die Seele will mit auf die Barrikaden. Die Seele fühlt überhaupt keine Bierschwere. Die Seele fühlt sich bierleicht und will nicht schlafen gehen. Die Seele blüht in der Nacht auf, sie weckt uns, zerrt uns in noch eine Kneipe, in seine Lieblingskneipe, wie er sagt, die Flaschenöffner heißt. Hier wird die Seele, die gar nicht mehr melancholisch, sondern fröhlich, sehr fröhlich geworden ist, abermals wie ein Stammgast begrüßt. Vom Wirt und den vielen Nachtgestalten, die sich hier treffen. Im Flaschenöffner trinken wir dann wirklich das letzte Bier. Vier Schnitt, vier Augustiner mit mehr Schaum als Bier.

Irgendwann kommen wir, tief in der Nacht, zum Viktualienmarkt. Hier kann man am Ausschank nicht nur Augustiner aus dem Holzfass, sondern gleich daneben auch Giesinger trinken, neben Augustiner womöglich das beste Münchner Bier. »Die erste Giesinger-Braustätte war in einer Garage«, erinnert sich die Seele. Das Bier wurde jedoch schnell so populär, dass man mehr Platz für die Produktion brauchte. »Das beste Münchner Bier … Was ist eigentlich das beste Münchner Bier? Das ist fast eine philosophische Frage. Alle Biere tun der menschlichen Seele gut und retten uns vor dem Abgrund«, sagt die Seele. »Auch Spaten ist sehr gut. Von dort kommt das erste Helle überhaupt, zum ersten Mal im Jahr 1894 gebraut. Was wären wir ohne Spatenbräu? Nichts.«

Wo die Seele recht hat, hat sie recht. Ohne Helles kann man sich das Bierleben in München nicht vorstellen. Entstanden ist dieser Biertyp als Antwort auf das Pils, das weite Teile von Norddeutschland schnell erobert hatte. Pils ist eher hopfenbetont, Helles wird schwächer gehopft und schmeckt ein wenig süßlicher, malziger, vielleicht auch verführerischer. Lange hat man in München viel dunkle Biere getrunken, was mit dem dunkleren Münchner Malz zusammenhängt. Und auch mit dem harten Wasser in München. Es war nicht so leicht, helle Biere zu brauen wie in Pilsen, wo das Wasser sehr weich ist. Heute ist das anders, in der Brauerei kann man die Wasserhärte steuern und dem gewünschten Bierstil anpassen. Das Helle ist in München am meisten verbreitet.

Die Seele kniet vor dem dreißig Meter hohen Maibaum auf dem Viktualienmarkt und betet zu sämtlichen Bierheiligen. Zu Arnulf, Florian, Hildegard, Wenzel und auch zum Engel Aloisius. Zu Alois Hingerl, der früher als Dienstmann Nr. 172 am Münchner Hauptbahnhof gearbeitet hat, wo auch die Seele für viele Jahre bei der Bahn angestellt war. Der Maibaum ist ein Geschenk der Münchner Brauereien an alle Münchner, die Bier mögen. Am liebsten würde die Seele hinaufklettern und gemeinsam mit Aloisius aus dem Himmel verkünden, wie schön das Leben sein kann, wenn man ein wenig Bier trinkt.

Am nächsten Tag nehmen wir im Weissen Bräuhaus, in einem wunderbaren alten Lokal im Tal, wie die Straße heißt, Frühstück Münchner Art zu uns. Weißwürste und das naturtrübe Weißbier aus der Brauerei Schneider Weisse. Wir entscheiden uns allerdings für ein alkoholfreies Weißbier. Die Seele wirkt ein wenig müde und derangiert. So fühlen wir uns alle. Den restlichen Tag trinken wir nun das alkoholfreie Augustiner Bier, eines der besten Biere ohne Alkohol überhaupt. »Ab jetzt trinke ich nur noch dieses Bier«, sagt die Seele über das Bier, das schnell die Szene erobert hat. Und ganz München gezeigt hat, dass es auch ohne Alkohol geht.

Wir sitzen wieder im Zug und fahren von München nach Augsburg und von Augsburg nach Regensburg und von Regensburg zurück nach München, winken der Brauerei Weihenstephan in Freising zu und sind sehr still. Ich muss an den Zug denken, der mich nach meinem Besuch auf dem Oktoberfest von München nach Prag brachte und in dem es auch sehr still war. Alle waren von diesem Bierfest erschlagen, so wie wir gerade von unserer gestrigen Tour.

Später am Abend geht es uns schon besser. Wir gehen in den schönsten Biergarten von München. Es ist nicht der Augustiner-Keller und auch nicht der Biergarten im Königlichen Hirschgarten oder der Hofbräukeller am Wiener Platz, sondern die Hackerbrücke in der Nähe vom Hauptbahnhof. Diese Brücke über die vielen Gleise der Eisenbahn ist nicht nur eine Straßenbrücke, sondern auch eine Bierbrücke. Der Name geht auf die Brauerei Hacker-Pschorr zurück, die früher hier in der Nähe zu Hause war. Wir sitzen auf der Brücke, so wie es viele Münchner machen, und trinken ganz langsam Giesinger Helles. Wir baden uns zum Ausklang des Tages in den sanften Sonnenstrahlen und schauen auf die Züge nach Nürnberg, Salzburg und Prag, die unter uns in der Ferne im Sonnenlicht verschwinden.

Ein Bier in Forchheim

Einst bestand Mitteleuropa nur aus Wald. Man hatte Angst vor diesem Wald, vor den Tieren, der Einsamkeit und Dunkelheit. So entstanden viele Mythen, Sagen und Märchen.

Bis heute gibt es Menschen, die sich nicht allein in den Wald trauen.

Wenn man in Forchheim, das auf der Strecke von Bamberg nach Nürnberg liegt, aus dem Zug steigt und vor dem Bahnhof steht, sieht man, dass von hier ein Weg zu einem Wald führt. Trotzdem muss niemand Angst haben. Im Kellerwald gibt es überall Bier. Und das wird nie allein getrunken.

»Das ist das Schöne am Bier. Es bringt die Menschen zusammen«, erzählt mir Melanie Streit. Frau Streit kennt sich in diesem Wald so gut aus, dass sie nicht vom Kellerwald spricht, sondern von »ihrem Wohnzimmer«. Sie arbeitet als Kellnerin im Glockenkeller, einer der Wirtschaften, die man das ganze Jahr über besuchen kann. Und das sollte man unbedingt tun! Das Bier aus der Brauerei Rittmayer aus dem nahen Hallerndorf, das hier serviert wird, schmeckt köstlich. Kein Wunder, in Hallerndorf wird schon seit 1422 gebraut, es geht um eine der ältesten Familienbrauereien in Deutschland.

Traditionell wird das Kellerbier in einem Steinkrug serviert, damit bleibt es auch im Hochsommer kühl. Im Winter kann man es drinnen in einem kleinen Fachwerkhaus genießen, doch die meisten freuen sich auf ein Bier im Biergarten, im Schatten der mächtigen Bäume, unter denen wir auch jetzt sitzen. Zum Bier gibt es Schäuferla mit Kloß und Sauerkraut, wobei auch die sogenannte Stadtwurst oder Limburger Käse mit Musik passend wären. Im Winter wird zudem Karpfen serviert. »Das fränkische Nationalgericht«, wie ein Stammgast sagt. So wie überall in Bayern kann man in den Biergarten auch seine eigene Brotzeit mitbringen.

Dreiundzwanzig Keller befinden sich im Kellerwald. Praktisch der ganze Berg ist untergraben! Manche Stollen sind kurz, manche sehr lang und haben zahlreiche Nebenstollen, in denen man sich wie in einem Labyrinth verlaufen kann. Viele dieser Kellerwirtschaften machen erst im Sommer auf und einige nur zum Annafest Ende Juli. Dann ist es sehr voll im Kellerwald. Auf mehreren Bühnen wird Musik gespielt, und auch in Blümleins Keller, der sich romantisch verwunschen ganz oben im Wald versteckt, fließt dann Bier. Forchheim hat etwa dreißigtausend Einwohner, und genauso viele Plätze gibt es offenbar im Kellerwald. Für die Einheimischen und auch für die Gäste, die eigens anreisen.

Doch wie ist die Stollenunterwelt im Wald überhaupt entstanden? Ähnlich wie in Bamberg wurde in Forchheim die warme Würze in riesigen Fässern in die Keller gebracht, wo das Bier im Felsenkeller dann kühlen, gären, reifen und lagern konnte. Andere Möglichkeiten hatte man nicht, bevor die ersten Kältemaschinen zum Einsatz kamen. Mitten im Wald stellten die Brauereien dann Tische und Bänke auf, und über den Kellern, die bis zu vierhundert Jahre alt sind, wurden Biergärten hergerichtet. So sagt man heute noch in Forchheim, ganz ähnlich wie in Bamberg: »auf die Keller gehen«.

In Forchheim gibt es noch drei Brauereien: Greif, Hebendanz und Neder. Neder ist die älteste, gebraut wird schon seit 1554. Alle drei Brauereien haben ihre Keller im Kellerwald.

An heißen Sommertagen ist es sehr angenehm im Wohnzimmer von Melanie Streit. »Ein Biergarten in einer Stadt wie München ist eine Oase. Und hier kommt noch der Wald dazu. Das ist absolut einzigartig. Der Wald beruhigt einen, und das Bier auch«, erzählt sie. Wenn man hier bis zum späten Abend beim Bier sitzt, sieht man an den langen grünen Tischen nicht nur Menschen, sondern auch Rehe und Füchse, die aus den Krügen die letzte Neige trinken. Und manchmal sogar einen Hirsch. So kommt es einem zumindest in der Dämmerung vor.

Wenn Melanie Streit die Gäste bedient, müssen sie die glücklichsten Menschen auf der Welt sein. Von ihr lernen sie alles über den Kellerwald und das Bier. Denn Frau Streit wurde zur Forchheimer Bierkönigin gekrönt und arbeitet auch als Biersommelière.

»Kein Bier sollte man aus der Flasche trinken. Immer aus einem Glas, am besten aus einem Probeglas«, erzählt sie.

Zuerst muss man sich das Bier im Glas anschauen. Das eine Bier ist klar, das andere trüb. Die Farbtöne können sehr unterschiedlich sein, von strohgelb bis rot, braun oder schwarz. Auch der Schaum ist bei jedem Bier anders.

Als Nächstes sollte man das Glas in der Hand leicht schwenken und an dem Trunk riechen. »Riechen ist das Wichtigste«, meint Melanie Streit.

Die Forchheimer Bierkönigin hat recht. Ich liebe es so sehr, am Bier zu riechen und das aromatische Zusammenspiel von Malz, Hopfen und Hefe zu erschnuppern, dass ich mich manchmal allein vom Riechen betrunken fühle. Die Aromen sind viel spannender als bei einem Wein!

Und nach dem Riechen? Wird nun getrunken? Ja, aber langsam. Zuerst sollte man das Bier nur leicht mit der Zungenspitze probieren. Dann einen großen Schluck nehmen und das Getränk auf der Zunge breit und weit zerfließen lassen. Wichtig ist das richtige Atmen. Vor dem Schluck sollte man kurz Luft holen und dann, mit dem Bier im Mund, ganz langsam durch die Nase wieder ausatmen.

So erfährt man viel über das Aroma im Bier: Die Malzsüße spürt man vorn auf der Zunge, ganz hinten wiederum das Hopfenbittere. Und an den Seiten das Säuerliche oder Salzige.

»An Bier fasziniert mich, wie viel man mit den natürlichen Rohstoffen machen kann«, sagt Melanie Streit und legt ihren Steinkrug um, damit die Kellner wissen, dass sie ausgetrunken hat und noch ein Bier möchte.

Vor allem liebt Frau Streit die fränkischen Biere. Da sie jedoch viel unterwegs ist, mag sie inzwischen auch die belgischen Biere wie zum Beispiel das schwere Duvel oder die verschiedenen leichten Sauerbiere. Im Sommer freut sie sich auf ein spritziges Pils und vor Weihnachten auf ein Bockbier. Und immer wieder besucht sie mit ihrem Mann Irland und weiß, wo man in Dublin das beste Guinness bekommt, und auch, wie man es richtig zapft.

Nach dem zweiten Krug Bier führt mich die Forchheimer Bierkönigin durch ihren Glockenkeller, der schon 1697 in den Sandstein gehauen wurde und zu den ältesten in Forchheim gehört. Die Decken sind niedrig, man muss beim Gehen immer auf den Kopf aufpassen. Man sieht Spuren von Spitzhacken und Hämmern aus der Zeit, als die Stollen geschlagen wurden. Tausende kleine Löcher. Wenn man sie berührt, hat man das Gefühl, dass der ganze Berg leicht zittert, als würde hier immer noch gegraben.

Mit acht Grad das ganze Jahr über ist der Keller der ideale Bierkühlschrank. Im Eingang wird dann der Zapfhahn mit einem Holzhammer in das Fass eingeschlagen, das damit für den Ausschank vorbereitet ist. Der sogenannte Bayerische Anstich, wie man dazu sagt, ist nicht schwer, meint Melanie Streit. Man muss nur darauf achten, dass der Zapfhahn, wenn man ihn ins Fass schlägt, geschlossen ist. Denn das Bier fließt dann sofort heraus. Sie muss es wissen, sie hat schon viele Fässer angezapft. Nur von der Schwerkraft getrieben, fließt das Bier in die Steinkrüge. Es ist sehr bekömmlich dank der natürlichen Kohlensäure darin.

Manchmal verwandeln der Wald und das Bier die Menschen in Tiere. Vor allem, wenn sie einen Krug zu viel getrunken haben. So kehren sie dann verzaubert aus dem Kellerwald nach Forchheim zurück. Manche sehen wie Bären aus, andere wie Hasen, Füchse, Rehe, Wildschweine oder Hirsche. Dabei muss ich an die Lokale mit den Tiernamen in Prag denken – auch dort verwandeln sich die Menschen in Tiere. Nach Prag ist es von hier gar nicht so weit, und die böhmische Bierkultur ist mit der bayerischen, ganz besonders mit der fränkischen verbunden. Zumeist sind es alles sehr ruhige und müde Tiere, wenn sie dann in Prag vor dem Schwarzen Ochsen oder in Forchheim am Bahnsteig stehen und auf die Züge nach Bamberg oder Nürnberg warten.

»Warst du schon mal in Erlangen?«, fragt mich ein Mann, der wie ein Hirsch aussieht.

»Ja«, sage ich. »Ich habe dort schon viele Biere getrunken. Auf dem Comic-Salon und auch auf dem Poetenfest.«

»Solche Feste zählen nicht. Du musst mal zum Fassbegräbnis kommen.«

»Zum Fassbegräbnis?«

»Ja! Zur Erlanger Bergkirchweih, zum Berg, wie wir sagen. Das älteste und schönste Bierfest der Welt, schon seit 1755! Wir haben da sehr schöne Keller. Da siehst du viele betrunkene Poeten, du Bierpoet. Am letzten Tag wird dann das letzte Bierfass begraben. Und wie die Poeten weinen, wenn es vorbei ist!«

Ja, Melanie Streit hat recht. Bier bringt uns Menschen zusammen. Auch am Bahnsteig in Forchheim. Ich verspreche dem Mann, der wie ein Hirsch aussieht, dass wir uns zu Pfingsten beim Fassbegräbnis in Erlangen treffen. Und Ende Juli beim Annafest in Forchheim. Auf dem einen oder anderen Keller in diesem magischen Kellerwald. Im Wohnzimmer der Forchheimer Bierkönigin Melanie Streit.

Ein Bier in Bamberg

Alle Wege führen nach Rom. Das mag stimmen. Doch alle Biermenschen wissen, dass alle Wege nach Bamberg führen. Über Pilsen, Budweis, Regensburg, Nürnberg und andere Bierstädte in das heilige Bierdreieck zwischen Böhmen und Bayern, wo es sich so schön leben lässt, weil das Bier so gut ist. Bamberg, ähnlich wie Rom auf sieben Hügeln erbaut, ist vermutlich die heiligste Bierstadt von all diesen heiligen Bierstädten.

Am Bahnhof holt mich ein Taxi ab. Es ist ein besonderes Taxi, das es nur in Bamberg geben kann. Ein rotes Feuerwehrauto, ein Löschzug des Brauhauses zum Sternla. Der Feuerwehrmann am Steuer ist ein guter Freund, Uwe Steinmetz, der Chef vom Sternla. Sein Löschzug ist ein ganz besonderer Löschzug. Er leistet Erste Bierhilfe für alle, die Durst haben. Man muss nur eine SOS-Nachricht schicken. Dann kommt Uwe mit seinem Löschzug sofort vorbei und löscht mit seinem wunderbaren Bier das Feuer des Durstigen. Und nimmt einen mit auf einen ganz besonderen Bierausflug in die Umgebung von Bamberg. In dieser Region kann man schon mal länger unterwegs sein: An die dreihundert Brauereien gibt es in Franken. Bis man alle besucht hat, braucht man Jahre, wenn nicht Jahrzehnte. Eigentlich braucht man ein ganzes Bierleben.

Zuerst bringt Uwe mich in sein eigenes Gasthaus, wo wir schnittweise Bier verkosten. Das Sternla ist das älteste Lokal in der Stadt. Schon 1380 hat es in der Langen Straße die Gäste mit Bier versorgt. Sternla ist ein schöner alter, ruhiger Bierort und das einzige Gasthaus mit einer Apotheke, das ich kenne. Am Stammtisch findet man einen kleinen Arzneischrank. Darin ist Magnesium, das man noch vor dem Biertrinken nehmen sollte, wie einem hier erzählt wird, damit hinterher der Kopf nicht wehtut. Falls es doch vorkommen sollte, bekommt man ein »Gegengift«, eine Kopfschmerztablette. Und auch Karten liegen bereit. Ein Stück Papier. Und ein Stift. Vielleicht für die Schriftsteller vor Ort.

Die zum Gasthaus dazugehörige Brauerei, gegründet 2019, ist noch recht jung, doch Sternla hat sich in der Bamberger Szene schnell etabliert. Im hochmodernen Sudhaus werden fränkische Biere nach alten Rezepten gebraut, in der Küche wird fränkische Hausmannskost gekocht. Als Kartenspiel wird Schafkopf zum Bier gespielt, und zum Essen gibt es Schäuferla. Oder köstliche Bratwürste. »Die Bratwurst, die Bratwurst, die Wurstpracht!«, schreibt Thomas Kapielski in seinem sehr lebendigen »Volumenroman« *Je dickens, destojewski!* über die Bamberger Wirtshausküche. Auch andere Vorschläge aus seinem Buch, das sich manchmal wie eine Speisekarte liest und in dem dicht beschriebene Bierzettel eine Rolle spielen, lassen sich im Lokal probieren: Kalbsnierenbraten, Mischbraten und Knöchla, also Schweinshaxe.

Im Sternla habe ich mich nicht nur in das Bier, sondern auch in die Hopfensau verliebt. Eine Biermaschine, die ein Freund von uns, Georg Moser, in Österreich gebaut hat und die aussieht wie der Betonmischer, den ich bedienen musste, als ich in Lomnice im Böhmischen Paradies als Hilfsarbeiter beim Bau der neuen Feuerwehrwache gearbeitet habe. Meine wichtigste Aufgabe bestand darin, die Mauer mit Ziegeln, Mörtel, Beton und kühlem Bier zu versorgen. Die Hopfensau ist eine Brauerei im Kleinformat, die alle Biere braut, die man sich nur vorstellen kann. So ähnlich wie die große Brauerei im hellen Raum nebenan, aus der eine Leitung direkt ins Sternla führt. Uwe und ich essen Gulasch und verkosten das Helle und das Märzen sowie die Spezialitäten des Brauhauses, das Wiener Lager und das Bockbier – ein stark eingebrautes Bier, das nie nach Alkohol schmecken oder riechen darf, sonst ist es kein gutes Bockbier.

Wir stoßen an, und Uwe erzählt, dass in Bamberg mit dem Bockanstich die Weihnachtszeit beginnt. Manchmal vergehen noch Wochen bis zum Fest. Mit »Stärk antrinken« am 6. Januar sind dann die Festtage vorbei. Das ist ein alter Brauch in Franken. Für jeden Monat des neuen Jahres muss man ein »Seidla« trinken, damit man genug Kraft hat und das ganze Jahr gesund bleibt. Und das ist gar nicht so schwer, wie man vielleicht denken mag. Man trifft sich schon sehr früh am Morgen und geht von einem Ausschank zum anderen und trinkt überall ein Bier. Keine Bange: Auch alkoholfreie Biere zählen. Irgendwann geht man dann schlafen. Gestärkt und hundemüde. Da hilft am nächsten Tag nur Magnesium und viel Wasser.

Was das Bier angeht, ist Bamberg mein Sehnsuchtsort, ähnlich wie Pilsen oder Budweis. Hierher komme ich, sooft ich nur kann, und mittlerweile kenne ich eben die Bierjahreszeiten dieser Stadt, die mich so sehr an das alte Prag erinnern. Franken und Böhmen sind nicht nur durch ihre Kulturgeschichte, sondern vor allem durch ihre Bierkultur verbunden. Alle Biermenschen aus Böhmen waren irgendwann einmal in Bamberg, so wie alle Biermenschen aus Bamberg Pilsen, Budweis oder Prag kennen. In Böhmen wacht genau wie in Bamberg der heilige Nepomuk an den Brücken der Stadt, damit die Biermenschen nicht in die Strömung stürzen, wenn sie ein wenig benebelt nach Hause gehen.

Nicht wie der böhmische Heilige, der in der Moldau ertränkt wurde. In Bamberg ist es die Regnitz, die das Stadtbild prägt.

Der Winter in Bamberg ist eine Zeit der dunklen und schweren Biere. Im Sommer werden die Biere heller und leichter. Bekannt ist Bamberg, wo es einmal fünfundsechzig Brauereien gab, für eine ganz besondere Biersorte: das Rauchbier. Uwe und ich gehen nach dem Besuch seiner Brauerei in die Brauerei Spezial, um eines dieser Biere zu trinken, und schnell werden dort aus einem gleich drei Biere. So gut ist das bernsteinfarbene Rauchbier. So schön das Lokal mit den vielen alten Uhren an der Wand. Seit 1536 wird dieses Bier hier gebraut. Besonders einzigartig ist der wunderbare Geruch und Geschmack vom Rauchmalz, der hier nach wie vor handwerklich zubereitet wird. Man braucht dafür nicht nur gutes Brauwasser, sondern auch Bio-Gerste und Hopfen, was beides aus der Umgebung von Bamberg kommt. Und dazu noch Buchenholz und sehr viel handwerkliches Geschick.

Florian Merz und sein Vater Christian sind nicht nur Braumeister vom Spezial, sondern auch Heizer, ja, richtige Heizer wie auf einer alten Dampflok. Das passt gut, denn früher war das Lokal am Vormittag voll von Eisenbahnern, die im nahen Güterbahnhof gearbeitet und hier ihre Pause gemacht haben. Manche kommen auch heute noch, inzwischen erst nach der Schicht. Viele sind schon in Pension, wie auch Georg, ein ehemaliger Lokführer, der seit 1962 Stammgast im Spezial ist, weil er kein anderes Bier so liebt wie das Rauchbier. Zweimal in der Woche trifft er am Stammtisch unter dem kleinen Kruzifix seinen besten Freund Dieter, einen ehemaligen Uhrmacher, der alles über die Zeit und alte Uhrwerke weiß. Georg kann beim Rauchbier wunderbare Bahn- und Biergeschichten aus der Dampfzeit erzählen. Ein

Rauchbier und eine qualmende Dampflok – was könnte besser zusammenpassen.

Die Arbeit auf einer Dampflokomotive war schwer, im Führerstand war es immer sehr heiß. Zum Glück gab es auf der Strecke von Nürnberg nach Schwandorf mehrere »Tankstellen« an den Bahnhöfen, also Bahnhofskneipen. Das Biertrinken wurde in der Dampfzeit toleriert, Bier gab es in jedem Bahnbetriebswerk in der Kantine.

Heute kann man sich das kaum vorstellen. Und doch muss ich an die Feuerbüchse einer Dampflokomotive denken, wenn ich mit Florian Merz vor dem Ofen stehe und in die rote Glut schaue. Ganz oben in der Brauerei wird gerade das Grünmalz mit Hitze und Rauch in einer kleinen schwarzen Kammer getrocknet, vorher ruht das Malz eine Woche lang erst in der Weiche und dann im Keimkasten.

»Fast alle Biere waren früher Rauchbiere«, erklärt Florian. Das ging lange Zeit gar nicht anders. Man hat das Malz über dem Feuer getrocknet, bis während der Industrialisierung eine Technologie entwickelt wurde, die es möglich machte, das Malz indirekt mit heißer Luft zu trocknen. Wie für Herrn Klusáček aus der alten Mälzerei in Kounice in Böhmen ist auch für Florian das Malz »die Seele des Bieres« und die wichtigste Zutat. Da er das Malz selbst herstellt, weiß er genau, was in sein Bier kommt, wenn er die Körner später in einer alten Schrotmühle zermalmt und mit dem Brauen beginnt.

Diese alte, denkmalgeschützte Brauerei liebe ich. Ganz besonders mag ich den alten schlichten Schalander, in dem sich früher die Mitarbeitenden zur Pause getroffen haben. Ein alter Tisch, ein paar Stühle und Bilder an der Wand, ein silbernes Kassettenradio und ein Fenster, durch das man nicht die Straße, sondern die Innenräume der Brauerei sieht. Es war dieser Ort, der mich auch zu einem Theaterstück inspiriert hat. *Das letzte Bier* heißt meine Liebeserklärung an das Bier, das ich für das Theater Bamberg schreiben durfte. Was für eine Ehre für jemanden, der Bier so sehr mag. Es ist ein kleines Stück über zwei beste Freunde. Der eine ist Braumeister, der andere Biertrinker. Ich habe mir vorgestellt, wie sie im Schalander wie in einem Bieraquarium sitzen, erzählen, Bier trinken und sich an eine Frau erinnern, die das absolute Bierwissen hat, so wie auch meine Bamberger Freunde Uwe und Florian das absolute Bierwissen haben. Oder Hans Wächtler, der oft zu uns stößt, Brauer, Biersommelier und Geschichtenerzähler. Einmal saßen wir zusammen beim Bier, und Hans sagte: »Eigentlich leben wir hier in Franken wie im Paradies.«

Das stimmt tatsächlich. In Bamberg und in Franken ist das Bier überall ein fester Bestandteil des Kulturlebens. Die Bamberger Symphoniker sind in der Welt der klassischen Musik genauso bekannt wie die Bamberger Biersymphoniker in der Welt des Bieres. Die Braumeister, Brauereibesitzer, Wirte und selbstverständlich auch die Biertrinker verwandeln die Bamberger Lokale jeden Abend in wundervolle Musiksäle. Im Schlenkerla kann man in der Wirtsstube am Abend einfach nur in der Ecke unter dem Kreuz sitzen, kurz die Augen schließen und einer Symphonie lauschen. Dutzende von Stimmen, das Klirren der Gläser beim Anstoßen, das Anstechen der Bierfässer aus Eichenholz, das Zapfen, das Klopfen der Handknöchel auf den Tischen, wenn jemand kommt oder sich verabschiedet. Was für eine schöne Biersymphonie.

Irgendwann macht man die Augen wieder auf, trinkt einen Schluck vom schwarzen Rauchbier, das genauso schwarz ist wie die Balken, die mit Ochsenblut gestrichen wurden und einem hier tief über dem Kopf hängen. Beim nächsten Bier wird man in der Fantasie in den Konzertsaal gebracht, in dem gerade von den Bamberger Symphonikern *Die Moldau* des böhmischen Braumeistersohnes Bedřich Smetana aufgeführt wird, der auch eine Oper komponiert hat, in der sich fast alles um ein ländliches Wirtshaus, sehr viel Bier, die Liebe und eine Hochzeit dreht: *Die verkaufte Braut*.

Das Orchester wurde in Bamberg 1946 gegründet. Die ersten Mitglieder waren deutschsprachige Musiker aus Böhmen, die nach dem Krieg aus der Tschechoslowakei vertrieben worden waren und in Bamberg ein neues Zuhause fanden. Der Chefdirigent ist auch heute ein Tscheche, Jakub Hrůša.

Die Brauerei Schlenkerla, weltbekannt für das Aecht Schlenkerla Rauchbier, ist um einiges älter als die Bamberger Symphoniker. Schon 1405 wurde das »Haus zum blauen Löwen« erwähnt. Auch hier werden Märzen, Urbock, Rauchweizen und das sehr gute alkoholfreie Hansla mit Rauchmalz aus eigener Produktion gebraut. Die Spezialbiere werden mit Eichenrauchmalz, Erlenrauchmalz oder Kirschholzrauchmalz zubereitet. Die Biere von Schlenkerla reifen unter dem Stephansberg dann wochenlang in den Stollen, die im Sandstein ein langes Tunnelsystem bilden.

In Bamberg kann man sein Bier in einem Lokal genießen oder auf die Keller gehen. So wie überall in Franken ist mit einem Keller ein Biergarten gemeint. Doch nicht überall hat man von einem Keller eine so prächtige Aussicht auf die Türme und Dächer der Altstadt wie im Keller vom Spezial. Genauso schön ist es auch im Wilde Rose Keller oder in der Brauerei Greifenklau. Man kann dort sitzen und auf diese ruhige alte Stadt schauen und darüber nachdenken, dass Bamberg Bier und dass Bier Bamberg ist.

Direkt gegenüber von der Brauerei Spezial findet man eine weitere bekannte Braustätte, das Fässla. Die Helden des »Volumenromans« von Thomas Kapielski sind ein wenig zerrissen zwischen diesen beiden Bierorten, und so lässt Kapielski im Buch die beiden Wirtshäuser zu einem zusammenfließen, zum »Fässla-(ß)-Spezial«. Die ganze »grundgute Stadt Bamberg«, wie er schreibt, scheint oft zu einem einzigen großartigen Bierort zu verschmelzen, in dem alle ihren Platz und ihr Lieblingsbier finden.

Die einen lieben das Rauchbier vom Schlenkerla, die anderen sitzen nur im Spezial. Und noch andere Biermenschen schwören auf das malzbetonte Braunbier, das nach einem uralten Rezept im Klosterbräu gebraut wird. Und wiederum andere gehen in die Brauerei Keesmann und trinken unter einem Geweih sitzend das herrliche Herren Pils. Und dann werden sie von Freunden abgeholt, die im Mahrs Bräu glücklich mit einem a U (a Ungespundetes) sind. Ein Ungespundetes, auch eine Spezialität aus Oberfranken. Ein mildes, weiches Bier mit wenig Kohlensäure, die durch eine Öffnung im Lagertank entweichen kann.

Im Mahrs Bräu kann man auch das unter Literaturmenschen beliebte E.-T.-A.-Hoffmann-Bier bestellen, das zum zweihundertsten Geburtstag des Schriftstellers gebraut wurde. Nach ihm ist auch das Bamberger Theater benannt, an dem er früher als Dramaturg tätig war. Das dunkle Lager passt gut zu seinen düsteren und fantastischen Geschichten, obwohl der Schriftsteller und Musiker lieber Punsch mit Rum und Cognac trank.

Alle Wege führen nach Rom, und alle Bierwege führen nach Bamberg, von wo aus die fränkischen Biere jedes Jahr tatsächlich sogar zum FrankenBierFest nach Rom geliefert werden. So schließt sich der Kreis.

Nach meiner Bierkur in Bamberg bringt mich Uwe mit seinem Bierlöschzug zurück zum Bahnhof. Das Letzte, was ich von Bamberg aus dem Zug sehe, sind die roten Ziegel und Schornsteine der Malzfabrik Weyermann, die die halbe Welt mit Spezialmalzen versorgt. Dann schlafe ich ein und träume von Bamberg, Rauchbier und der Hopfensau. Von Rom und Musik. Und davon, wie uns das Bier verbindet.

Ein Bier in Vilshofen an der Donau

Ich habe einen Freund, der alte Friedhöfe liebt. Tagelang streift er zwischen den Gräbern, sucht nach den Geschichten und Verbindungen zwischen den Toten und Lebenden und trinkt dabei ein Bier. Auch ich spaziere gern über die Friedhöfe, oft mit genau diesem Freund und einem Bier in der Hand.

Doch mein Freund geht in seiner Leidenschaft noch weiter. Er übernachtet auf Friedhöfen – und an den Gräbern berühmter Persönlichkeiten. Dort trinkt er mit den Geistern der Verstorbenen das eine oder andere Bier und führt Gespräche über das Leben und den Tod. Und über das »heilige Getränk«, wie er zum Bier sagt.

Einen Friedhof vergleicht mein Freund mit einem schönen Biergarten, in dem sich nachts die Toten treffen und erzählen und lachen, sich streiten und wieder versöhnen, so wie es die Lebenden in den Biergärten in München, Prag oder Bamberg tun.

Mein Freund hat keine Angst vor dem Tod. »Auf einem Friedhof geht das Wirtshausleben einfach und endlos weiter«, sagt er und freut sich, dass wir beide uns nach unserem Ableben auf einem Friedhof im Fränkischen oder Böhmischen Bierparadies wiederbegegnen und unter den alten Linden mit den anderen Toten ein Bier trinken werden.

Nur um eins macht sich mein Freund Sorgen, und zwar, ob es in diesem Friedhofsbiergarten genügend Bier für alle geben wird. So hat er in seinem Vermächtnis vermerkt, dass seine Nachkommen jede Woche einen Kasten Bier an sein Grab bringen müssen. Keine Blumen, keine Kerzen, sondern Bier. Leider hat mein Freund bis jetzt keine Nachkommen. Deswegen habe ich versprochen, den Job zu übernehmen, falls ich ihn überleben sollte.

Am liebsten besucht mein Freund die Gräber berühmter Dichter und Schriftsteller, die gern Bier getrunken haben. Er hat schon in Lipnice am Grab von Jaroslav Hašek, in Zürich am Grab von James Joyce, in Hradišťko am Grab von Bohumil Hrabal, in Prag am Grab von Franz Kafka, in London am Grab von Charles Dickens, in Bayreuth am Grab von Jean Paul, in Paris an den Gräbern von Joseph Roth und Heinrich Heine und in Stuttgart am Grab von Eduard Mörike geschlafen.

Viele Gräber haben wir zusammen besucht. Allerdings bin ich vor Sonnenuntergang immer gegangen und habe meinen Freund mit den toten Dichtern und seinem Bier in die Nacht entlassen.

Einmal ist mein Freund nach Vilshofen an die Donau gefahren, in die Geburtsstadt des Braumeisters Joseph Groll. Er wollte dessen Grab finden und auf dem städtischen Friedhof nächtigen und mit Groll ein Fachgespräch über Poesie im Bier und Bier in der Poesie führen.

Obwohl Groll keine Bücher geschrieben hat, bleibt er für meinen Freund ein Dichter, ein ganz großer Dichter sogar. Denn am 5. Oktober 1842, wie wir schon wissen, hat Joseph Groll im Bürgerlichen Brauhaus in Pilsen das Pilsner Urquell erfunden und so für immer die bayerische mit der böhmischen

Biertradition verbunden. Ein Bierpionier und Bierdichter zugleich, der mit seinem »goldenen Bierpoem im Bierglas«, wie mein Freund sagt, viele Dichter und Schriftsteller aus der ganzen Welt beim Schreiben inspiriert hat. Deshalb vergleicht er Groll mit Goethe, Heine und Shakespeare.

Joseph Groll wurde in Vilshofen am 21. August 1813 geboren. Das Bierbrauen hat ihm sein Vater beigebracht, Joseph Groll senior. Wer weiß, vielleicht ist Groll junior schon während der Lehre auf die Idee gekommen, ein untergäriges Bier anstatt eines obergärigen Bieres zu brauen, was er in Pilsen schließlich zur Perfektion gebracht hat.

In Vilshofen spielte sich sein Leben nur auf dem schmalen, lang gezogenen Marktplatz ab. Im neunzehnten Jahrhundert gab es hier gleich sechs Brauereien, über die vom barocken Stadtturm der heilige Florian wachte, einer der Patrone der Bierbrauer.

Gleich am Marktplatz kam Joseph Groll zur Welt und besaß dort später seine eigene Brauerei. Am Marktplatz ist er am 22. November 1887 in der Wohnung seiner Tochter auch verstorben. Zwischenzeitlich hat er Vilshofen für drei Jahre verlassen und ist nach Pilsen gegangen. Dort sorgte er für seine Bierrevolution, die in den darauffolgenden Jahrzehnten die Bierwelt veränderte. Sein Vertrag in Pilsen wurde allerdings nicht verlängert, und die Stelle des Braumeisters wurde mit einem Landsmann aus Niederbayern besetzt.

Nach seiner Rückkehr heiratete Groll, gründete eine Familie und lebte in der Stadt als Privatier. Bier hat er offenbar nicht mehr gebraut und von dem Welterfolg des Pilsner Urquell nicht viel mitbekommen. Seine Erfindung bahnte sich erst nach seinem Tod den Weg in die Braukunst.

Das alles wurde mir erzählt, als ich endlich einmal in Vilshofen aus dem Zug ausgestiegen bin. Ich saß im Wirtshaus am Marktplatz und trank das nach Joseph Groll benannte Pils, das in der Brauerei Wolferstetter gebraut wird. Irgendwann in ihrer langen Geschichte hat das Brauhaus die Grollsche Brauerei übernommen, und so wird bis heute in grollscher Tradition das gute Bier in Vilshofen an der Donau gebraut.

Beim Pils im Wirtshaus musste ich an meinen Freund, den Bierlyriker und Friedhofsflaneur, denken, der ebenfalls schon hier war und dieses Bier sehr mochte, wie er mir erzählte. Viel mehr hat er sich in Vilshofen nicht angeschaut. Er ging mit dem Bier gleich weiter zum Friedhof.

Ich musste in Vilshofen nicht nur an meinen Freund, sondern auch an meine Familie denken. Im Sommer 1990 waren wir in dieser Gegend mit unserem roten Lada 1200 unterwegs. Den Urlaub verbrachten wir im tschechischen Teil des Šumava-Gebirges, wie man auf Tschechisch zum Böhmerwald sagt. Nach der Grenzöffnung war es für uns erstmals möglich, die andere Seite des Böhmerwalds anzuschauen. So fuhren wir aus dem Böhmischen Paradies einen großen Umweg über Zwiesel, Passau, Linz und Freistadt.

Unser Lada war eigentlich ein robuster Wagen, doch die Bremsen waren es offenbar nicht. In den Serpentinen begannen sie zu qualmen, und die anderen Autofahrer machten sich Sorgen um uns. Auch die bayerische Polizei hielt uns an. Wir mussten dann sehr langsam fahren und viele Pausen einlegen.

Mein Vater hat sich überall ein Bier gekauft. In Zwiesel, in Freyung, im Kloster Aldersbach und auch in Passau. Und im Innviertel und im Mühlviertel in Österreich auch. An die zwanzig Flaschen brachte er nach Hause, die er im Garten mit seinem besten Freund verkostete und mit Budweiser, Pilsner Urquell, Staropramen, Svijany und Rohozec verglich. Ein Bier aus Vilshofen habe ich ihm erst neulich gebracht, denn hier waren wir damals nicht. Auch ihm hat das Joseph-Groll-Pils gutgetan.

Die anderen Biere, die ich bei meinem Besuch im Wirtshaus am Marktplatz von Vilshofen probieren durfte, waren alle köstlich. Ganz besonders das Zwickel, ein unfiltriertes, frisches Bier, das in einem Steinkrug auf den Tisch gebracht wird. Ich glaube, Groll hätte es genauso gut geschmeckt wie mir und den Politikern, die sich im Wolferstetter Keller der Brauerei immer wieder zum politischen Aschermittwoch treffen, bei dem traditionell die Muskeln gemessen werden, zumindest verbal. Dabei muss viel Bier fließen, sonst würde die Veranstaltung kaum jemand aushalten. Die Politiker nicht. Und die Menschen im Publikum auch nicht.

Auf Joseph Groll, den bekanntesten Braumeister der Welt, ist man in Vilshofen sehr stolz. 2013 feierte man sein Jubiläum als das »Joseph Groll Jahr«. Zu diesem Anlass ist auch eine Graphic Novel über ihn erschienen, von der Künstlerin Judith 8. Seine Büste schmückt heute das Rathaus. Zudem kann man die sogenannten BierUnterwelten in einem Felsenkeller besuchen und alles über Groll und die Biergeschichte der Stadt erfahren. Am Vilsmühlweg steht eine Groll-Kapelle, die der Vater des Pilserfinders erbauen ließ. Um die Kapelle zu besuchen, kommen viele Biermenschen und Grollverehrer nach Vilshofen, vor allem aus Tschechien, wie mir gesagt wurde.

Wer weiß, vielleicht klappt es irgendwann sogar mit einem Joseph-Groll-Pilgerweg von Vilshofen nach Pilsen und von Pilsen nach Vilshofen. Es sind keine hundertfünfzig Kilometer. An der Trasse durch Bayern und Böhmen liegen nicht nur viele alte historische Städte, sondern auch mehrere gute Brauereien und viele Ausflugslokale.

Doch das alles hat meinen Freund nicht interessiert, als er, ohne mich, in Vilshofen war. Er wollte lediglich zum Ort der letzten Ruhe von Joseph Groll. Am Grab des Bierlyrikers wollte er als Bierlyriker übernachten und um Mitternacht mit dem Geist von Groll mit Pilsner Urquell anstoßen. Mehrere Flaschen aus Pilsen hatte er in seinem Rucksack dabei. Für sich und vor allem für den großen Meister, dessen Bierkunst ihn so inspiriert.

Doch mein Freund konnte das Grab von Joseph Groll nicht finden. Gleich zweimal oder dreimal hat er sich jedes Grab auf dem Friedhof angeschaut. Aber vergeblich. Grolls Name ist irgendwann von seinem Grabstein verschwunden, als eine andere Familie die Grabstätte übernahm.

Das wusste mein Freund nicht. Wie ein Irrer lief er auf dem Friedhof herum und saß dann verzweifelt auf einem Grabstein. Es war schon lange nach Mitternacht, und niemand wollte mit ihm ein Bier trinken. Die Toten von Vilshofen schliefen ruhig weiter, und die, die wach geworden waren, hatten kein Interesse an seinem Bier oder einem Gespräch, wie er mir später erzählte.

Und dann, wie aus dem Nichts, kam aus einer Ecke des Friedhofs eine Gestalt auf ihn zu, die dem Mann ähnlich war, dessen Foto er in der Hand hielt. Der Bierpionier Joseph Groll. Er war doch noch aufgetaucht. Und sie stießen mit dem Bier aus Pilsen an. Mein Freund wollte über die Poesie des Bieres und das Bier in der Poesie sprechen. Mein Freund erzählte und erzählte, wie er immer erzählt, wenn er Bier trinkt. Groll hat nur Bier getrunken und geschwiegen. Und dann sagte Groll doch noch etwas zu meinem Freund: »Poesie im Bier? Bierlyrik? Mein Bier ist doch nur ein ganz normales, gescheites Bier. So sollte es auch sein.«

»Wie genial und wie bescheiden«, dachte sich mein Freund und fiel in einen tiefen Schlaf. Am nächsten Morgen wurde er von der Witwe des letzten Fahrdienstleiters vom Bahnhof Vilshofen geweckt. Es gefiel ihr nicht, dass er am Grab ihres Mannes schlief und überall leere Bierflaschen lagen. Ihr Mann hatte kein Bier getrunken. Er war ein strenger Abstinenzler gewesen. Mein Freund entschuldigte sich, sammelte die leeren Flaschen auf und ging zum Bahnhof. Er fuhr nach Prag zurück. Über Pilsen.

Das letzte Bier

Wenn ich im Böhmischen Paradies bin, gehe ich immer mit meinem Vater Bier trinken. Nicht in Turnov, wo ich geboren wurde, sondern in Lomnice nad Popelkou, wo ich aufwuchs und meine Eltern noch immer leben. Sein Stammlokal ist die Kneipe Zum Eishockeystadion. Ein kleines Lokal, wo es Bier aus Svijany gibt.

Nach einem Glas fängt mein Vater zu erzählen an. Von seiner Kindheit in Zákupy, Reichstadt, in Nordböhmen. Vom Thronfolger Franz Ferdinand, der hier auf dem Schloss die böhmische Adelige Sophie Chotek heiratete. Von seinem Vater Alois, der Eisenbahner war und meinen Vater als kleinen Jungen sonntags mit einem Krug in die Gastwirtschaft Bier holen schickte. Von seinem Bruder Miroslav, der auch bei der Eisenbahn war und mir viel über die Bahnhofskneipe in Jedlová erzählt hat, weil er dort Fahrdienstleiter war. Von seiner Mutter Růžena, die ihm so schöne Briefe geschrieben hat.

Wir essen Sulz oder Wasserleichen und am Mittwoch Schweinshaxe, die hier mit schwarzem Bier zubereitet wird und noch besser schmeckt als die Schweinshaxe in den Augustiner Bräustuben in München.

Mein Vater war nie in München, aber sonst ist München in Lomnice ziemlich bekannt. Der Fußball natürlich und auch das Bier. Zwei Männer in der Kneipe, ein ehemaliger Dachdecker und ein ehemaliger Rangierer, waren sogar schon auf dem Oktoberfest. Schön ist es in München, erzählen sie, nur leider liegt die Stadt ein wenig abseits, zu weit weg von hier, dem Böhmischen Paradies.

Von meinen Weltreisen bringe ich meinem Vater immer ein Bier mit, das mir schmeckt. Augustiner aus München. Schumacher aus Düsseldorf. Sternla und Spezial aus Bamberg. Hofstettner aus Hofstetten in Österreich. Mein Vater ist interessiert und probiert die Biere gern.

Doch als Biertrinker bleibt er dem Böhmischen Paradies treu. Auch in Lomnice haben wir eine Brauerei, Lomnické pivo, die an eine in der kommunistischen Zeit unterbrochene Tradition anknüpft und im Sommer im Biergarten am Marktplatz sogar ein Bier ausschenkt, das mein Konterfei trägt. Ein Weizen südbayerischer Art. Der Hopfen kommt aus Saaz in Westböhmen. Das Malz aus Bamberg in Franken. Das weiche Brauwasser aus einer Quelle in unserem Wald. Das Bier war nicht meine Idee, das hat sich der Braumeister Míra ausgedacht. Als Honorar für die kleine Werbung darf ich immer vier Flaschen mitnehmen.

Míra und ein anderer guter Bierfreund von mir, der Braumeister und Bierpoet Václav von der Brauerei Černý Potoka, Am Schwarzbächla, finden toll, dass in meinen Büchern viel Bier fließt. So brauen wir in Lomnice jetzt einige Biere nach meinen Literaturfiguren zusammen. Einfach so, weil es uns

Spaß macht. Ein Schankbier, wie es dem Fahrdienstleiter Alois Nebel schmecken würde. Ein Wiener Lager, das der alte Winterberg liebt. Ein Pils, wie es der Vorstadtcowboy Vandam aus der *Nationalstraße* aus seiner Plattenbaukneipe kennt.

Immer im Frühjahr bestellen wir einen Museumszug und lassen das Bier mit unseren Freunden und Gästen im Kreis durch das Böhmische Paradies fahren. Herr Peterka, mein Freund aus dem Speisewagen, nimmt sich frei und schenkt im alten Buffetwagen unser Bier aus. Wir fahren und fahren, solange das letzte Fass nicht leer ist. Das letzte Bier bekommt der Lokführer, wenn wir zurück in Lomnice angekommen sind. Das ist unser Eisenbahnbierfest.

In dem Lokal Zum Eishockeystadion treffen sich viele ältere Herrschaften wie mein Vater. Und naturgemäß auch Eishockeyfans, die auf ihre Siege und Niederlagen anstoßen. Für das Eishockey interessiert sich mein Vater nicht besonders. Im Lokal hat er seine Freunde, mit denen er sich über Wetter, Bier, Eisenbahn, Pilze im Wald, Politik, Gulaschrezepte und Familie austauscht. Ich mag sehr diese Gespräche beim Bier, die sich wie im Kreis bewegen. So wie unser Museumszug. So wie unser Leben.

Manchmal gibt es eine Überraschung. Da holt mich mein Vater vom Bahnhof ab und bringt mich direkt ins Lokal. Meine Mutter sitzt am Tisch und trinkt ein schwarzes Bier. So wie damals, am 8. Juni 1972, als ich in Turnov geboren wurde und mit fünfzig Minuten das erste Bier meines Lebens trank.

Dank

Herzlichen Dank an alle Biermenschen, die mich während der langen Bierreise für dieses Buch begleitet haben. Prost! Zum Wohl! *Na zdraví!*